배드민턴 바이블 Badminton Bible

오성기, 김학석, 최병학, 정은화 공저
대한배드민턴협회 감수

사진제공 : 《월간 배드민턴》 김홍경 기자

초판 3쇄 발행 / 2017년 3월 2일

발행인 / 이광호
발행처 / 도서출판 대한미디어
기　획 / 양원석
편　집 / 이동순
디자인 / 명기원, 최연정
등록번호 / 제2-4035호
전화 / (02)2267-9731　팩스 / (02)2271-1469
홈페이지 / www.daehanmedia.com

ISBN　978-89-5654-321-5　93690
정가　20,000원

※ 잘못 만들어진 책은 구입처 및 본사에서 교환해 드립니다.

오성기 · 김학석 · 최병학 · 정은화 지음
대한배드민턴협회 감수

책을 펴내면서

본인은 지난 50여 년간 배드민턴을 애호하였고, 또한 무한한 애정을 가지고 배드민턴을 사랑했던 사람 중 한 사람이다. 당시 우리나라의 배드민턴은 첫 새벽의 여명에 머물러있던 때이다 보니, 여러 가지 여건이 조성되어 있지 않아서 힘든 것이 한둘이 아니었다.

그러나 본인은 당시, 올바른 배드민턴의 국내보급과 국민스포츠로서의 저변확대가 무엇보다도 절실함을 마음속 깊이 느껴서, 이제 정년을 앞둔 이 시점까지도 조금의 열기도 식지 않고 초지일관 매진하여 왔다고 자신 있게 말할 수 있다. 더불어 아직도 배드민턴에 대한 뜨거운 열정은 첫 만남의 설레는 흥분처럼 그대로 간직하고 후학을 양성하고 있다.

그동안 대학팀의 감독과 체육과 학생들의 강의를 하면서, 무엇인가 후진 양성을 위해 보탬이 될 수 있는 길이 없을까 고심하여 오던 중, 올림픽 경기·아시안게임 및 각종 대회를 통해, 보고 느끼며 축적해 온 경험을 토대로 이 책을 내놓게 되었다.

그러나 워낙 미약한 힘과 부족한 정성으로 인하여, 제대로 활자화되지 못하였다. 특히 이 책이 배드민턴을 사랑하는 모든 사람들에게 배드민턴 학습에 보탬이 될지 두려움이 앞서지만, 조금이나마 참고가 되길 간절히 바라는 마음과 아울러 세파의 절정을 기대하고자 한다. 혹 성글은 발걸음이 더 나은 족적을 향한 나의 바람이 이루어지게 될 초석이 되리라 희망해 본다.

끝으로 40여 년간 몸담았던 교육계를 떠나면서, 이 책을 펴게 된 것은 배드민턴에 대한 남다른 애정과 감회를 가지고 있기 때문이기도 하거니와, 무엇보다도 후학들의 연구에 작은 도움이라도 될 수 있는 보람된 일이라고 판단했기에 가능한 일이었다. 또한 이 책이 한국 배드민턴 역사에 한 걸음 한 걸음 앞으로 향하는 이정표가 되었으면 하고 바랄 뿐이다.

이 책이 완성되기까지 물심양면의 도움을 주신 부산외국어대학교 사회체육학부 교수님들과 동문일동, 그리고 대한배드민턴협회 및 부산협회 임직원을 비롯한 관계자 여러분들의 적극적인 협조에 진심으로 고마움을 전한다. 무엇보다 오랜 세월 동안 나의 연구에 말없는 용기와 격려를 아끼지 않았던 아내와 가족에게 이 책을 바친다. 마지막으로 보잘것없는 졸고임에도 불구하고, 기꺼이 출판을 허락해 주신 대한미디어 출판사 사장님과 담당자들에게도 무한한 감사를 드린다.

2013년 10월
오 성 기

Contents

책을 펴내면서 iv

PART 1 배드민턴의 발전사 1

1. 역사와 발달 2
2. 라켓의 발전 4
3. 셔틀콕의 발전 6
4. 코트의 발전 8
5. 경기 복장의 발전 10
6. 한국선수단 전적 11
7. 왜 배드민턴을 하는가? 13

PART 2 기초 기술 15

1. 그립(Grip) 16
2. 그립의 중요성 19
3. 스트록(Stroke) 22
4. 서브(Serve) 43
5. 리시브(Receive) 50
6. 풋워크(Footwalk) 58

PART 3 연습의 중요성과 방법 65

1. 스트록의 목적과 종류 66
2. 배드민턴 숙달 과정 67
3. 연습 과제 68
4. 스트록 연습의 중요성 71
5. 스트록의 단계적 연습 72
6. 연습의 실행 73
7. 스매시(Smash) 연습 83
8. 푸시(Push) 연습 87
9. 드라이브(Drive) 연습 89
10. 응용기술 연습 92

PART 4 게임의 기본 전술 95

1. 단식 경기의 기초　**96**
2. 풋워크의 중요성　**97**
3. 단식 스트록의 전술　**98**
4. 단식 게임의 전술　**99**
5. 복식 경기의 전술　**100**
6. 복식 경기의 전술 전략　**101**
7. 남녀 복식의 전술　**102**
8. 단식의 기본 및 전술　**103**
9. 복식 경기의 전술 및 전략분석　**109**
10. 단식 경기 시스템의 실전　**121**
11. 풋워크를 이용한 셔틀콕 던져주기　**125**
12. 복식 경기 기술의 실전　**128**
13. 혼합복식 경기 실전　**134**

PART 5 스트록의 원리와 트레이닝 137

1. 스트록의 특성　**138**
2. 서브 테스트　**148**
3. 스트록의 원리와 지도방법　**149**
4. 기술 트레이닝 방법　**154**
5. 체력 요인　**156**
6. 경기력 향상 요인　**160**
7. 엘리트 배드민턴 선수 훈련계획　**162**

PART 6 경기 규칙의 개요 177

1. 배드민턴의 용구 시설　**178**
2. 경기 방법　**184**
3. 프로그램 작성법과 시드 방법　**191**

PART 7 배드민턴 연구 문제 195

1. 역사 및 경기기술 연구 문제　**196**
2. 서비스(Service) 연구 문제　**208**

3. 반칙(Fault) 연구 문제 **211**
4. 렛(Lets) 연구 문제 **212**
5. 심판 테스트 문제 **213**
6. 경기력 진단 연구 문제 **220**

배드민턴 용어 **221**
참고문헌 **234**

2015 배드민턴 경기규정 **237**
저자소개 **271**

배드민턴의 발전사

영국 배드민턴 궁

1. 역사와 발달

배드민턴 경기는 인도(India)에서 시작하여 영국(England)에서 발전하였다. 1820년 경 인도에서는 푸나(Poona)라는 게임이 행하여 졌는데, 이 게임은 두 사람이 네트(Net)를 사이에 두고 양(羊)가죽으로 만든 공을 라켓으로 쳐서 서로 주고받는 것으로 이것이 차츰 인도 전역에 보급되었다.

그 후 1873년 인도에 주둔하고 있던 영국의 한 장교가 귀국한 후 글러스터시어(Gloucestershire)주 배드민턴(Badminton)에 거주하는 뷰 포드(Beau ford)경에 전하여 여가 선용으로 놀이를 즐기는 것으로 시작되었다.

점차 이 게임이 발전하여 여러나라에서 다른 형태로 경기를 하게 되었다. 모든 운동이 다 그러하듯 유희 놀이에서 기술이 능숙해지고 경쟁의식이 강화됨으로써 선수들의 기술이 능숙한 솜씨로 향상되고 또한 게임이 복잡해짐으로써 부득이 규칙이 필요하게 되었다. 1877년 파키스탄의 카라치(Karachi)에서 처음으로 규칙을 만들었지만 게임은 여전히 세계 여러 곳에서 독자적으로 발전됨으로써 점차 규칙 수립이 불가피하게 되었다.

1893년 영국 배드민턴회(BAOTE)가 조직되어 배드민턴 규칙(LAW OF BADMINTON)을 공포하였다. 1934년에는 국제 배드민턴 연합(I.B.F)이 조직되어 배드민턴을 하는 대부분의 나라들이 이 연합에 가입하기에 이르렀고 그 후 38년 동안 I.B.F 간사였던 휴버트 훨레(Hubert Sheele)에 의해 연구된 배드민턴 경기는 140년 동안 발전해 오면서 흥미있는 사실들이 발견되었다. 규칙은 1934년부터 1955년까지 회장이었던 조지 토마스(George Thomas)의 노력의 성과였다.

경기 규칙은 명료화되고 활자화되었고, 단식과 복식의 경기장의 크기도 규격화되었다. 또 셔틀콕은 지난 2, 3년간 상당한 변화를 가져왔지만 기본 구도(디자인)는 배드민턴 규칙 4조에 명시되어 있다.

배드민턴의 명칭은 영국 서부지방의 뷰 포드경의 집에서 유래된다. 배드민턴은 공작의 저택이 있는 지역명이고 그 운동 자체는 일반적으로 저택의 홀(Hall) 안에서 행해진 근대식 경기로 알려져 왔다. 주요 대회는 영국에서 발전되어 유럽을 통하여 아시아로 먼저 나왔으며, 호주와 뉴질랜드에도 역시 같이 보급되었다.

1899년에 최초로 전영(全英) 선수권대회가 개최되었으며, 이것은 해마다 열리고 있다. 여기에 참가하는 선수는 큰 명예로 간주되었고, 개인경기로서는 가장 전통적이며 권위가 있는 대회이다.

1939년에 토마스경이 기증한 컵을 놓고 1948년부터 2년에 한번씩 토마스 컵(The Thomas Cup)대회가 개최되었으며, 남성들만이 참가하는 대회로 꾸준히 발전해 왔다. 또한 유버 컵(Uber Cup)은 전(前) 전영 선수권자인 H.S 유버 부인이 기증한 컵으로 2년에 한 번씩 여성들만이 참가하는 대회로 개최되었다.

1977년에 스웨덴의 말모(MALMO)에서 I.B.F가 주최하는 세계선수권대회가 발족되어 2년마다 개최되고 있다.

우리나라는 1957년 11월 15일에 대한배드민턴협회가 설립되고 1962년 7월에 I.B.F(지금은 B.W.F)에 가입하여 오늘에 이르고 있다.

그동안 짧은 역사에도 불구하고 1981년에 황선애 선수가 전 영국 오픈 배드민턴 선수권을 제패함으로써 한국배드민턴의 세계 도약의 기틀이 마련되어 아시아는 물론 세계대회를 휩쓴 김문수·박주봉의 환상적인 복식조가 탄생하였고, 정명희·황혜영, 길영아·정소영의 복식조의 우승은 1981년부터 현재까지 세계선수권은 물론 올림픽을 제패하는 위업을 달성하여 한국배드민턴의 황금기에 이르러 있다.

특히 1996년 애틀랜타 올림픽에서 방수현 선수의 여자 단식 우승은 침체된 한국 배드민턴 단식 선수들의 사기 앙양은 물론 미래를 약속받는 좋은 계기가 되었다. 또한 애틀랜타에서 김동문·길영아의 혼합복식 금메달은 한국 배드민턴의 새로운 이정표를 세우는 매우 큰 공헌이었다. 2004년 아테네 올림픽에서의 김동문·하태권의 남자복식 금메달은 박주봉·김문수의 대를 이어 한국이 남자 복식의 강국임을 전 세계에 각인시키는 좋은 계기가 되었다.

그동안 이들 선수를 이끌어 주고 뒷받침해 준 고홍문, 유이균, 정정훈, 이형도, 강영준 전 현직 대한배드민턴협회장을 비롯하여 김복만, 고인철, 나대성, 최일현, 김학석, 박기현 전 현직 전무이사, 한성귀, 이옥현, 권승택, 김중수, 성한국 등 대표팀 구성원 그리고 각 지역에서 훌륭한 선수를 배출시킨 경남의 임동명, 서울의 전영기, 부산의 오성기, 전남의 이금재, 광주의 나형수, 충남의 최영환, 전북의 김영준, 강원의 김봉섭 등의 봉사와 희생의 정신이 없었다면 세계 정상을 차지하는 영광은 없었으리라 생각된다.

2. 라켓의 발전

1870년경에 사용하던 라켓

1820년부터 근대에
이르기까지의 라켓 모형

배드민턴 궁 내의 벽화

2. 라켓의 발전

3. 셔틀콕의 발전

닭, 오리 ➡ 거위의 깃을 이용 셔틀콕 제작

 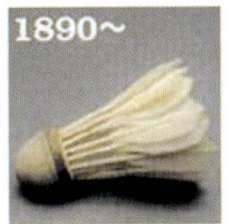  

셔틀콕의 변화과정

3. 셔틀콕의 발전

4. 코트의 발전

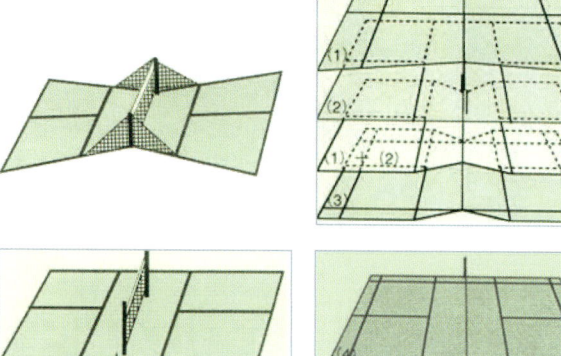

영국 배드민턴 궁에서 사용한 코트

오늘날 사용하는 배드민턴 코트

4. 코트의 발전

Part 1 배드민턴의 발전사

5. 경기 복장의 발전

여성의 유니폼

남성의 유니폼

6. 한국선수단 전적

세계 선수권 및 전영 오픈 대회

일 시	대회명	전 적
1981년	전영 오픈 선수권대회	여자단식우승 : 황선애
1988년	전영 오픈 선수권대회	여복우승 : 김연자, 정소영, 여단준우승 : 이영숙
1989년	제6회 세계 배드민턴 선수권	여복우승 : 정명희, 황혜영, 혼복우승 : 박주봉, 정명희
1989년	제3회 세계 주니어 선수권대회	여단우승 : 김지현, 남복우승 : 최지태, 이용성
1991년	전영 오픈 선수권대회	여복우승 : 황혜영, 정소영, 혼복우승 : 박주봉, 정명희
1995년	전영 오픈 선수권대회	여자복식우승 : 길영아, 장혜옥
1996년	전영 오픈 선수권대회	여자단식우승 : 방수현
1997년	전영 오픈 선수권대회	남자복식우승 : 강경진, 하태권
1998년	전영 오픈 선수권대회	남복우승 : 이동수, 유용성, 여복우승 : 라경민, 정재희
1999년	세계 배드민턴 선수권대회	남복우승 : 김동문, 하태권, 혼복우승 : 김동문, 라경민
1999년	전영 오픈 선수권대회	여자복식우승 : 라경민, 정재희
2000년	전영 오픈 선수권대회	남복우승 : 김동문, 하태권, 혼복우승 : 김동문, 라경민
2002년	전영 오픈 선수권대회	남복우승 : 김동문, 하태권, 혼복우승 : 김동문, 라경민
2003년	세계 배드민턴 선수권대회	혼복우승 : 김동문, 라경민
2004년	전영 오픈 선수권대회	혼복우승 : 김동문, 라경민
2008년	전영 오픈 선수권대회	남복우승 : 정재성, 이용대, 여복우승 : 이경원, 이효정
2010년	세계 여자 단체 배드민턴 선수권대회	여자단체우승
2012년	전영 오픈 슈퍼시리즈 프리미어	남복우승 : 정재성, 이용대
2013년	전영오픈 배드민턴 슈퍼시리즈프리미어	여자단식 3위 : 성지현
2013년	세계개인 배드민턴 선수권대회	- 여자단식 3위 : 배연주 - 남자복식 3위 : 김기정, 김사랑 - 여자복식 2위 : 장예나, 엄혜원 - 혼합복식 3위 : 신백철, 엄혜원
2014년	전영오픈 배드민턴 슈퍼시리즈프리미어	- 남자단식 3위 : 손완호 - 남자복식 3위 : 고성현, 신백철 - 혼합복식 3위 : 고성현, 김하나
2014년	세계 남자단체 및 여자단체 배드민턴 선수권대회	- 여자단체 3위

2014년	세계개인 배드민턴 선수권대회	- 남자복식 1위 : 고성현, 신백철
		         2위 : 이용대, 유연성
		         3위 : 김기정, 김사랑
		- 여자복식 3위 : 이소희, 신승찬

Part 1 배드민턴의 발전사

역대 올림픽 메달리스트

일 시		
1992년	바르셀로나 올림픽	남자복식 금메달 : 박주봉, 김문수 여자단식 은메달 : 방수현 여자복식 동메달 : 길영아, 심은정
1996년	애틀랜타 올림픽	여자단식 금메달 : 방수현 혼합복식 금메달 : 김동문, 길영아 여자복식 은메달 : 길영아, 장혜옥 혼합복식 은메달 : 박주봉, 라경민
2000년	시드니 올림픽	남자복식 은메달 : 이동수, 유용성 남자복식 동메달 : 김동문, 하태권
2004년	아테네 올림픽	남자복식 금메달 : 김동문, 하태권 남자단식 은메달 : 손승모 남자복식 은메달 : 이동수, 유용성 여자복식 동메달 : 라경민, 이경원
2008년	북경 올림픽	혼합복식 금메달 : 이용대, 이효정 여자복식 은메달 : 이경원, 이효정 남자복식 동메달 : 이재진, 황지만
2012년	런던 올림픽	남자복식 동메달 : 정재성, 이용대

7. 왜 배드민턴을 하는가?

배드민턴은 남녀노소가 다 함께 쉽게 배울 수 있는 게임이다. 네트를 향해 셔틀을 쳐 보면 곧 충분한 기술을 배울 수 있고, 친구와 함께 게임을 할 수 있다. 배드민턴 셔틀콕은 아주 도안적이어서 속도가 느리며 공기 중에 떠돌며 날기도 한다. 그러므로 초보자도 장시간 동안 타구(打球)해서 넘기는 것을 계속 성공할 수 있으므로 배드민턴은 테니스, 탁구와 같은 다른 라켓 운동보다 더 흥미로운 운동이 되었다.

배드민턴은 처음부터 게임하는 것이 가능하다. 연습과 게임을 하다 보면 게임에 이끌리게 되는 이유를 곧 알게 된다. 게임은 단거리 경주, 뜀뛰기, 찌르기, 비틀기, 돌기, 뻗기, 차기 등 모든 분야의 운동을 종합적으로 할 수 있는 특성이 있다. 이 게임을 하기 위해서는 근력, 지구력, 스피드와 민첩성, 순발력, 유연성 등이 요구되며, 셔틀콕을 부드러우면서도 강하게 칠 수 있는 기교적 교차성 능력이 배양된다. 이 다양한 운동을 하는 즐거움은 선수들에게 해볼 만한 게임이라는 매력을 준다.

좋은 경기를 하기 위해서는 꾸준한 연습이 필요하며, 선수는 게임에 신중을 기하면서 육체적 동작을 해야 한다. 또한 승리를 하기 위해서는 상대를 패배시켜야 하는데 이는 선수들이 다른 상대를 대항하여 자신의 기술과 기능을 테스트하는 재치의 경쟁이 된다. 한 선수가 다른 선수를 이기기 위해서는 연습 단계에서의 어려움 극복이나, 게임 진행 중에 해결해야만 하는 많은 문제들이 야기된다.

비록 게임의 목표가 승리하기 위해 최선을 다하는 것이지만 경기하는 첫째 이유는 게임 그 자체의 즐거움 때문이라 할 수 있다. 선수는 자신의 게임에 진지하게 임하고 승리를 위해 노력해야 하겠지만 게임 결과만이 중요한 소산은 아니다. 중요한 것은 선수들이 페어플레이(Fair Play)하면서 인간의 근본적 경향을 만족시키고 좀 더 권위있는 대회에 참가해 보는 것이다.

그 결과는 단지 게임이 가지는 형식으로 한 선수가 그 규칙에 따라 우승자가 된다. 이 경우에 그 선수는 배드민턴 실력이 더 향상할 수 있다. 그러나 모든 스포츠에서와 같이 패자는 또 다른 기회를 위해 실망하지 않고서 희망을 갖고 꾸준히 실력 연마를 해야 한다. 어떤 선수는 자신의

Part 1 배드민턴의 발전사

실패만을 생각하여 포기도 하지만 패자는 자신의 게임 향상에 노력하여 다시 그 상대에게 도전을 희망해야 한다. 배드민턴은 레크리에이션 스포츠로 매우 흥미있게 여러 부분의 신체 운동을 할 수 있으며, 필연적으로 몸과 마음의 건강을 얻을 수 있다. 또 참가하는 모든 사람과 친분을 맺을 수 있는 사교적 게임이며, 힘껏 활동하고 시원하게 땀을 흘린 기쁨을 매번 맛볼 수 있어 게임이나 연습 후에 가슴이 후련해지는 만족감과 즐거움을 느낌으로써 기분이 스스로 일신되는 기쁨을 얻게 된다.

마지막으로 배드민턴은 관객을 위한 게임이다. 현대의 배드민턴은 속도(速度)와 강타(强打)가 게임을 이끌어 가는 주체이기 때문에 섬세하고 다이내믹한 기술이 급속히 발전하고 있으며 관람객이나 TV중계에서도 매우 흥미로운 구경이 될 수 있다. 게다가 세계 정상에 있는 선수들이 주요 국제대회에 출전하는 기회가 빈번해짐으로써 대망(大望)을 품은 선수는 정상들의 동작을 연구하고 그들에게 배울 수 있는 기회를 얻어서 선수들은 게임에 흥미를 가지면 가질수록 더욱 자신에게 몰두하게 된다.

연습은
- 남녀노소가 쉽게 할 수 있다
- 친구와 인간적 교류 확대
- 몸과 마음의 건강 획득
- 섬세하고 다이나믹한 기술 습득

배드민턴의 효과

게임은
- 기교적 교차성 능력 배양
- 조정력, 순발력, 지구력 발달
- 자신의 기술과 기능 테스트 기회
- 세계 정상의 기회 획득

PART 2

기초 기술

1. 그립(Grip)

라켓 잡는 특별한 규정은 없으나 일반적으로 선수들이 많이 사용하는 방법은 이스턴 그립, 잉글리시 그립, 웨스턴 그립으로 나눌 수 있다.

1) 웨스턴 그립(Western Grip)

라켓의 면을 바닥과 수평으로 하여 그립의 목이 가장 넓은 면을 엄지손가락과 집게손가락이 V자형이 되는 곳에서 잡는다. 타구할 때 포핸드는 좋으나 백핸드에 단점이 있으므로 배드민턴 그립으로서는 부적당하다. 그러나 몸의 정면으로 오는 셔틀을 칠 때는 몸무게를 충분히 이용하여 클리어나 스매시를 강타(强打)할 수 있는 유리한 점도 있다.

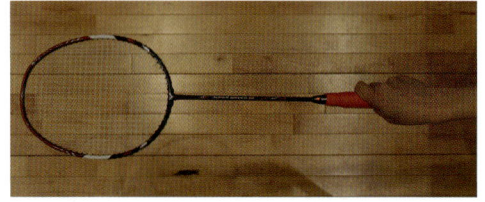

2) 잉글리시 그립(English Grip)

라켓면을 코트면에 수직이 되도록 세워 쥐는 이 방법은 이스턴 그립과 비슷하나 포핸드나 백핸드에서 전혀 그립을 바꾸지 않고 라켓의 양면을 사용하여 타구하는 그립이다.

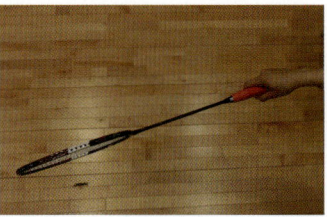
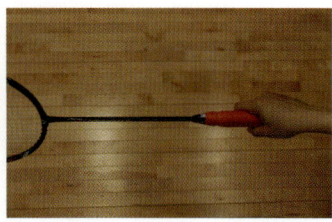

3) 이스턴 그립(Eastern Grip)

이 방법은 몸의 우측에서 타구할 때나 좌측에서 타구할 때 각각 라켓의 다른 면으로 칠 수 있는 그립으로서 배드민턴에서는 가장 일반적인 그립이다.

① 포핸드 그립(Forehand Grip)

라켓의 타면(打面)을 바닥과 수직으로 놓고 손바닥을 벌려 핸들을 악수하는 것처럼 잡는다. 이 때 엄지는 그립의 넓은 면에 대고 새끼손가락은 핸들의 끝부분을 잡는다. 그립은 가볍게 하고 셔틀을 치는 순간에만 힘을 주도록 잡고 친 후에는 다시 힘을 뺀다.

② 백핸드 그립(Backhand Grip)

포핸드 그립보다 핸들을 약간 좌측으로 잡는다. 엄지손가락은 핸들 측면의 넓은 부분에 살짝 댄다.

라켓을 오른쪽으로 살짝 돌린 모습

Part 2 기초 기술

③ 라켓 핸들(Handle) 잡는 요령

핸들의 맨 끝부분을 새끼손가락으로 감아 잡는 방법은 라켓 길이를 최대로 이용하여 클리어, 스매시 등과 같이 강한 타구를 칠 때 효과적이며 가장 보편화된 그립 방법이다. 핸들의 중간에서 약간 앞쪽을 잡는 방법은 힘이 없는 초등학생이나 중학교 저학년들이 주로 잡는 방법으로 드라이브, 푸시, 헤어핀 등과 같이 섬세하고 빠른 타구를 치는 데 편하다.

핸들 앞부분 잡기 손 모양

핸들 끝부분 잡기 손 모양

2. 그립의 중요성

그립은 라켓이 셔틀콕에 맞는 느낌을 직접 손으로 전달해 주는 중요한 배드민턴의 기본 기술이다. 다시 말해 라켓은 팔의 연장으로서 우리 신체의 일부분에 속해 있다는 점에서 라켓을 자유자재로 사용할 수 있도록 어떤 방법으로 라켓을 잡느냐와 그립의 크기는 어느 정도가 적합한가는 매우 중요한 배드민턴의 기술요소이다.

배드민턴에서는 다양한 타구가 필요하다. 포핸드, 백핸드, 공격적 타구, 수비적 타구 등 각각의 구종에 따라 적절히 대응하기 위해서는 손 안에서 재빨리 그립을 바꾸어야 한다. 이것이 배드민턴의 묘미임과 동시에 어려운 점이기도 하다. 이러한 순간적인 그립 변화에 대해 스매시와 헤어핀, 드라이브, 클리어 등 다양한 구종을 이스턴 그립만 사용한다고 고집한다면 유연하고 적절한 대응이 불가능해질 수도 있다.

너무 지나치게 그립형태에 구애받지 말고 연습과정에서 익숙해졌다면 웨스턴적인 요소를 가미해서 활용하는 것도 피할 필요는 없다. 결국 여러 가지 그립 방법을 시도하여 자신의 체형에 맞는 그립, 또한 정확히 칠 수 있는 그립으로 발전시켜 나가는 것이 무엇보다 중요하다.

라켓 그립의 크기는 남자, 여자, 어린이 등 손이 큰 사람, 작은 사람, 보통인 사람에 따라 차이가 있지만 우선 선수 자신의 손에 맞고 편안한지 주의해서 골라야 한다.

그립 둘레의 규정은 없으며, 그립의 굵기는 그립밴드로 조절할 수 있다.

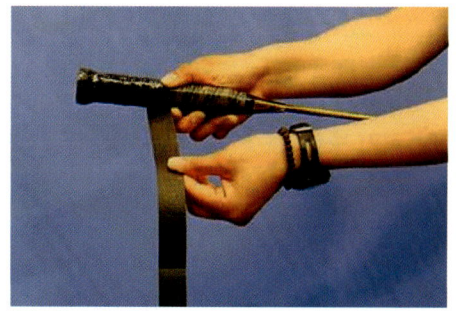

그립이 너무 가늘거나 굵으면 타구 후 라켓이 손 안에서 제멋대로 돌아가거나 놓치는 경우가 생기므로 손바닥으로 라켓 그립을 자유자재로 바꾸어 잡아도 무리가 없는 둘레의 그립을 선택한다.

Part 2 기초 기술

① 라켓 핸들을 잡는 부위는?

핸들의 맨 끝 부분을 새끼손가락으로 감아 잡는 방법은 라켓 길이를 최대로 이용하여 클리어나 스매시 등과 같이 강한 타구를 칠 때 이로우며 가장 보편화된 그립 방법이다.

핸들의 중간에서 앞쪽 부위를 잡는 방법은 드라이브, 푸시, 헤어핀과 같이 섬세하고 빠른 타구를 하는 데 편리한 점이 있으며 배드민턴 초보자로서 힘이 없는 초등학생이나 중학교 저학년들은 라켓을 짧게 잡고 타구하는 것이 적절하다.

복식 경기에서는 네트 플레이를 하는 앞쪽의 선수는 짧게 즉 핸들의 앞부분을 잡고, 뒤쪽에서 클리어, 스매시 등과 같은 구종을 처리할 때는 길게, 즉 핸들 끝 부분을 잡고 치는 것이 보통이다.

어린 선수들이 네트플레이에서 주로 사용하는 그립

② 배드민턴 경기 중에 라켓 그립을 바꿀 필요성은 있는가?

그립을 바꾸어 다양한 스트록에 대처하는 것은 필수이다. 그러나 선수는 초보 단계와 중급 단계를 거치면서 능숙해진 이후에 사용 가능하며 초보 단계에서는 불가하다. 따라서 스피드 있는 셔틀에 대응하여 무의식적으로 바꾸어 줄 수 있도록 단련해야 하며 눈을 감고 있어도 자신이 어디를 쥐고 있는지 그때 라켓 면이 어디를 향하고 있는지 알 수 있을 정도로 꾸준히 연습하여 숙달시켜야 한다.

③ 그립은 어느 정도의 힘을 주어 잡아야 하는가?

어깨의 힘을 빼고 편안한 자세로 결정적인 순간에만 라켓을 힘껏 쥐어야만 좋은 스트록을 할 수 있다. 다시 말해 깨지기 쉬운 달걀을 조심스럽게 사뿐히 쥐듯이 불필요한 힘이 들어가지 않도록 쥐어야 한다.

항상 그립을 세게 쥐고 있으면 체력이 많이 소모되어 결정적인 순간을 놓칠 수 있기 때문에 적절하게 그립의 강도를 조절하도록 연습이 필요한 것이다.

④ 배드민턴 그립에서 이스턴 그립이 웨스턴 그립에 비해 유리한 점은 무엇인가?

웨스턴 그립은 손목을 꺾을 수 있는 폭이 이스턴만큼 넓지 않으므로 타구의 코스가 좁아지고, 커트 동작이 작아진다는 단점이 있다. 편한 웨스턴 그립은 라켓 면이 상대의 정면을 향해 타구하기 때문에 코스나 구종을 상대에게 쉽게 노출되는 반면 이스턴 그립은 타구하기 바로 직전에 라켓 면이 상대방에 보이기 때문에 상대의 예측을 막을 수 있는 장점이 있다. 또한 이스턴 그립에 비해 웨스턴 그립은 백핸드를 처리하는 데 불편한 점이 있다.

⑤ 이스턴 그립에서 손목을 세우라고 하는 이유는 무엇인가?

손목의 각을 세우지 않으면 손바닥을 바깥으로 향하려고 할 때 팔꿈치가 몸에서 떨어져 올라가게 된다. 하지만 손목을 세우면 팔꿈치를 들어올리지 않아도 손목부터 손끝의 동작만으로 비교적 쉽게 바깥쪽을 향하게 할 수 있다. 따라서 손동작만으로 유연하게 움직일 수 있으므로 샤프트(손잡이와 라켓 헤드를 연결하는 부분)의 길이가 더해지면 라켓 면이 움직이는 회전반경은 더 커지게 된다. 머리 위에서 치는 타구는 영향을 덜 받지만 사이드나 백핸드 쪽 타구는 손목을 세우지 않으면 자칫 손목이 전혀 움직이지 않아 팔꿈치부터 손끝의 전후 동작만으로는 살아 있는 타구를 치기 어렵기 때문에 손목을 세워 타구해야 한다.

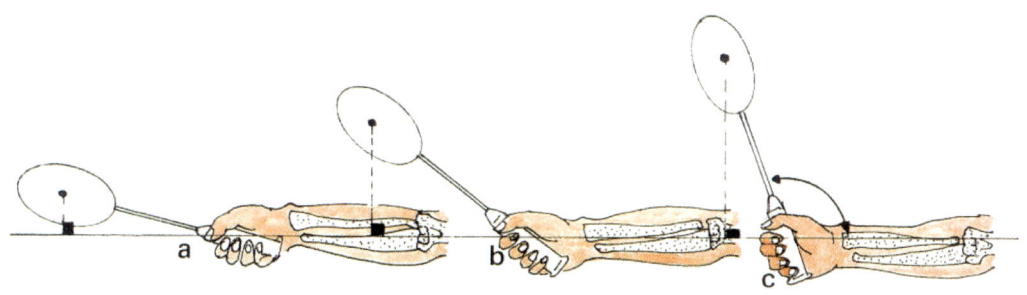

손목 회전이 어렵다   손목 회전이 원활하다

3. 스트록(Stroke)

스트록이란 셔틀을 라켓으로 치는 타구법을 말하는 것으로서 날아오는 셔틀의 종류와 자기가 치고자 하는 종류의 방향에 따라 그 타구하는 방법이 달라진다. 스트록 할 때는 스윙(Swing)을 하게 되는 데 선수가 하는 스윙은 매번의 스트록마다 조금씩 다르다. 그러나 일방적으로 스윙을 할 때는 몸 전체를 사용하여야 한다. 급박한 순간에 필요하면 손목의 동작을 이용할 수도 있다. 배드민턴은 셔틀이 가볍기 때문에 정확한 스트록 동작이 아니더라도 손목만을 이용하여 리드할 수 있다. 그러나 손목의 이용은 기술의 정도가 상당한 수준에 있을 때에만 가능하다. 기능의 발달과정에서 손목을 사용하면 정확한 폼을 익힐 수 없고 또한 좋지 못한 습관으로 남을 수 있다.

초보자나 중급자는 자연스러운 스윙에 의하여 타구 연습을 하고 상당한 수준에 도달했을 때 임기응변으로만 사용하도록 한다.

스트록의 종류

오버 헤드 스트록의 타점 위치

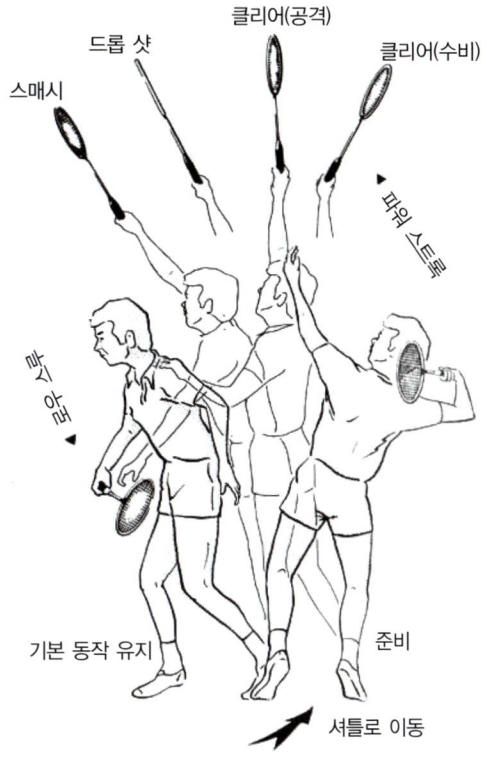

스트록의 형태

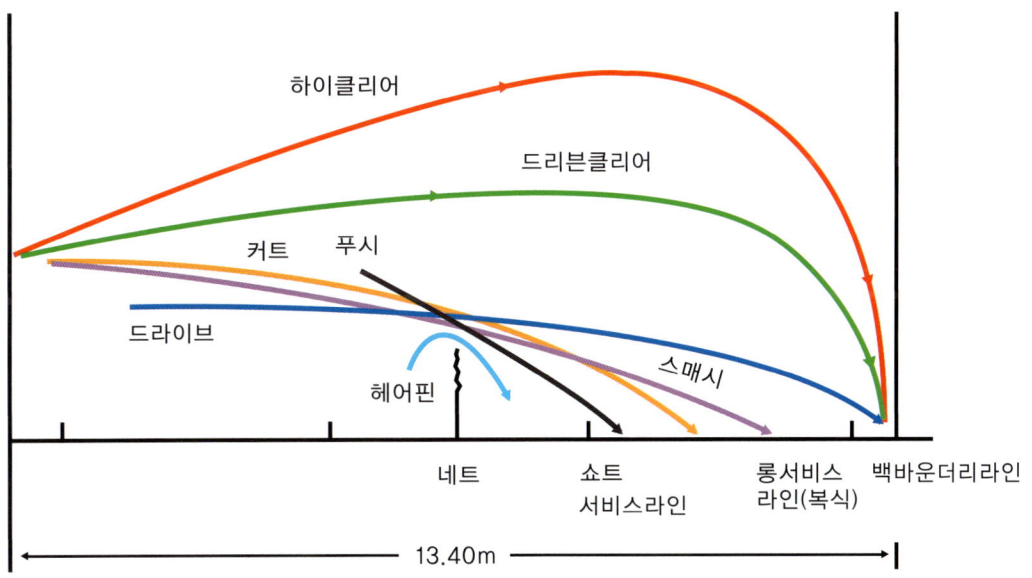

Part 2 기초 기술

1) 플라이트(Flight)에 의한 분류

① 클리어의 특징

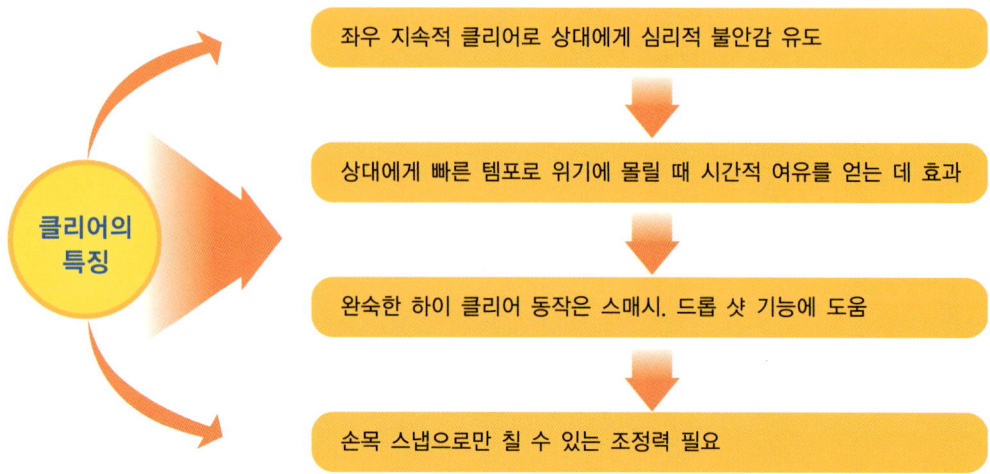

② 스매시의 특징

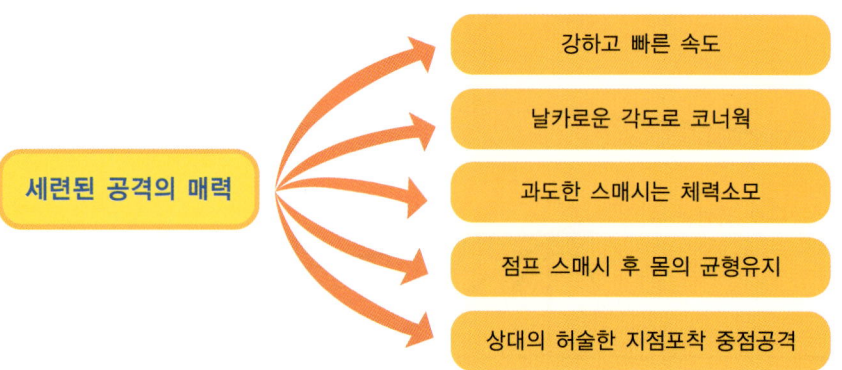

③ 드롭 샷의 특징

드롭 샷의 분류

1. 스피디하게 낙하시키는 드롭
2. 속도와 힘을 줄여 네트 가까이에 낙하시키는 드롭
3. 라켓을 사각으로 비틀어 대각선상으로 낙하시키는 드롭
4. 셔틀을 끊듯이 타구하는 커트
5. 공격과 수비용의 하프 스매시형 드롭

방법 – 스윙은 간결한 동작으로

④ 드라이브의 특징

드라이브 특징

- 네트 상단을 스칠 정도로 코트방향과 평행으로 비행시킴
- 기습적 공격 방법이므로 상대의 몸에 공격
- 상대방 코트 깊숙한 위치에 타구
- 팔꿈치 관절을 이용 라켓을 던지듯 타구
- 짧고 간결한 동작으로 타구

Part 2 기초 기술

⑤ 푸시의 특징

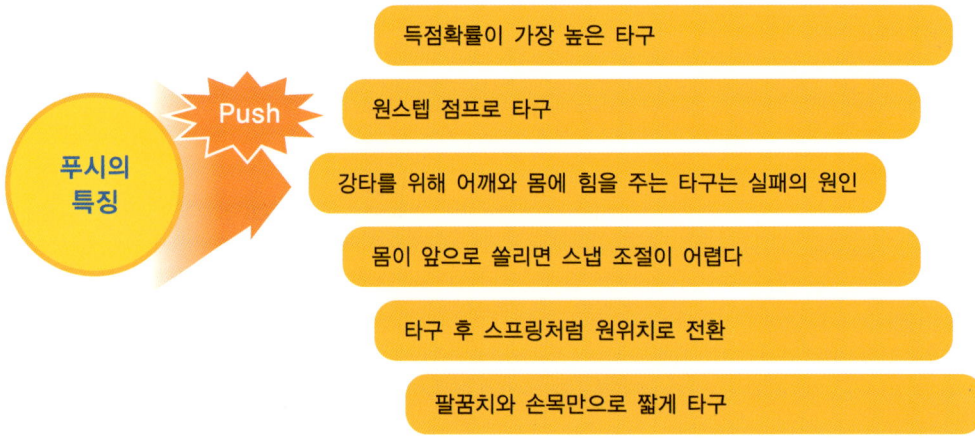

- 득점확률이 가장 높은 타구
- 원스텝 점프로 타구
- 강타를 위해 어깨와 몸에 힘을 주는 타구는 실패의 원인
- 몸이 앞으로 쏠리면 스냅 조절이 어렵다
- 타구 후 스프링처럼 원위치로 전환
- 팔꿈치와 손목만으로 짧게 타구

⑥ 헤어핀의 특징

1. 짧은 헤어핀 샷과 크로스 코트샷
2. 순발력과 섬세함이 병행된 타구
3. 네트에서 수직으로 낙하시키는 타구
4. 숙련된 헤어핀은 경기의 주도권 쟁취

라켓각도
- 네트 가까이에서는 거의 수평의 각도
- 네트에 멀리 있을 때는 30° 정도의 예각
- 손목만으로 힘 조절보다는 팔 전체로 힘 조절

⑦ 언더 핸드 스트록

언더 핸드 스트록

- 허리 밑에서 치는 방어적 스트록
- 상대가 네트 쪽에 있으면 뒤쪽 깊숙이 랠리
- 상대가 뒤쪽에 있으면 네트 가까이에 랠리
- 상대가 중앙에 있으면 정확한 헤어핀

상대의 어떠한 공격도 집중력을 발휘하여 리시브할 때 역전의 찬스가 온다

① 클리어(Clear)

셔틀이 상대방 백 바운더리 라인까지 높게 그리고 멀리 포물선을 그리고 날아가 수직으로 낙하하는 것을 말하며 높고 깊숙이 쳐서 거의 상대방 백바운더리 라인 가까이에 수직으로 낙하하게 하는 하이클리어와 상대방의 라켓이 미치지 못할 정도의 높이로 해서 빠른 속도로 코트의 깊숙이 쳐 넘기는 드리븐 클리어가 있다. 배드민턴은 클리어로 시작해서 클리어로 끝나는 경기라고 할 정도로 기본 타법이며 이 타법은 셔틀을 잡아치는 타이밍이 매우 중요하다. 천장이 8m 이상 높고, 지름의 거리가 13.4m, 대각선으로는 싱글 경기에서 14.366m, 더블 경기에서 14.72m이므로 코너에서 코너로 높고 길게 비행시키기 위해서는 리드미컬한 스윙 손목과 어깨의 파워가 요구되는 플라이트이다.

즉, 하이 클리어는 배드민턴의 기본이 되는 스트록으로 상대를 백 바운더리 라인 깊숙이 묶어둠으로서 공격의 기회를 차단하는 효과를 거두고 자신의 수비가 흐트러질 때 균형잡힌 자세를 바로 잡기 위해 시간적 여유를 얻는 데 효과적인 스트록이다.

하이클리어는 위력적인 타구는 아니지만 게임할 때 백 바운더리 라인 구석으로 정확하게 치면 결국 성격이 급한 상대는 심리적으로 불안을 느껴 실수를 하게 된다. 더욱이 하이클리어 스윙이 중요한 것은 클리어 동작을 원숙하게 치면 스매시나 드롭 샷의 기술 역시 숙달되어 게임의 주도권을 잡을 수 있는 효과적인 무기로 활용할 수 있다.

Part 2 기초 기술

클리어의 조정력

클리어는 숙달되면 손목만으로 타구해도 충분히 상대 코트의 뒤까지 보낼 수 있는데 손목의 힘이 약하면 불필요한 스윙 동작을 하게 된다. 손목만으로 간결하고 쉽고 유연하게 타구할 수 있도록 꾸준한 스냅연습이 필요하다. 상대의 셔틀콕이 조금 짧게 왔을 때와 길게 왔을 때 강약을 조절할 수 있는 능력, 즉 조정력을 길러야 한다. 항상 셔틀콕이 내게 와 줄 때를 기다리는 것이 아니고 내가 조금이라도 빨리 셔틀콕이 있는 곳으로 움직이는 훈련이 필요하다.

② 스매시(Smash)

높이 떠오르는 셔틀을 스피드(Speed)와 강한 힘으로 화살과 같이 상대방의 코트면에 예각(銳角)으로 쳐 넣는 타구이다.

배구에서의 스파이크(Spike)와 마찬가지이다. 스매시는 배드민턴의 기술 중 제일 매력 있는 타구이다. 항상 급각도로 낙하시켜 상대의 자세를 무너뜨리고 랠리의 결판구가 되는 것이다. 스매시를 실행할 때 주의할 점은 자기능력으로 칠 수 있는 최고의 높이에서 네트 가까이에 거의 직각으로 떨어지도록 타구하는 것이 유리하며, 상대방이 홈 포지션을 이탈하여 풋워크에 이상이 있을 때 재빠른 속도로 타구해야 한다. 항상 타구하는 각도와 방향을 잘 잡아서 구사해야 한다.

다시 말해서 스매시는 배드민턴 스트록 중에서 가장 매력적이고 화려하며 공격적 파괴력을 지닌 것이 특징이다.

타구의 속도는 남자인 경우 시속 300km를 넘으며 리시버는 250km가 넘기 때문에 엄청나게 빠른 속도를 낸다고 할 수 있다.

타구하는 방법은 클리어와 비슷한데 속도를 싣기 위해 테이크 백이나 팔로우 스루 등을 크게 해야 한다. 하지만 성공의 적중률이 높은 반면 실수가 많은 것이 스매시의 단점이기도 하다. 또한 동작이 클수록 상대에게 읽히기 쉽고 타구 후에 다음 동작으로 연결하는 것이 조금 늦어져 상대에게 반격당할 수도 있다. 따라서 스매시를 강하고 빠른 속도로만 타구하려 하지 말고 날카로운 각도로 양쪽 코너를 향해 정확히 치는 것이 효과적이다.

단식 경기에서 주의해야 할 점은 스매시를 적절히 구사하지 못하면 상대에게 반격당하여 실점을 하게 되는 결과를 초래하게 되므로 여러 가지 타구를 변화 있게 리턴시켜 게임을 이끌어 가는 테크닉이 필요하다.

A. 스매시 공격 조건

스매시는 교묘한 두뇌 플레이를 하는 작전이 좋은 경기자가 사용할 때는 가장 효과적이고 무서운 공격 방법이다. 따라서 선수들이 스매시를 빈번히 사용하여 경기를 리드해 나가는 것은 바람직하다. 그러나 다음과 같은 조건이 충족되어야 한다.

- 체력의 소모를 적절히 조절할 것(과도한 스매시 삼가).
- 결정적 순간의 포착을 위해 정확한 타이밍을 맞춘다.
- 수비자의 허술한 지점을 포착하여 공격할 것.
- 강력한 스매시 후 몸의 균형이 유지되도록 충분히 숙달된 다음에 시도할 것.

Part 2 기초 기술

포핸드 스매시 스윙

B. 스매시를 타구하는 방법

- 하이클리어보다 타구점을 조금 앞쪽으로 한다.
- 스냅을 충분히 살려서 라켓의 타면을 셔틀콕의 위에서 덮어 씌우는 듯한 기분으로 타구한다.
- 셔틀콕이 가장 높은 정점에 있을 때 급각도가 되도록 하고 빠른 스피드를 이용하여 직선적으로 타구한다.
- 타구의 순간까지는 라켓을 가볍게 쥐고 치는 순간 스냅을 살리면서 강하게 쥐는 듯한 느낌으로 타구한다.

C. 스매시의 리턴

스매시의 리턴은 풋워크 동작과 팔의 움직임을 짧게 빨리한다. 대각에서 오는 스매시는 백핸드 리시브로 한다. 이때 상대의 스매시가 약하면 드라이브로 연결하여 리시브한다.

상대의 강한 스매시 공격도 포기하지 않고
끝까지 처리할 때 역전의 기회가 온다.

③ 드롭 샷(Drop shot)

백 바운더리 가까이에 랠리된 셔틀을 네트 상단을 살짝 넘겨 곧바로 상대방 네트 가까이 떨어지게 하는 타구법이다.

   드롭 샷은 높은 위치와 낮은 위치에서 타구하는 두 가지 방법이 있으나 가능한 한 높은 위치에서 타구해야 한다. 드롭 샷은 성질상 3가지 타법으로 분류할 수 있다. 첫째는 셔틀이 라켓면에 닿는 순간 힘을 주어 스피드 있게 낙하시키는 타구와 두 번째는 순간적으로 힘을 빼어 속도를 줄이고 네트 가까이에 힘없이 떨어지게 하는 방법, 세 번째는 대각선상으로 셔틀과 라켓면이 닿은 순간 라켓을 사각으로 비틀어서 셔틀을 깎아치는 타법이다. 드롭 샷은 상대가 홈 포지션 뒤쪽에 있을 때 사용해야 하며 익숙하지 않으면 역습당할 수 있으므로 많은 연습이 필요하다.

Part 2 기초 기술

라켓이 100g 이하로 매우 가벼워지고 고도의 기술이 발전함에 따라서 최근에는 드롭 샷이라는 타구가 크게 효과적이지 않게 됨으로써 커트라고 하는 새로운 타구법을 드롭 샷과 병행하여 쓰고 있다.

커트는 클리어와 같은 자세로 타점을 약간 앞에 두고 라켓면으로 셔틀콕이 네트를 넘어가서 속도가 급격히 감소하여 서비스 라인 부근에 떨어질 정도의 타구가 효과적이다. 또한 어느 정도의 속도가 있는 커트는 하프스매시라고 하여 요즘은 공격과 수비용으로 많이 사용하고 있다.

드롭 샷의 방법

타구의 순간에 팔의 힘을 빼고 셔틀콕의 스피드를 조절해서 네트 위의 가장자리를 노려서 셔틀콕을 떨어뜨리는 듯한 감각으로 가볍게 타구한다. 타구 후에는 라켓을 하체 밑까지 휘두르지 않도록 주의한다. 셔틀콕을 커트할 때는 셔틀콕을 자르듯이, 즉 셔틀콕이 라켓의 면에 닿았을 때 라켓을 옆으로 미끄러지게 친다. 드롭 샷의 임팩트는 아주 섬세한 라켓 조작을 필요로 한다. 실패할 경우는 상대가 치기 좋은 알맞은 높이에다 스피드도 느려지기 때문에 셔틀콕을 네트 위로 살짝 넘겨야 하며 또한 낙하하는 스피드도 급속히 감속하므로 상대코트의 쇼트 서비스 라인보다 네트 가까이에 낙하되도록 유의해서 연습해야 한다.

포핸드 드롭 스윙

④ 드라이브(Drive)

셔틀이 네트 상단을 거의 스칠 정도로 강타하여 코트의 방향과 평행으로 비행하게 하는 플라이트이다. 상대편 코트에 넘어가서는 네트의 높이보다 낮게 날게 하는 것이 효과적이다.

드라이브는 스매시나 푸시와 같이 상대를 기습하기 위한 공격적 타법이므로 어깨 위에서 스피드 있게 상대방의 몸을 향해 타구한다든지 그것이 여의치 않을 때는 상대방 코트 깊숙이 타구해야 한다. 복식게임에 있어서 상대방의 콤비네이션을 깨는 데 효과적인 무기가 된다.

다시 말해 네트 앞에 붙어서 드라이브를 응수한 상대의 타구를 푸시로 연결하여 공격하는 드라이브는 상대와의 거리가 짧고 빠르게 진행되므로 테이크백(준비동작)을 크게 취하면 순간적인 대응이 늦어지며 팔로우 스루(타구 후 동작)가 너무 길어도 다음 동작이 늦어진다. 따라서 크게 휘두르지 않는 것이 드라이브의 요령이다.

라켓 동작은 작고 날카롭게 하는 것이 중요하다. 배드민턴의 가장 기본적인 스윙은 클리어지만 초보자들의 연습용으로는 드라이브가 우선적이다. 드라이브는 이미 면이 형성되어 있고 큰 스윙을 할 필요도 없기 때문에 랠리가 어느 정도 계속될 수 있어 치는 쾌감과 묘미를 느낄 수 있게 된다.

드라이브의 큰 효과는 상대의 느슨한 스매시를 드라이브로 되받아 쳐서 공격의 찬스를 가져오게 하여 상대방의 허를 찌르는 타법이다.

드라이브의 방법

클리어, 드롭 샷, 스매시는 팔꿈치를 약간 굽혀서 쳤으나 드라이브는 몸 안쪽의 어깨 높이 정도에서 치는 경우가 많기 때문에 팔꿈치를 굽혔다가 펴면서 라켓을 밀어내듯이 쳐야 한다. 드라이브를 백으로 칠 때는 셔틀콕을 몸 가까이에 오게 하지 않고 가능한 한 가볍게 손목을 젖혀서 앞으로 라켓면을 셔틀콕에 갖다 대는 것부터 시작해야 한다.

드라이브의 자세는 두 다리를 어깨너비보다 약간 넓게 옆으로 벌리면서 무릎을 약간 굽히고 양발의 엄지발가락에 중심을 실어 발끝으로 서는 것이 효과적이다. 그러나 약간 변형하여 라켓을 잡고 있는 쪽의 발을 약간 앞으로 내놓는 것도 좋은 자세가 될 수 있다.

Part 2 기초 기술

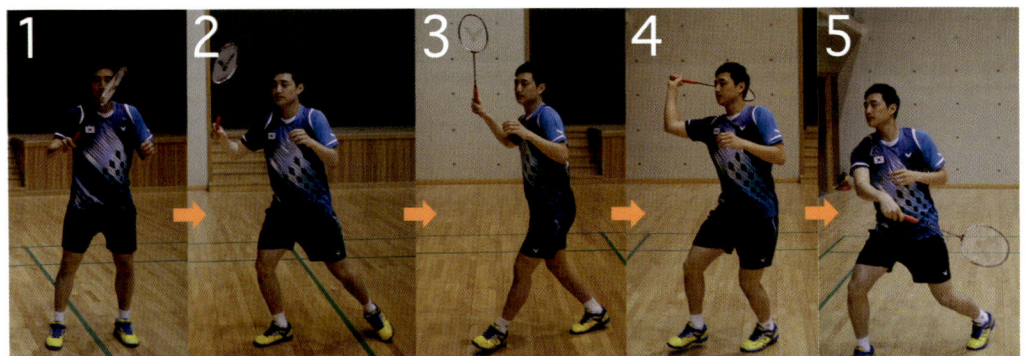

드라이브 스텝과 스윙(포핸드)

드라이브 스텝과 스윙(백핸드)

포핸드 원점프

드라이브

⑤ 푸시(Push)

네트 상단으로 넘어오는 셔틀을 빠르고 강하게 상대방 코트에 밀듯이 쳐 넣는 플라이트이다. 상대방의 헤어핀이 높게 떠온다든지 상대의 드롭 샷이 네트 위로 높게 비행할 때 순간적으로 포착하여 전진하면서 처리해야 하므로 라켓 스윙을 하지 않고 손목을 이용하거나 스윙을 네트를 따라 빗겨 침으로써 라켓이 네트에 닿지 않도록 해야 한다. 또한 발이 중앙선을 침범하지 않도록 주의해야 한다.

푸시의 준비자세는 드라이브와 거의 같다. 단 드라이브보다 더 높은 앞 타점에서 셔틀콕을 아래로 눌러친다. 타이밍에 맞추어 치는 순간 그립을 세게 쥐고 상대 타구의 속도를 고려해서 친다. 이때는 팔꿈치에서 손목까지만 이용한다.

푸시의 속도는 스매시보다 떨어지지만 배드민턴 타구 중에서 에이스(득점)가 될 확률이 가장 높다고 할 수 있다. 다시 말해 날카로운 각도를 만들기 쉽고 셔틀콕이 날아가는 거리와 비행시간이 매우 짧으며 방향을 조절하기 쉬우므로 점수를 내기에도 유리하다. 즉 네트 가까이에서 치는 스매시와 비슷하다고 할 수 있다.

푸시의 요령

푸시 기술은 네트 앞에 떠오르는 셔틀콕을 밀거나 순간적인 손목의 힘으로 타구하는 것으로 게임 중 푸시 찬스가 포착되면 거의 대부분 성공적으로 끝나 득점 확률이 스매시보다 훨씬 효과적인 기술이다.

대부분 푸시는 복식게임에서 많이 사용하였으나 요즘은 단식게임의 쇼트 서브의 전환으로 네트 플레이에 의한 다양한 기술로 푸시의 응용기술이 매우 효과적으로 활용되고 있다.

A. 푸시의 풋워크

기본 준비자세에서 왼발이든 오른발이든 원스텝 점프로 셔틀콕에 도달할 수 있도록 풋워크로 기술을 숙달시켜야 한다.

B. 푸시 기술 방법

㉠ **밀어치는 타법으로 상대의 낮고 짧은 서브에 대해 반구할 때 자주 구사한다.**
- 라켓을 세우고 라켓 면을 정면으로 향한 채 네트 높이나 그보다 약간 높은 위치에서 셔틀콕을 맞추어야 한다.
- 손목의 힘은 약하게 밀어서 셔틀콕이 아래 방향으로 떨어지도록 한다.

Part 2 기초 기술

㉡ 손목의 힘을 이용하여 짧게 끊어치는 타법

네트 앞에서 결정적 기회가 주어졌을 때 구사하며 어깨나 팔에 힘을 주지 말고 손목 힘으로만 타구한다. 이때 라켓 그립은 약하게 잡아야 유연하게 손목을 이용할 수 있다.

㉢ 실점의 원인

셔틀콕이 네트 위에 높이 떠오르면 강력하게 상대의 코트에 꽂아 넣어 통쾌함을 얻을 마음으로 약간의 흥분과 욕심이 앞서 어깨와 온몸에 힘을 주어 타구하기 때문에 실패하는 경우가 생기게 된다.

C. 푸시 연습

- 라켓을 손목만으로 짧게 끊어치는 스윙 연습을 한번에 50~70회 정도를 10세트 정도 반복 연습한다.
- 스윙 연습 시 타구 후 라켓이 스프링처럼 원위치로 되돌아오도록 해야 한다.
- 2단계 방법은 네트 상단에 헌 셔틀콕 날개 부분을 꽂아 네트를 건드리지 않고 푸시 연습을 해 보는 것이다.
- 지속적으로 연습을 하다 보면 손목의 테크닉과 순간적 스윙으로 성공률이 높아진다.

몸의 자세가 너무 앞으로 쏠리면 스냅 조절이 어렵다.

⑥ 헤어핀(Hairpin)

네트 바로 밑으로 낙하하는 셔틀을 다시 네트 상단으로 살짝 넘겨 상대방의 코트로 넘기는 플라이트로 네트를 직각으로 넘기는 헤어핀 샷과 대각선상의 사이드라인 근처에 떨어뜨리는 크로스 헤어핀 샷이 있다. 배드민턴은 힘만 있다고 기술이 향상되는 것이 아니고 헤어핀과 같이 섬세한 기술로 상대를 제압할 수 있는 기회를 만들 수 있으므로 수련하고 터득하지 않으면 안 된다.

　헤어핀을 익숙하게 잘하는 선수는 게임의 주도권을 잡을 수 있기 때문에 클리어의 기술과 함께 매우 중요한 기술이므로 소홀히 생각해서는 안 된다.

　즉 헤어핀은 매우 세심한 주의가 필요한 타구이다. 타점의 높낮이, 네트와의 거리 등을 감안하여 어떠한 자세로 타구해야 할 것인가를 순간적으로 판단해서 쳐야 하므로 순발력이 매우 필요한 스트록이다. 셔틀콕을 튀기지 않고 속도를 줄이는 타구이기 때문에 조금이라도 판단을 잘못하면 네트에 걸리거나 높이 뜨게 되어 상대에게 유리하도록 찬스를 제공할 수 있다. 헤어핀에는 스핀 헤어핀이라고 하는 고도의 기술도 있는데 이 기술은 국가대표 선수들도 받아내기 어렵다. 헤어핀이 정교하게 들어오면 상대는 로브나 헤어핀으로밖에 반구할 수 없으므로 공격과 수비가 유리하게 전개된다. 다시 말해 헤어핀으로 네트 앞을 제압하는 것이 경기의 주도권을 잡을 수 있는 상책이다.

헤어핀의 요령

헤어핀이라는 용어는 셔틀콕이 네트를 넘어가는 것이 여성들의 곡선형 머리핀과 같다하여 붙여진 이름인데 실제로 현대의 헤어핀은 네트에서 수직으로 낙하해야 공격의 기회를 얻을 수가 있게 되었다. 기본적인 발동작 풋워크는 언더 핸드 클리어의 허리 동작과 같으며 셔틀콕이 네트 상단에서 이루어져야 정확한 스트록을 할 수 있다.

A. 라켓 면의 각도

라켓 면의 각도 조절은 라켓의 각도를 너무 수평으로 잡으면 셔틀이 네트 위로 많이 떠서 넘어가거나, 아예 넘어가지 않는 경우가 생기게 된다. 그렇다고 너무 직각으로 각도를 잡으면 네트에 걸려 넘어가지 않게 된다. 따라서 상대가 랠리하는 셔틀콕의 변화에 따라서 약간씩 각도를 다르게 라켓 면을 기울여 대응해야 한다.

B. 팔과 라켓의 방향

홈 포지션에서 라켓을 세워 잡고 네트 앞으로 이동하여 몸 쪽에서 멀리 떨어진 위치에서 라켓을 든 팔을 곧게 뻗고 헤어핀을 실행해야 한다. 이때 라켓을 몸 쪽에 라켓을 너무 붙여 팔에 곧게 펴지 않는 상태에서 헤어핀을 하게 되면 셔틀콕을 컨트롤하기가 힘들어 정확성이 떨어지고 힘 조절이 어렵게 된다. 또한 팔과 라켓의 방향은 팔은 몸 쪽에서 앞을 향하고 라켓은 셔틀콕의 방향으로 손목을 약간 옆으로 각을 세워 뻗어야 한다.

C. 셔틀콕의 힘 조절

네트 상단을 중심으로 셔틀콕의 높이에 따라 힘 조절이 필요하다. 네트 상단에서는 최대한 손목의 힘을 빼고 가볍게 라켓의 각도 조절만으로 시도하고 하단의 위치나 네트에 조금 떨어져서 셔틀콕이 오는 경우는 손목의 힘이 아니라 팔 전체의 힘으로 조절해야 정확성이 높아진다.

D. 스핀 헤어핀

셔틀콕을 사선으로 빗겨쳐 슬라이스(Slice)를 이용하여 셔틀콕이 회전하게 하는 방법이 스핀(Spin) 헤어핀이다.

스핀 헤어핀은 손목을 이용하여 셔틀콕의 코르크 부분을 사선으로 끊어치거나 라켓을 밖에서부터 안쪽으로 감아 올리듯이 하면 셔틀콕이 네트에서 정상적으로 낙하하지 않고 셔틀콕 전체가 회전하면서 떨어지기 때문에 상대가 다음 기술을 구사하기가 매우 어려워지는 기술이다.

E. 경기 중 헤어핀의 심리적 부담

경기 중 상대의 공격적인 플레이에 계속 당할 때는 수비에서 공격으로의 전환이 필요한데 상대의 위력적 기세에 눌려 헤어핀을 못하고 언더 핸드 클리어로 방어만 할 때는 상대의 푸시를 의식하지 말고 과감하게 헤어핀을 구사해야 한다. 이를 극복하기 위해서는 평상시 연습게임에서부터 자신감을 갖고 지속적으로 시도하면 심리적 불안감을 떨쳐버리고 큰 성과를 거둘 수 있을 것이다.

⑦ 언더 핸드 스트록(Under hand stroke)

상대가 드롭 샷, 스매시, 헤어핀으로 랠리하는 스트록을 방어적으로 받아치는 타구로 허리보다 낮은 높이에서 위로 쳐 올리는 스트록인데 주의할 것은 상대에게 공격당하지 않도록 치는 것이다.

상대가 자기 코트의 중앙보다 앞쪽에 있으면 백바운더리 라인 깊숙이 반구하고 상대가 중앙에 있으면 정확한 헤어핀으로 형세를 만회하는 기법을 써야 한다.

상대의 구질에 따라 포핸드나 백핸드 어느 쪽이든 쉽게 처리할 수 있도록 자세를 철저히 준비하는 훈련이 필요하다. 따라서 정신의 집중력과 함께 병행하여 숙달시켜야 한다.

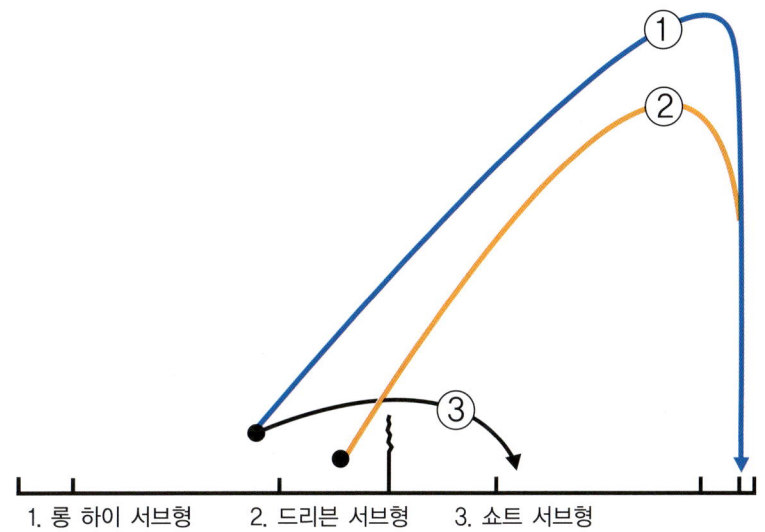

1. 롱 하이 서브형   2. 드리븐 서브형   3. 쇼트 서브형

포핸드 리턴

백핸드 리턴

2) 스윙(Swing) 위치에 따른 분류

우리 신체의 어깨를 중심으로 라켓을 스윙하는 위치에 따라 스트록의 형태를 다음과 같이 분류한다.

① 오버 헤드 스트록(Over head stroke)

배드민턴 경기에서 가장 많이 사용하는 방법으로 상대방이 리턴 한 셔틀콕이 머리 위로 높게 날아왔을 경우, 머리 위의 높은 위치에서 타구하는 것이다. 클리어, 스매시, 드롭 샷과 같은 기술은 오버헤드 스트록으로 처리해야 하므로 시간이 걸리더라도 셔틀을 치기 전 라켓 스윙 연습부터 기초를 닦아야 한다. 라켓을 잡은 반대편으로 랠리 된 셔틀을 타구하는 것은 백핸드 스트록(back hand stroke)이라 한다.

스트록은 라켓으로 날아오는 셔틀을 타구하는 것으로, 단순히 팔로만 셔틀콕을 치는 것이 아니라 전신의 조화를 유지하면서 치는 것이 중요하다. 즉, 준비자세, 타구 자세, 타구 후 자세, 풋워크 등이 조화롭게 이루어져야 좋은 스트록이 가능하다.

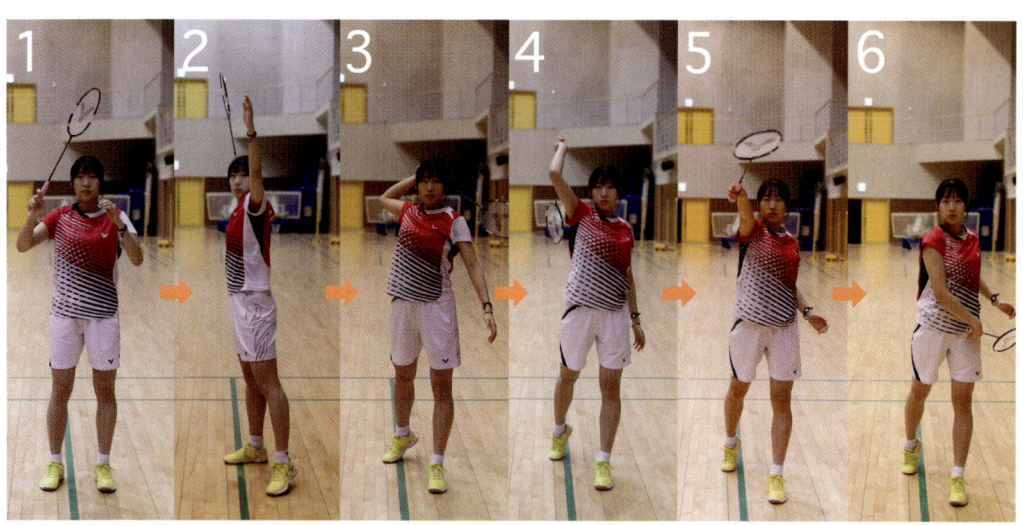

오버 헤드 점프스윙 요령

몸을 오른쪽으로 비틀어 왼쪽 어깨가 네트를 향하도록 하고 체중은 오른발에 둔다. 체중을 실은 오른발을 위로 차오르면서 팔꿈치로 끌어당기듯이 스윙을 시작하여 팔꿈치를 앞으로 뻗으면서 스윙을 뿌리듯 셔틀을 타구한다. 그리고 왼발로 착지하면서 앞으로 중심을 실어주고, 오른발은 무릎을 살짝 들어주면서 바닥에 착지한다. 타구 후에는 라켓을 자연스럽게 내리고 기본자세로 되돌아간다.

② 사이드 핸드 스트록(Side hand stroke and Side arm stroke)

셔틀을 몸의 좌우측에서 그리고 어깨와 허리까지의 높이에서 타구하는 방법이다. 이 스트록의 민첩성과 방향 전환에 따라 상대의 공격으로부터 유리한 입장에 서서 공격을 이어갈 수 있다. 이때 스윙을 짧고 빠르게 구사해야 하며 발끝 앞에서 이루어져야 상대의 공격에 밀리지 않으며 정확한 스트록을 구사할 수 있다.

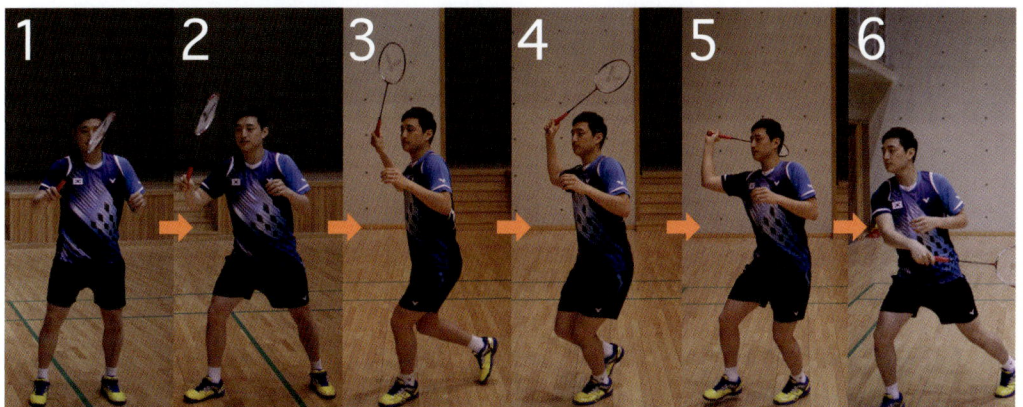

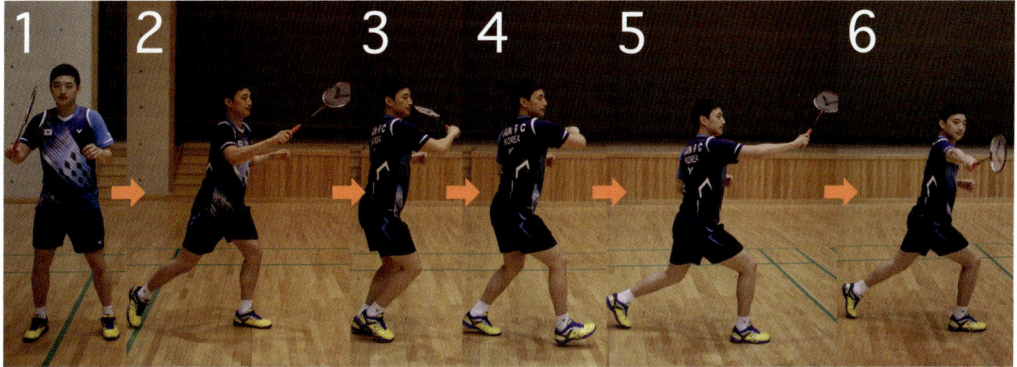

③ 언더 핸드 스트록(Under hand stroke)

셔틀콕을 무릎 아래의 낮은 위치에서 위로 올리는 타구 방법이다. 헤어핀 자세와 비슷하나 스윙과 임팩트가 네트의 중간 지점이나 네트 아래에서 이루어진다.

④ 라운드 헤드 스트록(Round the head stroke)

오버 헤드 스트록의 변형으로써 몸의 좌측에서 머리의 높이 정도로 날아오는 셔틀을 본래는 백핸드로 쳐야 하지만 그것을 포핸드로서 타구하는 배드민턴 특유의 스트록 방법이다.

4. 서브(Serve)

1) 서브의 중요성

2006년부터 시행된 랠리 포인트 점수제가 적용됨에 따라 서브의 중요성에 깊은 관심을 가지지 않을 수 없는 상황이다. 한 번의 타구로 쉽게 득점할 수도, 또 쉽게 실점할 수도 있는 아주 중요한 부분으로 스트록의 기본 기술 중 매우 비중이 높다.

제1타 서브로부터 작전을 연결시킴으로써 게임의 적극성과 주도권을 잡을 수 있고 서브를 교묘히 함으로써 상대방의 리턴을 강한 타구로 공격할 수 있게 된다.

따라서 누구나 한 게임 중에 많은 서브권을 가지게 되며 정확한 서브로 상대의 허를 찔러 미스(실책)를 유도함으로써 점수를 얻게 되고 그만큼 게임이 수월해진다. 특히 복식 경기와 같이 스피드한 승부에서는 서브와 리시브의 우세로 승부가 결정되는 경우가 허다하다. 그러므로 아무리 랠리 기술이 좋다하여도 서브와 리시브의 기술을 터득하지 못하였을 경우에는 랠리에 들어가기도 전에 게임에서 무너져 제대로 자기의 실력도 발휘하지 못하고 패하는 경우가 흔히 생기게 된다. 그만큼 서브와 리시브는 게임에서 제1구의 공격이 되는 것이므로 중요시되고 있는 것이다.

그러나 여러 가지의 방법으로 변화가 풍부하고 좋은 서브를 가지는 것이 선제공격의 주무기가 되긴 하나 부실한 여러 가지의 서브를 가지는 것보다는 한두 종류의 독특하고 정확한 서브를 가지고 자기 플레이를 구성하여 힘을 집중화해야 한다.

그러기 위해서는 규칙에 위배되지 않는 범위 내에서 자기의 체질과 능력에 맞는 서브를 개발하여 숙달시킴으로써 리시버를 당황하도록 새로운 것을 개발할 필요가 있다.

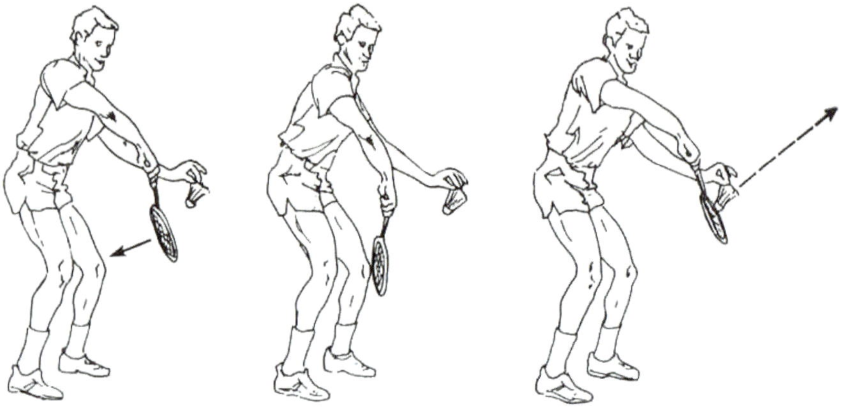

Part 2 기초 기술

백핸드 서브

1. 롱 하이 서브형   2. 드리븐 서브형   3. 쇼트 서브형

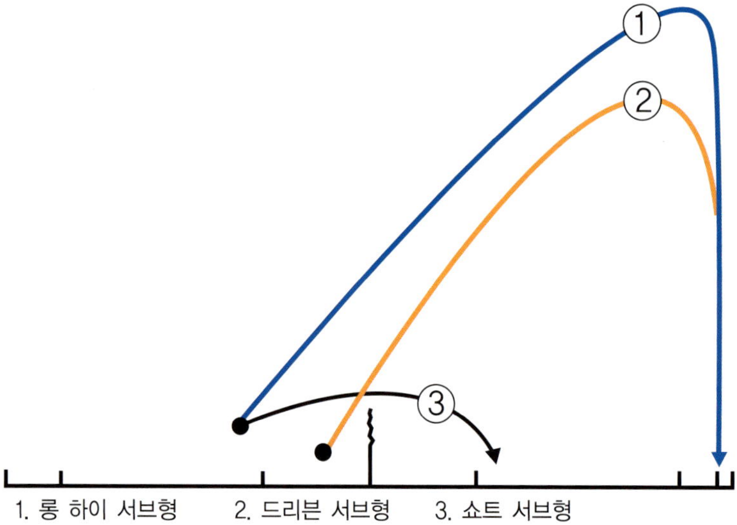

포핸드 서브

2) 서브의 종류

① 롱 하이 서브(Long high serve)

단식 경기에 주요한 서브로 셔틀을 높이 그리고 멀리 쳐서 상대방의 백 바운더리 라인 깊숙이 수직으로 낙하하도록 하는 서브이다. 주의해야 할 점은 일정한 리듬에 맞추어 일정한 장소로만 넣게 되면 상대편이 미리 예측하고 타이밍을 조절하기 때문에 몇 가지 종류로 높이의 차이와 속도를 변경하고 백쪽 서비스라인 좌우로 위치를 설정하여 낙하할 수 있게 숙달시켜야 한다는 것이다.

② 드리븐 서브(Driven serve)

롱 하이 서브와 쇼트 서브의 중간 높이로 상당한 스피드를 넣어 네트에서는 낮게 그러면서도 상대방 코트 깊숙이 찔러 넣는 방법으로 단복식에서 다 사용한다. 이때 주의할 점은 상대방이 전혀 예기치 못할 때 넣으면 성공률이 높으나 상대 선수의 반사성과 팔길이와의 승부가 되기 때문에 높이의 측정을 정확히 하지 않으면 오히려 역습을 당하게 된다는 것이다.

③ 쇼트 서브(Short serve)

복식 경기에 주요한 서브로 셔틀을 네트 위로 간신히 넘겨 상대방의 쇼트 서비스라인 근처에 낙하시키는 서브이다.

쇼트 서브는 쇼트 서비스라인 가까이에서   롱 서브는 쇼트 서비스라인 한 발짝 뒤에서

쇼트 서브는 롱 하이 서브나 드리븐 서브보다 섬세하고 코스의 선택을 잘해야 하기 때문에 매우 어려운 서브이다. 이때 주의해야 할 점은 웨스트 오버나 핸드 오버가 되지 않도록 하여 상대방에게 역습당하지 않도록 신중한 마음가짐과 집중력을 발휘하여 서브해야 한다는 것이다.

주요 서비스 (김중수 국가대표 감독 복식 정복 서비스 발췌)

• 백핸드 서비스(backhand service)

백핸드 서비스는 포핸드 서비스에 비해 다양한 서비스가 불가능하나, 복식 경기에서의 안정감과 정확성을 유지하기 위하여 쇼트 서비스와 드리븐 서비스를 구사할 때 많이 사용된다. 현재 세계적으로 복식선수의 대부분은 백핸드 서비스를 구사하고 있으며, 우리나라 국가대표 복식선수들은 전원 백핸드 서비스를 구사하고 있다. 최근 들어 단식선수들도 많이 구사하고 있는 추세이다.

• 쇼트 서비스(short service)

쇼트 서비스는 주로 상대의 스매시 공격을 피하고 네트플레이를 이끌어 내기 위하여 구사를 하고 경기에서 상대 코트의 좌우로 셔틀콕을 보내 상대의 공격을 둔화시키는 데 그 목적이 있다.

• 드리븐 서비스(driven service)

드리븐 서비스는 롱 서비스와 쇼트 서비스의 중간 성격을 띤 서비스이며, 쇼트 서비스의 구사 시 정확성이 떨어져 네트에서 셔틀콕이 높게 뜨거나 상대의 푸시 공격을 피하고 상대를 후위로 밀어낼 때 주로 구사한다.

3) 셔틀콕 잡는 법

전체 손가락으로 잡는 법(싱글 서비스)

주로 롱 서비스를 할 때와 같이 포핸드 서비스에 많이 사용하는 것으로, 셔틀콕의 깃털 부위의 중간 부분을 손아귀로 물이 든 컵을 잡듯이 가볍게 쥐는 방법이다.

뉘어서 잡는 법

셔틀콕의 깃털 윗부분을 엄지와 인지(집게손가락)로 잡는 방법으로, 시선을 셔틀콕에 주지 않아도 라켓에 타구하기가 비교적 쉬운 방법이다.

엄지와 인지로 잡는 법(더블 서비스)

주로 복식의 백핸드 쇼트 서비스에 많이 사용하는 방법으로서, 가벼운 물건을 잡을 때처럼 엄지와 인지를 사용하여 셔틀콕의 깃털 하나만을 끝에서 1.5cm 이내로 잡는다. 이 방법은 숙달이 되면 다양하게 응용할 수 있다.

4) 서비스 훈련

드리븐 서비스

특징

드리븐 서비스는 주로 복식 경기에서 많이 사용되며, 롱 서비스와 쇼트 서비스의 중간 성격을 띤 서비스이다.

훈련방법

- 상대의 타이밍에 맞춰 주지 말아야 한다.
- 스피드 있게 친다.
- 스매시 공격을 당하지 않도록 코스를 다양하게 구사한다.
- 웨이스트 오버에 주의한다.
- 셔틀콕이 착지한 위치를 확인한다.

Part 2 기초 기술

백핸드 서비스

특징

서비스는 포핸드와 백핸드 서비스로 구분된다. 포핸드 서비스는 다양한 서비스가 가능하나, 백핸드 서비스는 복식 경기에서의 쇼트 서비스와 드리븐 서비스를 구사할 때 많이 사용된다.

훈련방법

- 오른발을 앞으로, 왼발을 뒤로하여 준비한다.
- 쇼트 서비스 라인과 센터 라인 근처에 위치하고, 중심은 오른발에 둔다.
- 오른팔은 가볍게 굽히고, 라켓이 몸에서 조금 왼쪽 앞으로 오도록 한다.
- 셔틀콕을 잡은 손을 라켓의 앞에서 가볍게 친다.
- 팔꿈치를 중심으로 손목의 스냅을 이용하여 서비스한다.

특징

롱 서비스가 단식 경기에서 가장 효과적인 서비스인데 비해서, 복식 경기에서는 쇼트 서비스가 효과적이다. 이 서비스는 상대가 쉽게 스매시 공격을 하지 못하게 하고, 상대의 몸을 목표로 겨냥하거나 속공을 하는 데 그 목적이 있다.

훈련방법

- 네트를 향하여 측면으로 서고, 준비자세에서는 체중을 뒷발에 둔다.
- 체중을 앞발로 옮기면서 가볍게 밀어내듯이 친다.
- 셔틀콕이 네트를 스치듯 넘기는 것으로 포핸드로 네트 위로 낮게 친다.
- 쇼트 서비스 라인까지 친다.
- 핸드 및 웨스트 오버를 주의한다.
- 상대편 푸시에 당하지 않도록 한다.

쇼트 서비스

롱 하이 서비스

특징

단식 경기에서 상대 코트의 깊숙한 위치로 높게 보내기 위해서 구사하는 것으로, 상대방이 쉽게 공격하지 못하게 하는 데 목적이 있다. 즉, 코트 깊숙한 곳에서의 상대방 공격은 네트와의 거리가 멀면 멀수록 공격의 각도는 둔해지고, 셔틀콕의 속도는 급격히 감소되어 강력한 공격을 예방할 수 있다.

훈련방법

- 체중이 실린 오른발은 뒤쪽으로, 왼발은 한 걸음 앞으로 내밀고 네트를 향하여 측면으로 선다.
- 오른발에서 왼발 쪽으로 몸의 체중을 옮기면서 중심이 이동하는 힘의 반동을 이용하여 셔틀콕이 높게 멀리 가도록 타구한다.
- 롱 서브 엔드 라인의 바로 앞에서 높이 오른 셔틀콕이 수직으로 내려오는 서브이다.
- 기본자세 유지와 동시에 손목을 이용한다.
- 셔틀을 치고 난 뒤 기본자세를 유지한다.

5) 서비스의 목표 지점

배드민턴의 서비스는 수동적인 것으로서 서비스로 득점하는 것은 어렵다. 그러나 상대가 직접 공격적인 리턴을 하기 어려운 위치 선정과 셔틀콕의 높이, 스피드 등을 조절해서 리시버로 하여금 공격할 수 있는 기회를 최소화시켜야 한다. 서비스의 목표 지점에 대한 일반적인 내용은 다음과 같다.

- 상대코트의 네 모퉁이를 향해 서비스한다. 특히 리시버가 약한 쪽의 지점이 좋다.
- 리시버가 사전에 예측하지 못하도록 서비스한다.
- 상대방의 약점을 노려서 서비스한다.

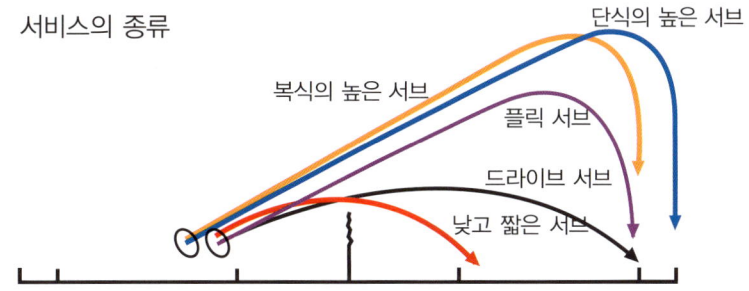

서비스의 종류

5. 리시브(Receive)

1) 리시브의 중요성

상대방의 서브를 받아 리턴하는 것을 리시브라고 하는데 이것 또한 서브 못지않게 대단히 중요하다. 특히 선제 속공을 특징으로 하고 있는 현대 배드민턴에 있어서는 서브와 더불어 리시브는 승패의 운명이 좌우되는 것으로 서브와 리시브의 포인트가 복식게임에서는 승부율의 30%선을 상회하고 있음을 보아도 얼마나 리시브가 중요한지 알 수 있다.

서비스 리턴은 가장 쉽게 득점하거나 가장 쉽게 실점할 수 있는 중요한 부분이다. 수비의 형태지만 상대의 서비스에 허점이 생기면 곧바로 공격하여 득점으로 연결시키며 상대의 서비스가 정교하여 공격할 수 없을 때는 코스를 잘 선택하여 리턴함으로써 두 번째 랠리를 공격으로 전환시켜 득점할 수 있는 기회를 포착할 수 있기 때문에 신중하면서도 자신감 있게 그리고 정확하게 타구하는 것이 중요하다.

2) 리시브의 자세

리시브의 자세란 단식과 복식 또는 상대방의 서브의 종류, 형태, 상황에 따라 달라지지만 기본적으로 자세를 결정하는데 있어서 다음과 같은 기준이 있다.

상대의 어떠한 서브도 리턴시킬 수 있는 위치와 자세를 갖추어 자신의 주무기가 활용되도록 리시브한다. 즉 선수가 푸시나 헤어핀을 잘하는 네트 플레이형이나 아니면 스매시를 잘하느냐에 따라 그 위치가 조금씩 달라질 수 있다. 또한 앞쪽은 조금 비워도 뛰어가 칠 자신이 있으나 백쪽의 서브에 약할 경우 백쪽으로 치중하여 위치를 잡거나 백쪽은 강하나 네트 앞 짧은 서브에 약할 때는 다소 앞쪽으로 치중해야 한다.

동시에 자기의 체력, 각력, 리시브 기술 등을 충분히 고려하여 서브를 완전하게 리턴시켜야 하고 또한 자기의 플레이에 지장이 없도록 그리고 유리한 방법으로 리턴시켜야 할 것이다. 이때 기술 정도 또는 게임 운영상 다음과 같이 문제점을 생각하여야 한다.

① 어디까지나 안전제일 주의로 할 것인가?
② 다소의 위험을 무릅쓰고라도 강공을 택할 것인가?
③ 어떻게 하면 상대의 급소를 찌를 수 있을 것인가?

그러나 가장 안전하고 보편적인 방법은 단식 경기의 서브는 롱 하이 서브 복식 경기의 서브에도 임기응변할 수 있는 리시브 홈 포지션의 중앙보다 앞쪽으로 적당한 위치를 잡는 것이 좋다.

서브나 리시브나 시작이 중요하기 때문에 특히 단식 경기에 있어서는 두 사람 다 같이 긴장을 풀고 어디에 쳐도 재빨리 움직여 확실한 스트록이 될 수 있도록 준비하는 것이 원만한 방법이 될 것이다. 복식 경기는 서비스 라인보다 20cm 이상 뒤로 물러서지 않는 것이 좋으며 쇼트 서비스 라인에 가까울수록 좋다. 일류 복식선수들은 라인을 밟고 친다고 할 수 있을 정도로 앞으로 전진할 수 있는 자세를 취하고 있다. 쇼트 서브나 드라이브 서브가 어느 방향으로 오든 원 스텝으로 처리할 수 있는 준비 자세의 확립이 위치를 선정하는 중요한 요인이 될 수 있다.

리시브의 위치

복식 경기

- 쇼트 서비스 라인에 가까울수록 효과적임
- 서비스라인에서 20cm 이하
- 원 스텝으로 타구할 수 있는 준비자세 확립

서비스 리시브　　　　　　　백핸드 리턴

3) 리시브와 공격

리시브의 정의는 정확히 말해서 서비스의 리턴이라는 표현이 되는데 이 서비스와 리시브의 상관관계는 서비스가 공격적이고 그 리턴이 수비적이라는 입장으로 받아들이고 있다. 그러나 현대의 배드민턴에서는 이러한 고정관념에서 벗어나야 한다. 즉 수비의 리턴을 위하여 공격으로 전환할까, 첫 번째 리턴은 수비였지만 두 번째의 랠리는 공격으로 전환시키기 위해 첫 리시브를 어떤 코스를 택해서 시행할 것인가를 연구하고 연습해야 한다. 예를 들어 상대가 뛰어난 기량의 서비스 소유자라고 하더라도 그 서비스를 파괴할 수 있는 대처 방법을 고도의 숙련에 의한 연습으로 타개하여야 한다.

① 리시브 코트의 전부를 커버할 수 있는 능력을 키우자

몸을 부드럽고 릴렉스한 자세로 원 스텝 풋워크를 익히고 순간적인 정확한 판단능력을 배양하여 임팩트 순간을 포착, 타이밍을 잘 맞추도록 해야 한다.

② 상대를 정확히 주시해야 한다

상대의 스트록에 대하여 셔틀콕을 잘 보라고 하는 의미는 셔틀콕에서 눈을 돌리지 않도록 하는 것이다. 그러나 리시브에서 셔틀콕을 보라고 하는 것은 타구의 순간에 셔틀콕을 보는 것도 중요하지만 그 이전에 서버가 라켓으로 셔틀콕을 치려는 순간부터 셔틀콕을 보고 눈을 돌리지 않는다고 하는 것이다. 그것은 상대가 타구할 때의 라켓면이나 백 스윙 그리고 자세를 보고 우측인지 좌측인지 백핸드인지 포핸드인지 쇼트 서비스인지 롱 서비스인지를 미리 인지하여 자기가 받을 위치나 어느 종류의 스트록으로 리턴할 것인가를 생각하며 대처한다면 경기를 반전시킬 수 있는 효과를 얻게 될 것이다.

③ 안전하게 리턴한다

리시브를 실패하면 1점의 포인트를 잃게 되므로 우선은 안전을 제1의 목표로 삼고 지속적인 랠리에 의해 상대방을 혼란시킬 수 있는 기회를 포착, 수비에서 공격으로 전환시키도록 해야 한다. 이때 리시버는 절대로 똑같은 패턴 즉, 틀에 박힌 리턴만을 해서는 안 된다.

④ 스피드와 정확도

타구한 셔틀콕이 비행하는 속도를 지칭하는 것이지만 실제로는 복합적인 의미가 부여되는 것이다. 상대가 목표점이라면 상대가 타구하는 순간부터 내가 반구하여 다시 상대가 타구할 때까지의 시간을 의미한다.

셔틀콕 스피드의 조건은 라켓 스윙의 회전 속도나 손목의 스냅 강도에 의해 좌우되지만 그것을 이루는 것은 풋워크나 몸의 순발력에 의존하지 않을 수 없다. 훌륭한 선수일수록 상대를 제압할 수 있는 스피드 플레이가 중요시된다. 그러나 그것은 에러가 따라다닌다는 부담을 가지고 있다. 배드민턴에서는 약 40%의 에러에 의해서 포인트가 진행되고 있다. 그러므로 연습 시에는 여러 가지 연구를 하지 않으면 안 된다. 스피드냐 정확도냐에 대하여 좋은 예를 들어둔다.

대한민국의 최고 스피드 소유자라고 인정되는 선수는 '박주봉' 선수다. 바로 그에게 "스피드를 어떠한 방법으로 몸에 익혔느냐"라고 물어 보았다. 그랬더니 그는 "배드민턴은 스피드가 아니다. 배드민턴은 우선 정확한 스트록을 배우는 데 있다. 정확한 스트록은 올바른 폼에서 생기며 올바른 폼이 형성되면 스피드는 언제든지 나오게 되어 있는 것이다."라고 답하여 주었다. '박주봉' 선수가 라켓을 잡은 것은 취학 전이라고 한다. 유년시절부터 정확함을 눈에 익혀 그에 몸이 점진적으로 성장함과 동시에 하드-히트로 전환되었으리라 의심할 사람은 없을 것이다. 초보자일수록 정확한 스트록의 폼을 중시하여 점진적 하드-히트로의 강화훈련이 절실히 요구된다.

4) 셔틀콕을 정확히 볼 것

셔틀콕을 정확히 보는 것은 가장 중요한 기술의 하나이다. 이것은 누구라도 쉽게 실행할 수 있는 기술이며 또한 가장 경시되고 있는 기술이기도 하다. 초심자라도 셔틀콕을 보는 것은 할 수 있다. 그러나 실제 라켓을 잡고 코트에 서면 셔틀콕을 보지 않고 치려고 한다. 전혀 안 보는 것은 아니지만 셔틀콕에서 빨리 눈을 뗀다는 것이 치명적이다. 이것은 배드민턴에만 한한 것이 아니다. 골프에서 자주 듣는 헤드업이라는 말이 있다. 머리를 빨리 돌린다는 것을 말하는 것으로 공을 치는 순간에 보지 않고 공이 날아가는 방향만 보는 것으로 이것 역시 커다란 장애가 된다. 야구나 테니스나 탁구에도 같은 말을 할 수 있는데 배드민턴에서 셔틀콕을 주시한다는 것은 우선 에러를 피하는 제일 손쉽고 빠른 방법이다. 앞에서 기술하였지만 배드민턴의 게임은 40%가 에러의 포인트이다. 그 에러 가운데의 60%가 셔틀콕을 보지 않는 데서 일어나는 것을, 나머지 40%가 나쁜 풋워크와 스윙의 잘못으로 일어난다고 유명선수들이 지적하고 있다. 상대 선수와 셔틀콕을 동시에 볼 수 있는 능력은 정확한 스트록의 명수(名手)가 되는 길이며 자기 게임을 승리로 이끌 수 있고 가장 효과적인 방법이 될 것이다.

5. 리시브(Receive)

5) 서비스 리턴의 타구 방향

서비스 리턴의 타구 방향은 개인의 능력에 따라 다소의 차이는 있지만 대부분의 선수들은 리시브하는 사람의 왼쪽 방향이나 몸통 방향을 선호한다. 일반적으로 몸의 왼쪽 즉, 백으로 타구하는 스트록이 정확도나 강도가 떨어지며 몸의 중심을 회전시켜야 하므로 오른쪽으로 타구하는 것보다 왼쪽으로 타구하는 것이 이동시간이 길어지게 되는 단점을 가지고 있기 때문이다.

몸통으로 타구하는 드라이브나 푸시의 기술은 초보자는 처리하기가 어렵기 때문에 숙달시킨 이후에 시도하는 것이 효과적일 수 있다.

복식에서는 앞에 선 사람과 뒤에 선 사람의 중간 지역으로 많이 타구하는 것이 선수들이 선호하는 리턴 방법이다.

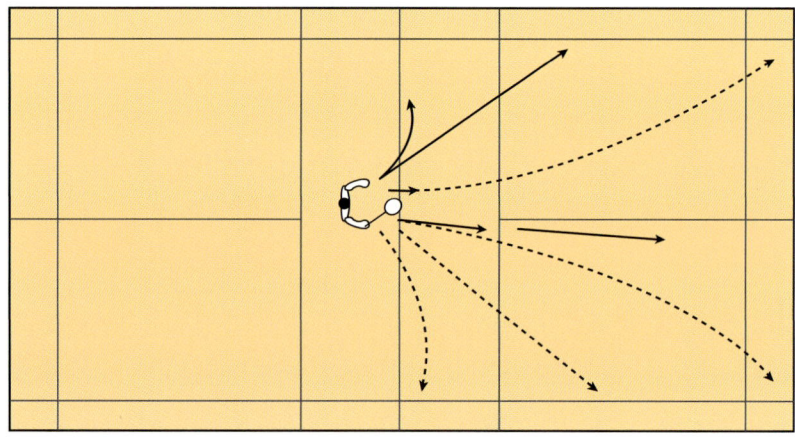

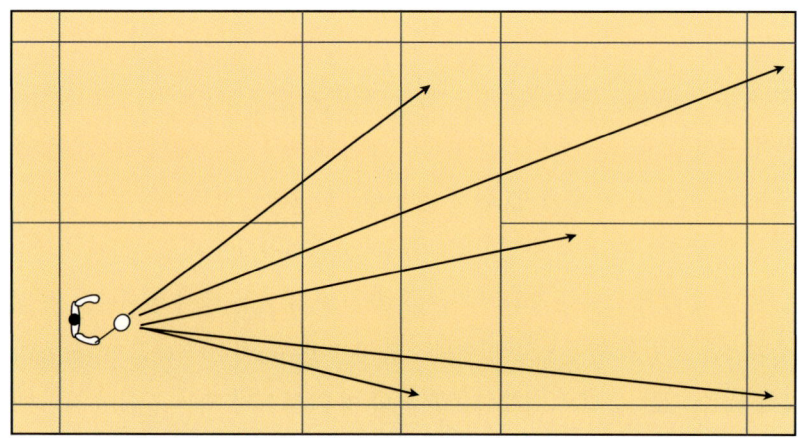

리시브의 방향

6) 스매시 리시브의 기본자세

상대가 스매시로 공격해 오는 경우는 대부분 자기가 셔틀콕의 비행시간이 긴 하이클리어를 쳤을 때이다. 그러므로 이쪽에서는 자세를 정돈할 시간이 충분하다.

우선 홈 포지션으로 돌아와 양발을 어깨 넓이나 그보다 조금 넓게 벌린다. 발뒤꿈치를 살짝 들어 중심을 발가락 부분에 둔다. 이때 양발은 평행이 되도록 서도 되고 오른쪽 발을 약간 앞으로 내밀어 서도 무방하다. 물론 무릎은 약간 굽히고 자연스러운 자세로 서도록 한다.

라켓은 몸 옆 앞쪽에 두고 팔꿈치를 살짝 펴서 90° 정도 벌린다. 그립은 단식일 때는 포핸드를 복식일 때는 백핸드를 의식하는 것이 좋은데 어느 쪽이든 상관이 없다. 상체는 살짝 앞으로 숙인다. 스매시를 예상하고 있었는데 갑자기 앞에 떨어졌을 때 반응하기 쉽기 때문이다. 뒤쪽 타구를 치기는 조금 힘들어지지만, 어느 정도 셔틀콕의 비행 시간이 긴 타구라면 대응할 수 있게 된다.

물론 이것은 기본자세이다. 사람에 따라 다른 쪽 발을 내밀거나 앞으로 많이 숙여도 좋다. 결국은 자신이 라켓을 내밀기 쉽고 움직이기 쉬운 자세가 좋기 때문이다.

기량이 좋은 선수가 치는 빠른 스매시는 인간의 반응 시간의 한계를 넘는 속도라고 한다. 이렇게 빠른 셔틀콕을 받아쳐야 하기 때문에 한 치의 오차도 없는 완벽한 준비 자세가 그만큼 중요하다.

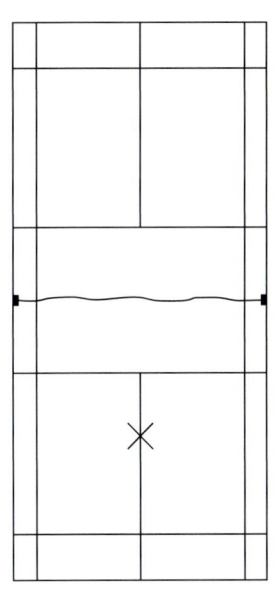

포핸드 리턴

7) 백핸드의 수비 범위

배드민턴에서는 수준이 높아질수록 랠리가 오랫동안 지속된다. 서로의 공격력과 수비력이 대등한 수준일 때는 한쪽의 일방적인 공격으로 결정되지 않고 끈질기게 리시브되기 때문이다.

배드민턴은 공격과 수비가 빠르게 교체되는 경기이다. 아무리 스매시에 파괴력이 있어도 수비력이 없으면 상대를 제압할 수가 없다.

수비에 있어서 중요한 점은 백핸드가 리시브의 기본이라는 것이다. 오른손잡이라면 라켓은 오른쪽 어깨를 기점으로 움직인다. 그렇다면 오른쪽 어깨보다 더 오른쪽으로 오는 타구는 포핸드로 처리할 수 있지만 왼쪽은 어떻게 할까? 라운드 스트록만 제외하면 몸의 중심선 정도까지는 포핸드로 어느 정도는 대응할 수 있지만 생각보다 쉽지 않다.

이때 사용하는 것이 백핸드이다. 실제로 라켓을 쥐었다고 생각해보자. 오른쪽 어깨보다 왼쪽

백핸드 리턴

으로 오는 타구나 몸 정면으로 오는 타구에도 비교적 쉽게 대응할 수 있다. 또한 오른쪽 어깨보다 더 오른쪽으로 오는 타구도 쫓을 수 있게 된다. 다시 말해 백핸드의 경우 적어도 몸의 폭만큼은 수비 범위가 넓어지는 것이다. 오른발을 움직이거나 몸을 빼면 이 범위는 더욱 넓어진다. 능숙해지게 되면 빠른 스매시가 몸 정면으로 와도 쉽게 백핸드로 리시브할 수 있다. 또한 손목 동작에도 무리가 없다. 이것이 '리시브는 백핸드'라고 하는 이유이다.

리시브를 한 마디로 정의하기는 어렵다. 넓은 의미에서는 하이클리어나 드라이브 공격도 리시브에 속한다. 여기서는 편의상 스매시나 커트, 푸시 등 빠른 타구에 대한 리턴과 로브를 리시브라고 해두자.

리시브에는 몇 가지 원칙이 있다. 우선 빠른 타구는 네트 상단에 맞춘다는 생각으로 리시브한다. 상대는 다음에 치기 쉽도록 위로 뜬 리시브를 노리면서 스매시를 한다. 이때 상대가 의도한 대로 하지 않으려고 백 바운더리 라인까지 받아치려고 하는 경우가 있는데, 스매시에 반응하기 위해서는 민첩한 반사 신경과 예리한 스윙이 필요하므로 초보자에게는 조금 무리이다. 그렇다면 치기 쉬운 타구를 보내기보다는 상대의 타구 속도를 적절하게 줄여서 정확히 네트 앞에 컨트롤하는 것이 바람직하다.

또한 랠리 중에 불리한 자세가 되었을 때는 하이클리어나 높은 로브로 백 바운더리 라인까지 높게 띄운다. 이렇게 하면 셔틀콕이 떨어질 때부터 상대가 칠 때까지 약간의 시간을 벌 수 있다. 그동안에 자세를 가다듬을 여유가 충분히 있다. 반대로, 불리한 자세에서 빠른 타구를 보내게 되면 상대의 리턴도 그 속도를 이용해 빠르게 되돌아온다. 빠른 타구는 리턴도 빨라진다. 따라서 불리한 자세에서 빠른 타구를 보내는 것은 바람직하지 않다.

리턴 자세

Part 2 기초 기술

6. 풋워크(Footwalk)

셔틀콕이 바닥에 떨어지기 전에 타구하여 넘기기 위해서는 셔틀콕이 날아가는 방향으로 몸의 이동이 민첩해야 하며 최단거리를 이용하여 셔틀콕을 칠 때 효과를 얻게 된다. 직사각형의 코트 중심부를 홈 포지션이라고 할 때 중심에서부터 도표(8가지 풋워크 기본동작)와 같이 8개 방향으로 구분하여 풋워크의 기본동작이 이루어지며 이것을 기준으로 기술전략에 의한 풋워크가 응용된다.

1) 8가지 풋워크 기본동작

ㄱ. 풋워크의 위치

① Front Forehand Corner (전방 포핸드 코너)
② Front Backhand Corner (전방 백핸드 코너)
③ Rear Forehand Corner (후방 포핸드 코너)
④ Rear Backhand Corner (후방 백핸드 코너)
⑤ Fore hand side (포핸드 사이드)
⑥ Back hand side (백핸드 사이드)
⑦ Front middle (앞쪽 중앙)
⑧ Rear middle (뒤쪽 중앙)

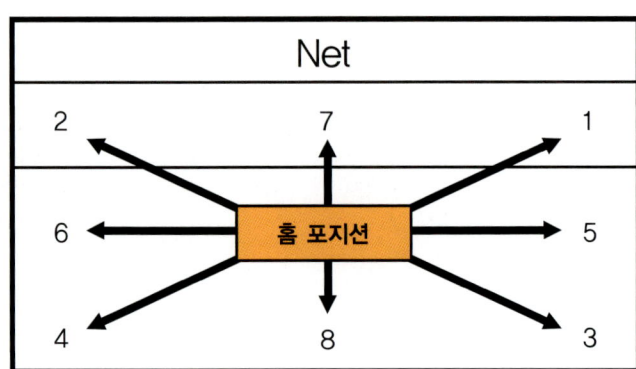

8가지 풋워크의 기본동작

앞으로 나아가는 풋워크

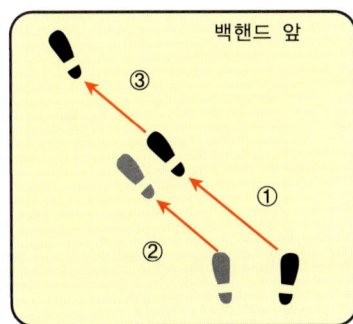

백핸드 앞

홈 포지션에서 좌측 코너 앞쪽
첫 번째는 오른발로 중간 스텝
두 번째는 왼발로 작은 스텝
세 번째는 오른발로 큰 스텝

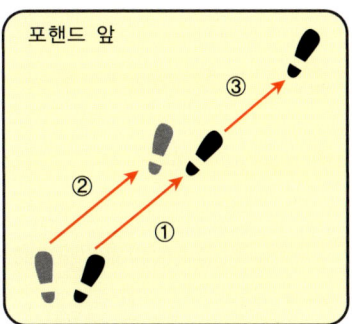

포핸드 앞

홈 포지션에서 우측 코너 앞쪽
첫 번째는 오른발로 작은 스텝
두 번째는 왼발로 중간 스텝
세 번째는 오른발로 큰 스텝

뒤로 물러서는 풋워크

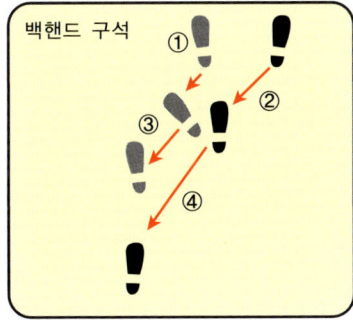

백핸드 구석

첫 번째는 왼발로 작은 스텝
두 번째는 오른발로 중간 스텝
세 번째는 왼발로 작은 스텝
네 번째는 오른발로 큰 스텝

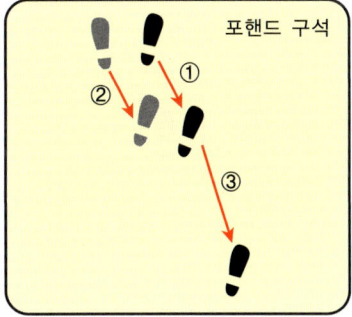

포핸드 구석

홈 포지션에서 우측 코너 뒤쪽
첫 번째는 오른발로 작은 스텝
두 번째는 왼발로 중간 스텝
세 번째는 오른발로 큰 스텝

Part 2 기초 기술

옆으로 움직이는 풋워크

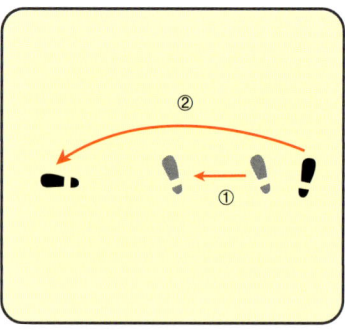

홈 포지션에서 좌측 사이드라인 쪽
첫 번째는 왼발로 아주 작은 스텝
두 번째는 오른발로 아주 큰 스텝

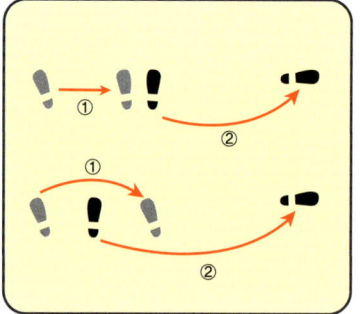

홈 포지션에서 우측 사이드라인 쪽
첫 번째는 왼발로 작은 스텝
두 번째는 오른발로 큰 스텝
※ 두 번째 그림은 반대로 실시

앞뒤로 움직이는 풋워크

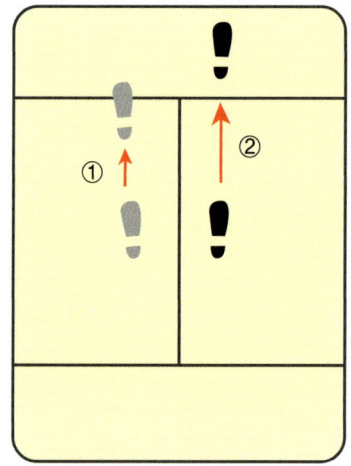

홈 포지션에서 정면 네트쪽
첫 번째는 왼발로 중간 스텝
두 번째는 오른발로 큰 스텝 점프

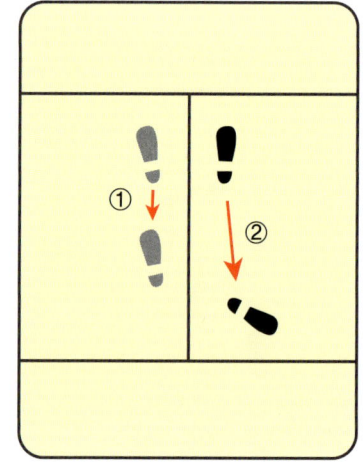

홈 포지션에서 백바운더리 라인 쪽
첫 번째는 왼발로 작은 스텝
두 번째는 오른발로 큰 스텝 점프

홈 포지션 위치

　네트에서 백바운더리 라인까지 세로로 6.70m이며 그 중앙은 3.35m이다. 그러나 실제로는 중앙에서 약간 뒤쪽의 위치로 홈 포지션이 이루어지고 있다.

　홈 포지션이란 셔틀콕이 어느 쪽으로 와도 최단시간에 이동하여 타구할 수 있는 위치이다. 홈 포지션에는 코트의 360° 모든 방향의 풋워크로 셔틀을 치고 다시 원위치로 돌아와 다음 타구를 대비하는 기지(基地)가 되어야 하기 때문에 코트의 전후, 좌우, 대각선, 각 코너까지의 거리를 보폭으로 정확히 익혀 두어야 한다.

공격 로테이션

Part 2 기초 기술

특수동작의 스텝

피벗 턴

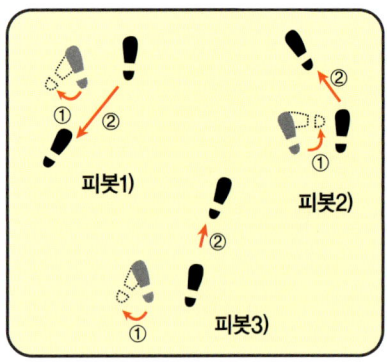

피봇1)
① 왼발 발가락을 중심으로 45° 정도 발뒤꿈치를 이동시키고
② 오른발은 왼발 뒤쪽 깊숙이 옮긴다.

피봇2)
① 왼발은 45° 정도 발가락을 중심으로 뒤꿈치로 이동시키고
② 오른발을 왼발 앞쪽으로 깊숙이 이동시킨다.

피봇3)
① 왼발 뒤꿈치를 45° 정도 왼쪽으로 이동시키고
② 오른발은 왼발 빗겨 앞쪽으로

크로스 스텝

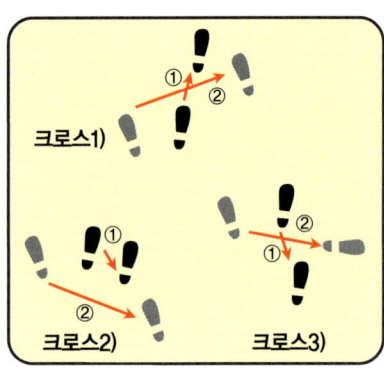

크로스1)
① 오른발을 앞쪽으로 딛고
② 왼발은 오른쪽 발 뒤쪽을 통해 오른발 빗겨 뒤쪽에 가까이 옮겨 딛는다.

크로스2)
① 오른발을 빗겨 뒤쪽으로 가까이 내딛고
② 왼발은 오른발 빗겨 뒤쪽으로 크게 내딛는다.

크로스3)
① 왼발을 오른발 뒤쪽으로 내딛고
② 오른발은 왼발 45° 앞쪽으로 내딛는다.

라운드 더 헤드 스트록의 풋워크

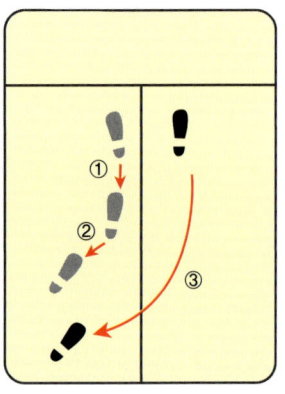

왼발 투스텝으로 뒤로 ①~②
오른발 큰스텝으로 왼발 빗겨 뒤쪽 방향으로 내딛는다.

라운드 더 헤드 스매시

포핸드 리턴

2) 풋워크 자세

배드민턴 경기에서 승리하기 위한 필수적 수단은 상대로부터 빠르고 강하게 날아오는 셔틀콕을 재빠르게 반구할 수 있는 발의 움직임과 라켓을 스윙하는 팔의 움직임이 조화를 이루는 것이다. 따라서 경제적이고 효율적인 풋워크를 하기 위해서 명심해야 할 것은 다음과 같다.

첫 번째, 허리와 무릎을 자연스럽게 굽혀 상대의 움직임에 맞추어 준비자세가 이루어져야 한다. 우리의 몸은 정지한 상태보다는 조금씩 경쾌하게 움직이는 것이 반응하기 쉽기 때문이다.

두 번째는 머리가 흔들리지 않도록 고정시켜야 한다. 무릎을 굽힌 상태에서 낮게 오는 셔틀콕을 타구하려면 상체가 앞으로 숙여져 머리도 같이 숙이게 된다. 몸의 중심이 앞으로 너무 쏠리지 않도록 벌린 발을 정확하게 바른 위치에 두고 다시 홈 포지션으로 되돌아갈 수 있는 원활한 움직임의 반복연습이 필요하다.

세 번째는 발의 움직임과 셔틀콕을 치는 팔 동작이 함께 실행되도록 해야 한다. 초보자일 때는 달려가는 동작과 치는 동작이 각각 따로 이루어져 균형이 맞지 않게 된다. 빠르게 달려가서

Part 2 기초 기술

셔틀콕을 쫓는 것은 좋지만 스윙할 준비가 전혀 되어 있지 않은 상태에서는 정확한 타구를 할 수 없기 때문이다.

결국 풋워크는 셔틀콕을 칠 때까지의 움직임과 치고 난 후 홈 포지션으로 되돌아가는 움직임이 리드미컬하게 이루어질 때 큰 효과를 얻을 수 있다는 것을 상기해야 한다.

푸시

포핸드 헤어핀

PART 3

연습의 중요성과 방법

Part 3 연습의 중요성과 방법

1. 스트록의 목적과 종류

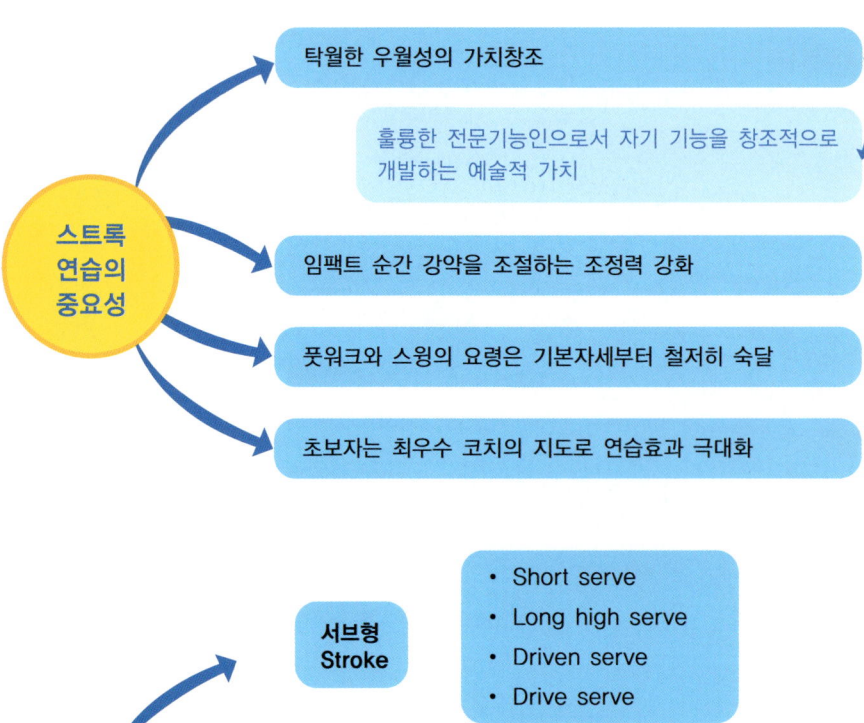

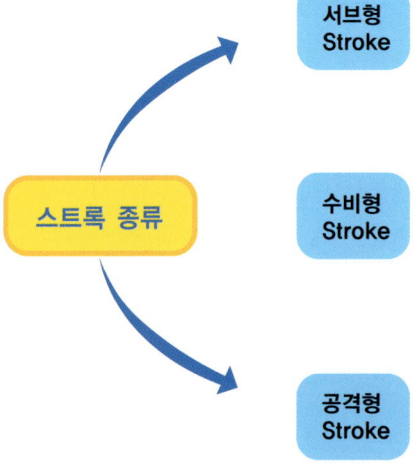

- 스트록 연습의 중요성
  - 탁월한 우월성의 가치창조
  - 훌륭한 전문기능인으로서 자기 기능을 창조적으로 개발하는 예술적 가치
  - 임팩트 순간 강약을 조절하는 조정력 강화
  - 풋워크와 스윙의 요령은 기본자세부터 철저히 숙달
  - 초보자는 최우수 코치의 지도로 연습효과 극대화

- 스트록 종류
  - 서브형 Stroke
    - Short serve
    - Long high serve
    - Driven serve
    - Drive serve
  - 수비형 Stroke
    - High clear
    - Driven clear
    - Drop shot[교란형]
    - Hair pin[교란형]
  - 공격형 Stroke
    - Drive
    - Smash
    - Push
    - Cut shot

2. 배드민턴 숙달 과정

1단계 → 라켓을 가볍게 쥐는 방법 터득
→ 가벼운 자세로 어깨, 손목 힘 조절

2단계 → 타점을 정확히 포착(just meeting)
→ 라켓 정중앙에 셔틀콕 맞추기

3단계 → 서브를 능숙하게 구사할 수 있는 능력 배양
→ 쇼트 서브, 롱 서브

4단계 → 스트록의 숙달Ⅰ → 클리어, 스매시

5단계 → 스트록의 숙달Ⅱ → 헤어핀, 드롭 샷, 드라이브

6단계 → 리시브 숙달 → 클리어, 스매시, 드롭 샷

7단계 → 셔틀이 라켓에 맞는 감각을 느낄 수 있도록 정신집중
→ 셔틀이 비행하여 낙하하는 지점을 감각적으로 포착하는 능력 배양

8단계 → 상대가 보낸 셔틀의 성격 파악
→ 낙하하는 위치를 재빠르게 포착

감각적으로 스트록할 수 있을 때 기술이 능숙해진다.

3. 연습 과제

1) 클리어 연습 과제

- 높고 긴 하이 클리어와 빠르고 낮은 드리븐 클리어 병행 연습
- 손목만의 힘으로 클리어가 조절되도록 숙련
- 항상 부지런히 움직이면서 연습
- 몇 회까지 지속되나 타구수를 세면서 연습
- 파트너의 짧은 클리어는 지적하여 인지시킴

2) 헤어핀 연습 과제

- 신경 집중과 고도의 기술 발휘
- 눈의 높이에서 헤어핀 할 때 효과적
- 힘의 반동과 몸무게의 이동으로
  - 무릎과 허리의 탄력 이용
  - 완전 타구 후 자세 이동
  - 재빨리 홈 포지션으로 컴백

3) 드롭 샷 연습 과제

> 라켓면의 조절과 스냅의 순서로 강약조절 → 네트의 먼 곳에서 드롭 연습이 효과적 → 네트 테이프를 보고

급격한 각도로 낙하(타점높이)
정확한 지점에 낙하(방향) 숙련
빠른 드롭. 느린 드롭. 깎아치는 드롭 숙련

4) 스매시 연습 과제

스매시의 연습 과제

- 적절한 높이 선정, 깊은 각도로
  → 반격당하지 않도록 주의

- 보내고자 하는 지점으로 코스 조절 숙련

- 타구 후 민첩한 동작으로 다음 랠리 준비

- 짧은 랠리는 상대선수에게 기습제공
  긴 랠리로 상대선수 위치에서 먼 곳으로 타구연습

5) 푸시 연습 과제

푸시 연습과제 1
라켓의 스윙 폭은 적고 짧게

푸시 연습과제 2
라켓의 위치
➡ 스매시보다 낮게
➡ 드라이브보다 위에

푸시 연습과제 3
넷터치나 중앙선 침범하지 않도록
➡ 라켓스윙 조절연습
➡ 전진스텝 균형유지

6) 드라이브 연습 과제

Badminton	팔꿈치를 굽혀서 라켓을 밀어내듯 스윙
Training	라켓을 항상 어깨 높이로 유지하도록 주의
Exercise	백 드라이브가 능수능란하도록 집중연습
Exercise	자기 코트에서는 스피드 하게 지면과 수평으로 상대 코트로 넘어가서는 네트 아래로 비행하도록 숙련

4. 스트록 연습의 중요성

훌륭한 경기력을 가지고 성과를 올리는 데 필수적 조건은 기초체력과 정신력의 바탕 아래 높은 수준의 기술습득과 개발에 있다. 일반적으로 체력은 스포츠의 기초가 되는 능력이며 기술은 그 체력을 게임할 때 효과적으로 사용하는 수단이다. 원숙한 기술을 익힌다는 것은 세련된 기술이 될 수 있는 감각이 체득되는 것이다. 다시 말해 훌륭한 기술을 몸에 숙달시켜 고도의 기술을 연마하기 위해서는 라켓 면과 셔틀콕이 맞닿을 때(임팩트 순간) 강약을 조절하는 조정력을 강화하는 것이다. 배드민턴의 스트록 기술은 스매시와 같은 강한 타구, 헤어핀과 같은 유연하고 섬세한 타구 등과 같이 매번 셔틀콕을 치는 순간에 힘의 조절이 절실히 요구된다. 따라서 배드민턴 기술을 몸에 익혀 완벽한 경기를 하기 위해서는 피나는 연습이 필요하다. 연습이란 기량 향상을 위해 필수 불가결한 것이며 기능의 발전은 철저한 연습이 그 바탕이 된다. 결국 연습이란 상대와의 게임을 통해서 라켓으로 셔틀콕만을 치는 맹목이 아니라 훌륭한 전문기능인으로서 자기의 기술을 창조적으로 개발하는 예술적 가치가 있다는 것을 명심하여 타인을 능가하는 탁월한 우월성의 발휘를 목표로 해야 한다.

Part 3 연습의 중요성과 방법

5. 스트록의 단계적 연습

배드민턴을 처음 배우고자 하는 사람은 기존의 선배선수나 자기코치의 스트록 모습만을 보고 타구요령을 습득하기 때문에 스트록의 자세나 스윙의 폼을 그르치기 쉽게 된다.

잘못 숙련된 자세를 바로 잡기 위한 교정은 매우 어려움이 따르기 때문에 초보자에게는 즐겁지 않더라도 풋워크와 스윙하는 요령을 기본자세부터 철저히 익히는 것이 바람직한 제1단계의 수순이다.

어느 정도 숙련이 되어 각 스트록을 자기의 의도대로 칠 수 있게 되면 서브와 클리어 드롭 샷만을 기본으로 부분연습하고 어깨와 손목 등의 힘을 빼고 가벼운 자세에서 라켓 잡는 방법을 터득하여 스트록을 연습해야 한다.

그 다음 단계에서는 라켓 잡는 법이 손에 익숙하여 타점을 정확히 포착하여 저스트 미팅(just meeting : 라켓의 정중앙을 맞추는 것)이 가능하게 되면 점차적으로 플라잉 거리를 크게 하여 서브와 클리어를 치도록 한다. 이때 서브는 롱 하이 서브, 드리브 서브, 쇼트 서브 등 다양하게 경험을 얻도록 연습하며 클리어나 드롭 샷 역시 제자리에 서서 치는 연습에서 좌우를 많이 움직이면서 칠 수 있는 경험을 쌓도록 시도한다.

배드민턴을 배울 때 처음부터 완벽한 스트록을 하려고 한다면 싫증이 쉽게 나고 어렵게 느껴지게 되므로 기초적인 타법에만 전력하여 서로가 즐기면서 배우도록 해야 한다. 따라서 셔틀콕이 날아가 낙하하는 감각을 빨리 습득하는 것과 셔틀이 라켓면에 맞는 감각을 직접 느낄 수 있어야 한다. 아울러 스트록 포인트로서 공중에 나는 셔틀의 성격을 파악하여 낙하되는 셔틀의 위치를 재빠르게 포착하므로 어떠한 타법과 어느 정도의 힘이 필요한지를 스스로 느끼고 아는 것이 매우 중요하다.

경기력을 향상시키는 길은 과학적이고 계획적으로 꾸준히 연습하는 것이 중요하다. 그러나 그것보다 더욱 중요한 것은 엘리트 선수 육성에 있어서 기초를 배우는 초등학교 선수의 담당 코치는 완벽한 기능의 소유자로 인격적으로도 존경받고 기술적으로도 우수한 코치가 지도하는 것이 연습의 효과를 극대화할 수 있다.

6. 연습의 실행

1) 클리어(Clear) 연습

클리어는 포인트를 따는 결정적인 위력은 없지만 자신이나 파트너가 지쳐 불리한 상황이 전개될 때 또한 상대방의 격렬한 공격에 대해 방어자세를 취하기 위해서 시간적 여유를 갖고자 할 때 클리어는 중요한 역할을 한다. 즉 시합 중에 호흡이 곤란할 정도로 지쳤을 경우에 클리어로 힘껏 높이 쳐 올려 시간적 여유를 어느 정도 가짐으로써 호흡조절을 가능케 한다.

예를 들면 단식에서 하이 클리어를 상대방의 코너 깊숙이 몇 번 쳐 올린 다음 재빠르게 드롭 샷이나 커트를 하여 상대방을 네트까지 달리도록 유도했을 때 상대의 체력 저하로 풋워크에 혼란이 일어나 다음 동작의 공격 자세에 매우 유리한 위치를 확보할 수 있게 될 것이다.

클리어의 풋워크는 엔드의 중심부에 위치하여 백코너나 포코너에 자유롭게 하이클리어를 칠 수 있도록 하면서 상대가 드롭 샷을 할 때 유연하게 앞으로 전진하여 처리할 수 있도록 연습되어야 한다.

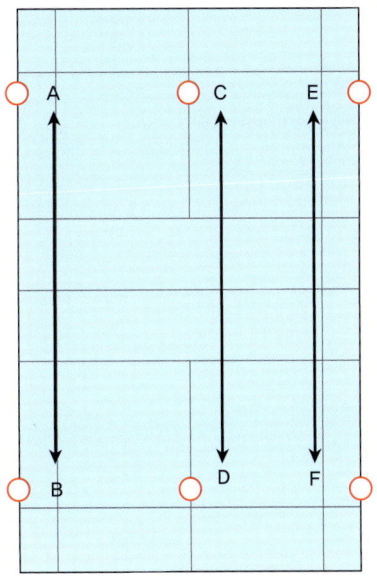

① 1 : 1 클리어
- A→B, C→D, E→F에게
- 사이드라인과 센터라인 선상 위로 정확하고 깊숙이 리턴하여
- 드리븐 클리어와 하이클리어를 반복한다.

Part 3 연습의 중요성과 방법

② 1 : 1 서비스 라인 짚기 클리어

- A는 B에게 클리어로 리턴하고 쇼트 서비스 라인을 발이나 라켓으로 짚고 다시 되돌아가서 클리어를 계속 반복한다.
- B도 A와 같은 방법으로 반복
- A, B와 C, D의 위치를 바꾸어 연습

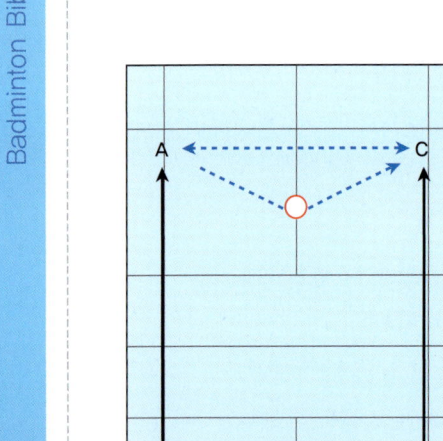

③ 2 : 2 좌우 체인지 클리어

- 시작할 때는 A는 B에게 C는 D에게 동시에 클리어 리턴하고
- A는 C의 위치로 C는 A의 위치로 자리를 바꾸어 클리어한다.
- B와 D도 위와 동일

※ 주의
양 사이드에서 동시에 실시해야 타이밍을 맞출 수 있다.

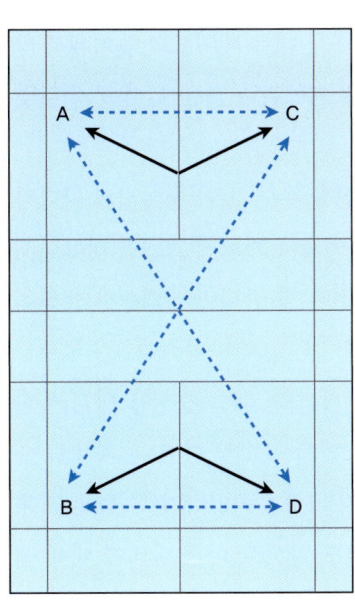

④ ③의 방법으로 실시하되 셔틀의 리턴을 대각선으로 한다.
즉, A는 D에게 B는 C에게 리턴하여 랠리를 계속한다.

2) 헤어핀(Hairpin) 연습

헤어핀은 배드민턴 경기 중 가장 적게 날게 하는 타법이며, 또한 가장 많은 신경 집중과 고도의 기술을 필요로 하는 스트록이다. 하이 클리어와 대조적인 것으로 보다 낮게, 보다 가까이 떨어지지 않으면 안 되는 타법이며, 헤어핀은 네트의 흰 테이프 위에 셔틀을 올려놓는 듯하면서 상대편의 네트를 넘겨서 네트를 따라 아래로 흘러 떨어지게 하는 것이 이상적이기는 하지만 생각한 대로 하기 위해서는 많은 연습과 노력이 필요하며 매우 어려운 스트록의 방법이다.

배드민턴은 힘만 있다고 기술향상을 이룰 수 있는 것이 아니며, 클리어나 스매시와 같이 몸 전체를 사용하는 스트록이 있는 반면, 헤어핀과 같이 한쪽 손목의 조절만으로도 가능한 스트록도 있다. 쇼트 서브 리턴이라든지, 상대가 드롭 샷이나 헤어핀으로 네트 쪽을 향해 셔틀을 쳤을 경우에는 가능한 한 네트에 가깝게, 네트를 따라 바로 밑으로 떨어지게 하는 것이 가장 효과적이다. 그러므로 이와 같은 섬세한 기술을 수련하고 터득해야만 한다.

서로 네트를 사이에 두고 마주서서 연습을 해 본다. 팔의 길이에는 어느 정도 차이가 있으나 서비스 라인보다 20~30cm 정도 앞에서 정면을 향하도록 자세를 취하고 셔틀을 아래에서부터 상대방 측에 들어 넘긴다. 이때에 상대방은 네트를 넘어온 셔틀을 헤어핀으로 받아넘기며, 라켓의 양면(포와 백)을 이용하여 어느 편이든지 받아넘길 수 있게 서로 네트 플레이를 한다.

Part 3 연습의 중요성과 방법

항상 유의해야 할 것은 네트를 넘어온 셔틀을 잡을 경우에는 대개 네트 테이프의 높이에서 받는 것이 가장 좋고, 선수의 키도 관계가 있으나 라켓에 셔틀을 댈 때에는 눈의 높이 정도가 알맞은 높이임을 명심해야 한다.

대부분의 네트 플레이가 실패하는 경우는 대개 손목에 너무 힘을 주어 손이 굳어져서 나타나는 경우와 피로 상태가 심하였을 때 네트 플레이가 잘 안되므로 언제나 가볍게 그립을 잡으면서 서두르지 않고 침착하게 리시브를 해야만 한다. 그리고 호흡 조절이 잘 안되면 상대편에게 허점을 보여 주게 되므로 호흡 조절도 항상 염두에 두어야 한다.

또 네트 플레이를 할 때는 양 다리를 동시에 고정시키면서 서게 되면 다음 동작을 빨리 움직일 수가 없기 때문에 항상 한쪽 다리를 우선적으로 앞뒤로 내어 쉽게 움직일 수 있는 자세와 습관을 기르는 것이 좋다. 그러나 네트를 향해 전진 공세를 취했지만 오른쪽이나 왼쪽 다리 가운데 어느 다리든지 고정하고 있어 헤어핀으로 반격했다고 할지라도 앞으로 나간 다리에 대해 제한된 힘의 반동과 몸무게의 이동으로 무릎과 허리의 탄력성을 이용하도록 한다. 즉 재빨리 홈 포지션으로 되돌아갈 수 있게 준비하면서 움직여야 한다.

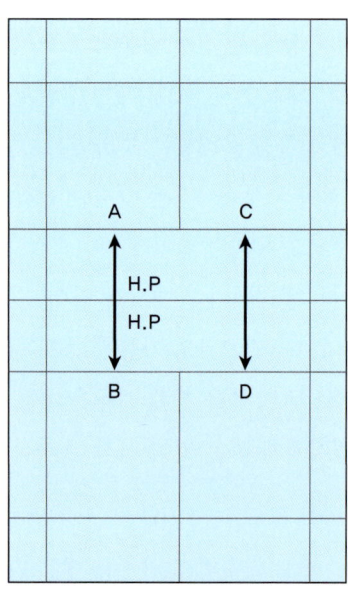

① 1 : 1 직선 헤어핀
- A는 B에게 B는 A에게 포핸드와 백핸드로 번갈아 랠리

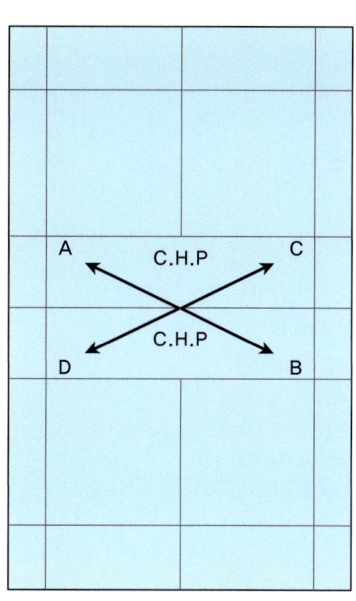

② 1 : 1 대각 헤어핀

- A는 B에게 B는 A에게 대각으로 리턴하여 랠리 함

※ **주의**
네트 위로 높게 띄우거나 너무 멀리 보내지 말고 네트 가까이에 낙하시킨다.

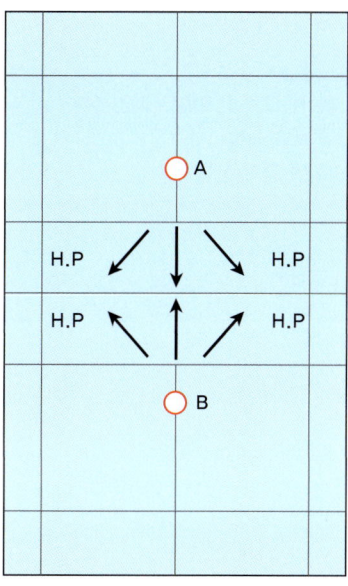

③ 1 : 1 올 코트 헤어핀

- 네트를 중심으로 자기가 보내고 싶은 곳으로 상대와 약속 없이 자유롭게 타구하여 리턴한다.

Part 3 연습의 중요성과 방법

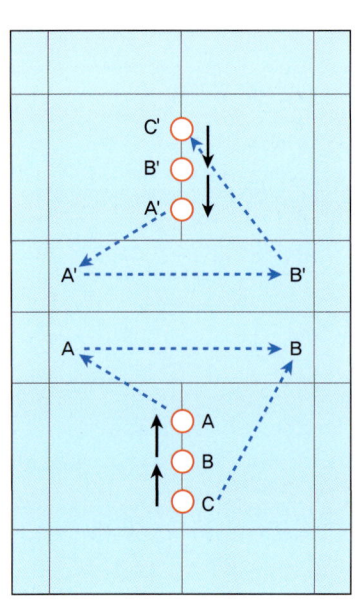

④ 3 : 3 헤어핀 시스템

- 셔틀 2개 이용
- A→A' B→B'에게 서브
- A는 오른쪽 B의 위치에 리시브
- B는 C의 뒤쪽으로 이동
- C는 A쪽 헤어핀
- B는 C와 같은 동작 실시

※ A, B, C 왼쪽에서 오른쪽으로 로테이션
A', B', C' 오른쪽에서 왼쪽으로 로테이션

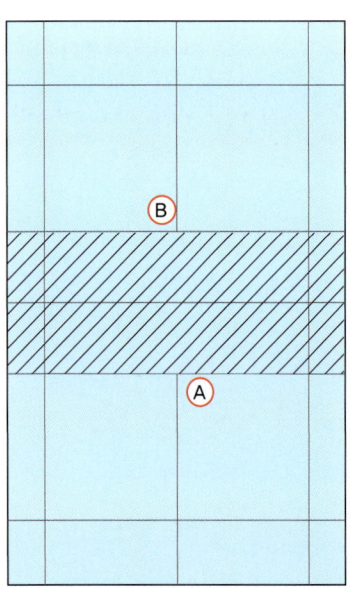

⑤ 1 : 1 헤어핀 게임

- 쇼트 서비스 에어리어 내에서 헤어핀으로 15포인트 게임 실시
- A와 B가 토스 하여 승자가 첫 서브로 시작
- 헤어핀이 숙달되면 푸시를 가미하여 경기 진행

※ **보조자에 의한 풋워크 헤어핀**

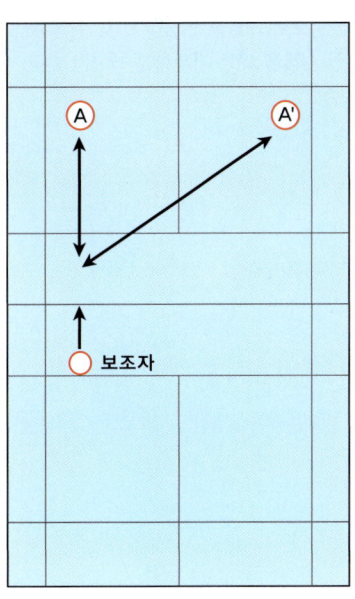

① **1 : 1 풋워크 헤어핀**

- 보조자가 네트 앞에 던져준 셔틀을 헤어핀 하고
- A' 위치로 이동하여 점프 스매시 스윙을 하고
- 다시 네트 앞에 와서 헤어핀 하고 A위치에 백하여 스매시 스윙한다.
- 반복하여 20회 실시

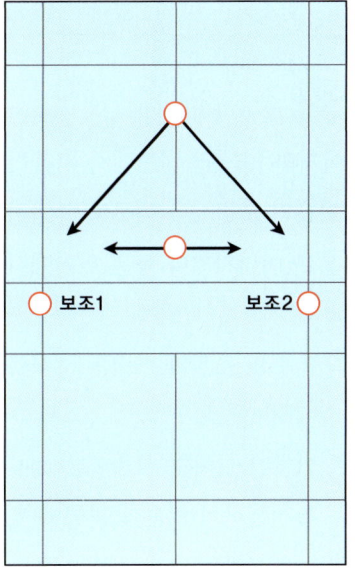

② **1 : 2 좌우 헤어핀 Footwork**

- A는 홈포지션에서 보조1과 보조2가 던져주는 셔틀을 좌우로 번갈아 뛰며 헤어핀을 반복한다.

※ **주의**
좌에서 우로 우에서 좌로 뛸 때는 홈 포지션을 거쳐야 한다.

Part 3 연습의 중요성과 방법

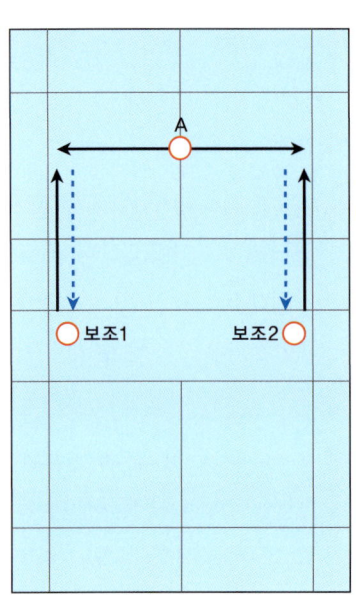

③ 1 : 2 홈포지션 좌우 헤어핀
- 보조1과 보조2는 사이드라인 방향으로 셔틀을 번갈아 던져 주고 A는 사이드 스텝으로 좌우로 던져진 셔틀을 네트 가까이에 헤어핀 한다.

3) 드롭 샷(Drop shot) 연습

드롭 샷은 매우 정교한 기술을 요하는 스트록 중 하나이다. 오버 헤드 스트록(머리 위에서 치는 동작)으로 클리어나 스매시 폼에서 상대가 판단하기 어렵게 드롭 샷을 구사할 수 있다면 많은 득점 기회를 얻을 수 있다.

드롭 샷은 대부분 백 바운더리 라인 부근의 높은 위치에서 셔틀을 타구하지만 타구의 위치가 낮든가, 팔목을 뒤로 젖혀 라켓의 끝이 앞으로 나가는 것이 늦어지면 자기의 엔드에서 셔틀이 상승하게 되어 종종 실패하게 된다. 그러나 언더핸드로 셔틀을 쳐올려 포물선을 이루어 상대편 네트 너머로 살짝 떨어뜨리는 플라이트도 있으나, 드롭 샷의 기본은 어디까지나 높은 위치에서 치는 것이기 때문에 일단 네트 바로 너머로 떨어뜨려야 한다.

그러므로 스피드가 있고 부드러운 드롭 샷을 치기 위해서는 라켓 면의 조절과 스냅의 순서로 강약을 조절하여 치게 되므로 이 두 단계 방법을 염두에 두고 연습에 임하도록 한다.

드롭 샷은 높은 위치에서부터 급격한 각도로 낙하시키게 되면 커다란 낙차로 상대방을 속이게 되고, 배드민턴에 있어서는 상대방을 네트까지 달리게 하면서 끌어들이기 때문에 목적한 대로의 효과를 낼 수 있으나, 셔틀이 낙하하는 지점이 상대측 서비스 라인까지 넘어가게 되면 드롭 샷으로서의 아무런 의미가 없고, 도리어 상대방에 유리한 기회를 제공하게 된다.

따라서 드롭 샷을 효과적으로 하기 위해서는 재빠르게 상대편 네트 근처에 낙하지점 장소로 위치해야 하는 것이 선결문제이며, 자기 코트에 셔틀이 날아오는 위치에 먼저 이동해 있지 않으면 효과적인 드롭 샷을 칠 수 없게 된다.

이때 하이 클리어의 타구위치보다 타점을 앞에다 두고 타구하게 되면 알맞은 위치에 떨어지게 된다. 연습에서는 네트에 걸리더라도 상관이 없으므로 네트 테이프를 보고 그곳으로 쳐서 붙인다는 생각으로 치는 연습을 하고, 네트 테이프보다 아래쪽으로는 절대로 쳐서는 안 된다. 그리고 네트 테이프에 붙이는 것이 익숙하게 되면, 다음은 그 네트 위에 올려놓는 듯한 연습을 하면 기술이 향상될 수 있다.

효과적으로 드롭 샷을 활용하면 상대의 허를 찌르게 되어 상대가 리시브를 할 수 없게 하기 때문에 공격의 특색을 골고루 갖출 수 있게 된다. 그러므로 올바른 드롭 샷을 하기 위해서는 거리를 길게 잡아서 드롭 샷 연습을 하도록 하며 또, 급격하게 낙하시키는 드롭 샷과 정확한 지점에 낙하시킬 수 있는 드롭 샷 연습을 꾸준히 하도록 한다.

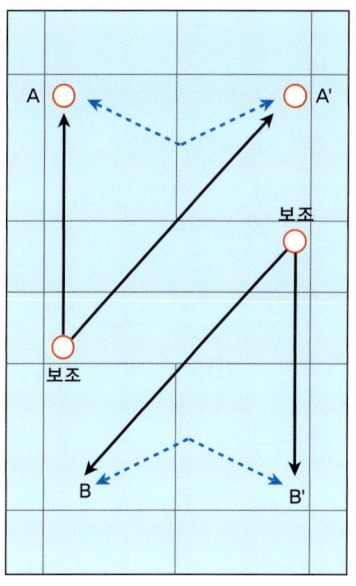

① 직선 드롭 샷과 대각 드롭 샷

- 보조자에 의해 리턴된 셔틀을 사이드 라인을 따라 네트 가까이에 드롭 샷하고
- A는 A'쪽으로 가서 보조가 대각선상으로 리턴한 셔틀을 대각선상으로 리턴한다. 이것을 계속 반복 연습한다.

Part 3 연습의 중요성과 방법

② All 코트 1 : 1 드롭 샷

- A는 백 바운더리 라인 위치에서 네트 가까운 어느 방향이든 정하지 않고 드롭 샷하고
- B는 백 바운더리 라인 깊숙이 리턴을 자유롭게 랠리를 계속한다.

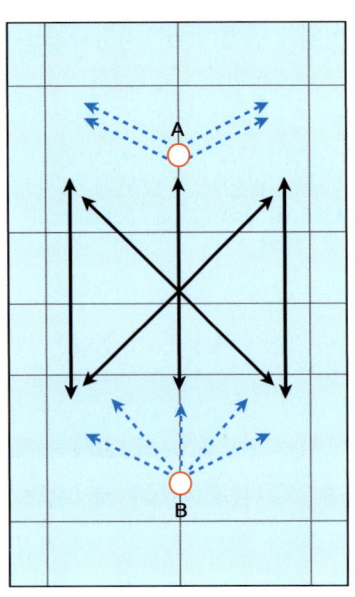

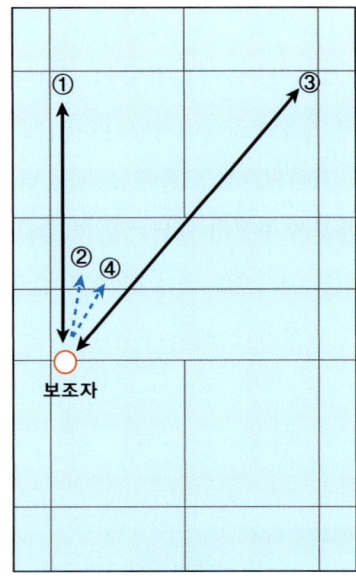

③ 삼각 드롭 샷과 헤어핀

- 보조자에 의해 리턴된 셔틀을
  ①은 드롭 샷,
  ②는 헤어핀,
  ③은 대각 드롭 샷,
  ④는 헤어핀을 계속 반복한다.
  이것이 숙달되면 코스와 종목(드롭 샷, 헤어핀)을 정하지 않고 올 코트 플레이한다.

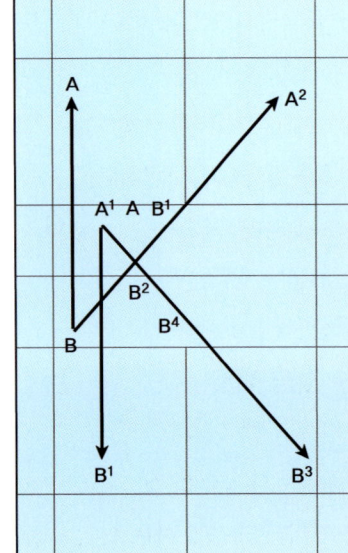

④ 1 : 1 드롭 샷과 헤어핀

- A와 B가 드롭 샷과 헤어핀을 로테이션으로 하고
- 숙달되면 코스나 종목(드롭 샷과 헤어핀)을 정하지 않고 자유롭게 All 코트로 실시한다.

7. 스매시(Smash) 연습

스매시는 누구나 할 수 있으나 정확하고 파워를 집중시킨 강한 스매시는 그리 쉬운 일이 아니므로 스매시에 대하여 알아보자.

오버헤드 스트록에서 치는 샷으로서 많은 샷 중 가장 스피드가 있어 상대에게 위압감을 주며 공격의 중심이 되는 샷이다. 높은 위치에서 치면 칠수록 각도가 있는 샷으로 실수가 적고 성공률이 높기 때문에 특히 키가 큰 사람일수록 유리한 것은 사실이다.

그러나 플라이트의 원리상 타구가 드롭 샷의 플라이트 이상으로 높이 올라가게 되는 것은 스매시라 하지 않는다.

스매시는 전력타법에 의한 전형적인 공격의 스트록이기 때문에 경기 중에 가장 묘미가 있는 타법이다. 이 타법을 구사하는 선수는 한 타로 끝을 맺게 되어 통쾌한 반면에, 실패했을 때에는 사기가 꺾이게 되므로 어떠한 자세로든지 스매시를 할 수 있도록 충분한 연습을 해 두지 않으면 마음 놓고 경기를 할 수 없다. 따라서 실패를 한다는 것은 곧 포인트를 주는 결과가 되므로, 스매시의 중요성을 깊이 이해하고 연습을 해야만 한다.

스매시를 하는 사람은 치는 위치와 각도, 그리고 코스의 연습을 주로 하도록 하며 리시브를 하는 사람은 백라인 선상까지 쳐 올리는 연습을 각각 하도록 한다.

네트에서 멀어지면 그만큼 상대편 코트에 떨어지는 위치도 멀어지고, 셔틀의 비행거리도 멀어지게 되어 셔틀이 공중에서 머무르는 시간이 길어서 상대편이 받아 넘기기가 쉬워진다.

그러므로 각 스트록처럼 가장 적당한 스매시의 위치에서 반드시 상대편 코트에 쳐서 넣어야만 한다.

다음의 주의점을 항상 염두에 두고 스매시의 연습을 하도록 한다.

① 되도록 빨리 셔틀이 낙하하는 지점장소에 이동하여 위치하고 있을 것.
② 셔틀을 칠 수 있는 가장 높은 위치에서 치도록 하며 크게 스윙하지 말 것.
③ 강타하려고 하기 때문에 어깨와 손목이 긴장되어 굳어지지 않았는지 알아볼 것.
④ 치는 순간에 허리를 앞으로 굽히면 어떤 스매시라도 네트에 걸리기 때문에 치는 순간 몸을

굽히지 말 것.

⑤ 팔로우 스루(follow through)도 다음의 리시브에 대한 동작을 고려하여 자연스럽게 연속적으로 움직일 것.

⑥ 네트 위를 통과할 때에는 셔틀이 뜨지 않고 예리한 각도로 날아들도록 할 것.

⑦ 되도록이면 빨리 상대편 코트의 지면에 닿게 하기 위해서는 네트 가까이에 위치하고 있을 것.

⑧ 스매시를 할 수 있는 위치는 어느 지점이든지 높이의 한도를 일정하게 할 것.

이때 네트에 꽂는다든지 라인 밖으로 쳐서 내보낼 때에 전력타법으로 하게 되어 피로의 손실을 가져오기 때문에 스피드 이상으로 체력 컨트롤에 중점을 두지 않으면 아무런 의미가 없다. 또 게임 중에 상대측의 양 사이드를 겨누면서 온라인(On line)에 꽂아 넣는 것도 중요하며, 상대편 코트의 정중앙으로 쳐서 넣게 되면 사이드 아웃만은 면하게 된다. 또 셔틀이 라켓면에 맞고 지면에 닿을 때까지 비행시간이 극도로 짧게 된다. 특히 복식 경기에서는 스매시를 치지 않으면 이기기가 힘들므로 어떤 각도에서든지 똑바로 쳐서 들어 갈 수 있어야 한다.

클리어, 드롭 샷, 스매시를 동일한 모션으로 치지 않게 되면 다음에 치는 스트록을 상대편에게 노출시키는 결과가 되기 때문에 이 스매시의 연습을 할 때에는 한번 더 클리어와 드롭 샷을 되풀이 연습하며 지도나 경험자에게 자세에 대한 지도를 받아야 한다.

따라서 여러 가지 스트록의 방법을 동일한 모션으로 타구한다는 것은 훌륭한 선수가 될 수 있는 제일 조건이다.

1) 스매시(Smash)

① 스매시 좌우연타(헌 셔틀 이용)

- 보조자는 백 바운더리 우측과 좌측 코너로 셔틀을 깊숙이 올려 주고
- 선수는 좌우로 오는 셔틀을 번갈아 가며 사이드라인 가까운 위치로 스매시한다.
- 숙달되면 대각으로 스매시

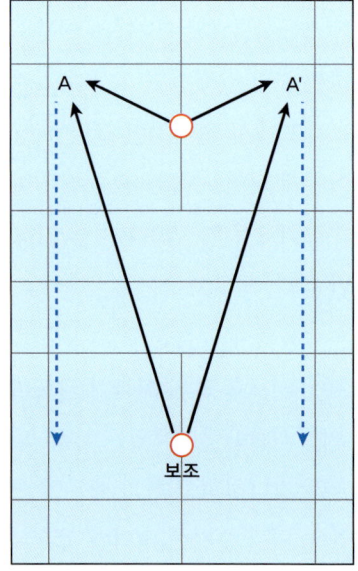

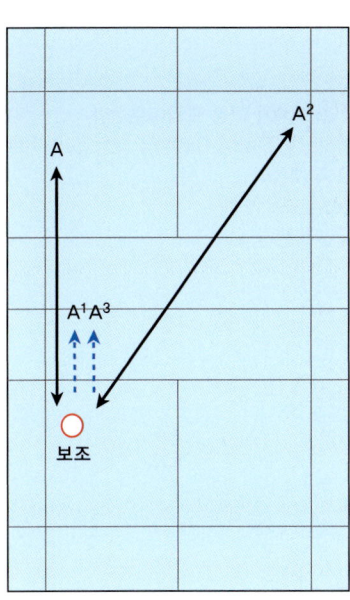

② 삼각 스매시와 헤어핀

- 보조자는 A의 코스로 셔틀을 언더 클리어로 깊숙이 올려주고
- A는 그것을 스매시한 뒤 보조자가 네트 가까이에 리턴한 셔틀을 헤어핀 한다.
- 보조자는 다시 A^2의 위치로 셔틀을 언더 클리어로 리턴하고
- A^2는 대각선상으로 스매시하고 다시 헤어핀한다.
- 이것이 숙달되면 약속 없이 스매시와 헤어핀으로 All 코트 플레이 한다.

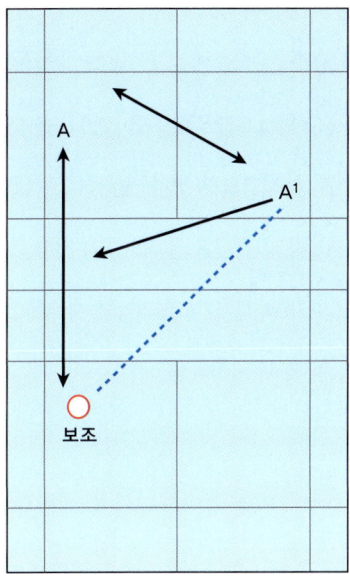

③ 스매시와 대각 헤어핀

- 보조자는 A의 코스로 셔틀을 리턴하고
- A는 사이드 라인 방향으로 스매시한다.
- 다시 보조자는 A^1의 방향으로 크로스 리시브하며 크로스 헤어핀한다.
- 이것을 연속적으로 반복한다.

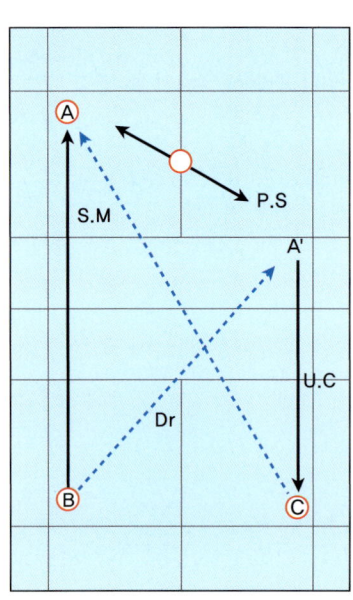

④ 2 : 1 스매시와 푸시

- A는 B에게 스매시한다.
- B는 A의 반대쪽 코트로 네트 가까이에 대각 드라이브한다.
- A는 대각선상 네트 A'의 위치로 전진하여 B로부터 오는 드라이브를 C쪽 사이드 라인 선상으로 푸시한다.
- C는 대각 언더 클리어로 A쪽으로 리턴한다.
- A는 다시 스매시한다. 이것을 반복한다.

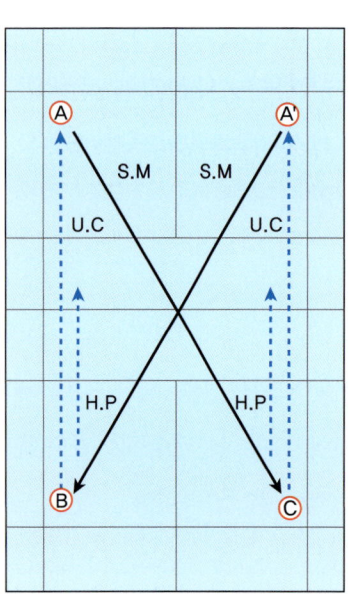

⑤ 대각 스매시와 헤어핀

- A는 C의 방향(대각선)으로 스매시하고 C는 드롭 샷으로 리시브한다.
- A는 대각선상 네트 가까이로 달려와서 C가 언더 드롭 샷한 것을 다시 헤어핀으로 리턴한다.
- C는 헤어핀으로 리턴한 것을 A' 방향으로 언더 클리어로 쳐올린다.
- A'은 B 방향(대각선)으로 스매시하고 B쪽으로 달려와 B가 언더 드롭 샷한 것을 다시 헤어핀으로 리턴한다.
- B는 헤어핀으로 리턴한 것을 A방향으로 언더 클리어로 쳐올린다. 이것을 계속 반복한다.

8. 푸시(Push) 연습

네트 위에 뜬 셔틀을 상대편 코트로 밀어넣는 방법의 스트록이며, 쇼트 서브에 대한 반격이나 네트 플레이를 하는 중에, 떠올라 온 셔틀이라든지, 스매시 리시브가 되었을 때, 또는 경기 중에 상대편이 드롭 샷해 온다는 것을 먼저 파악하여 네트로 돌진하여 아래로 밀어내릴 때에 시도하는 방법을 말한다. 이때에는 스매시 이상으로 네트에 접근하기 때문에 라켓의 스윙하는 폭을 매우 적게 해야 한다. 또 플라이트나 스매시를 적게 하는 것이기 때문에 자기의 코트상에서의 비행거리는 극히 짧게 된다.

따라서 네트의 중심부에서 백 라인 부근까지 치는 스매시와 같이 전력타법이 아니고, 반은 손목 스냅을 이용한 타법이므로 셔틀은 복식의 롱 서비스 라인 부근에 집중적으로 떨어지게 한다.

라켓의 위치는 스매시 때보다는 낮게 하고 드라이브할 때보다는 위에서 푸시해야 한다. 그러나 이 타법에서 주의할 것은 푸시하는 데에는 라켓면을 정면으로 향하도록 하면서 스윙을 적게 밀어내는 타법으로 익히도록 하는 것이다.

양 사이드에 푸시하기 위해서는 라켓 면을 약간 밖으로 향하게 하는 방법도 효과적이다. 항상 푸시가 정확하게 되면 복식은 승리로 이끌 수 있기 때문에 다음과 같은 점을 주의해서 연습하면 큰 성과를 기대할 수 있다.

즉, 푸시할 수 있는 위치는 항상 네트에 가까이 있기 때문에 라켓이나 몸이 네트에 닿아서는 안 되며, 또 네트에 지나치게 접근하게 되면 네트의 아래에서 발이 상대편으로 넘어가기 때문에 주의를 해야 한다. 그러나 푸시한 뒤에 셔틀이 상대편 코트에 떨어진 후에는 라켓이나 몸이 네트에 부딪혀도 상관이 없으며, 발도 역시 마찬가지로 이 상황에서는 무관하다.

위에서부터 아래로 향하는 플라이트에 대해서는 네트 위에서 타구하도록 하며, 또 위로 들고 있는 라켓은 플라이트가 되기 쉬우므로 라켓을 만약 들고 있는 라켓의 위치를 얼굴 높이보다 아래에서 바로 위로 들어올릴 수 있게 가지는 것이 좋다. 얼굴 앞을 가려서 가지는 것이 좋기는 하나 시력장해를 가져올 수 있으므로 안면의 부상을 방지할 수 있는 최대의 접근거리로 라켓을 가져다 대는 것이 좋다.

네트 위의 셔틀일 경우, 셔틀의 어느 부분이라도 네트를 넘고 있을 때 그것을 받아 칠 수가 있게 되면 쳐도 좋으며, 그때의 셔틀을 치는 위치는 자기의 코트 경계선 내에서 쳐야 한다. 특히, 셔틀이 커트(줄)에 닿는 순간의 위치는 자기의 코트에서 받아쳐야 하며, 라켓의 끝이 상대편 코트를 넘어갔다고 하더라도 타구점으로 판정되기 때문에 라켓의 끝에 대해서는 무관하다.

네트에서 겨우 살짝 위로 넘어오는 플라이트에 대해서는 떨어져 내려오기 바로 직전에 네트 테이프의 아래에서 쳐올려 넘기는 것이 가장 바람직한 방법이 될 수 있다.

① 삼각 푸시와 리시브

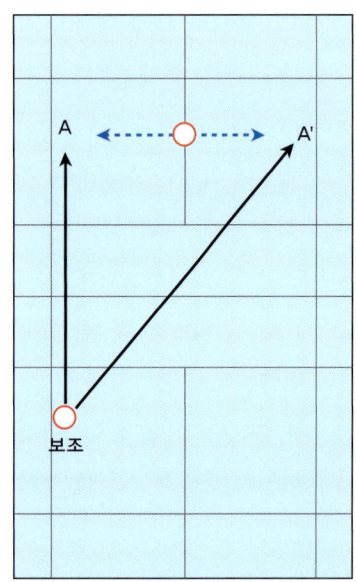

- 보조자는 A와 A'의 방향으로 푸시하고
- 리시버는 보조자가 리턴하는 방향에 따라 좌우로 풋워크하며 보조자 방향으로 리턴한다.
- 숙달되면 All 코트 플레이할 수 있도록 보조자는 코스를 정하지 않고 리턴하며 연습시킨다.

② 삼각 푸시

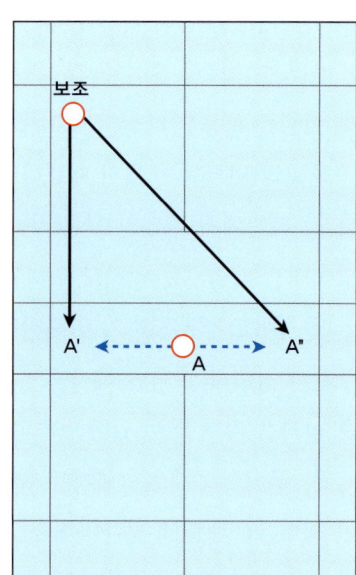

- 보조자는 네트 가까이에 A'와 A''쪽으로 번갈아 가며 푸시할 수 있도록 셔틀을 리턴하고
- A는 좌우로 뛰면서 푸시한다.

③ All 코트 푸시와 리시브

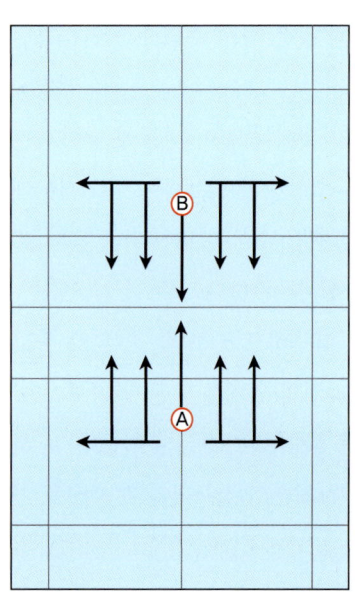

- A는 B의 코트로 푸시를, 코스를 정하지 않고 연타하고
- B는 A를 향해 네트 가까이에 어느 쪽이든지 리시브한다.
- ※ 주의
  양쪽 모두 너무 빠른 속도로 하지 않고 상대의 능력에 맞도록 연타해야 한다.

9. 드라이브(Drive) 연습

드라이브는 라이너(liner) 또는 스트레이트(straight)라고도 한다. 이 플라이트는 복식 경기에서 흔히 쓰이는 것인데, 스피드를 가하여 지면과 수평으로 날아 상대편의 코트로 넘어갈 때는 네트 아래로 날게 하는 것이 가장 이상적이며, 따라서 상대의 네트보다 낮게 떨어지는 셔틀을 쳐서 넘기자면 반드시 위로 쳐서 띄워야 하기 때문에 유리한 입장에서 경기를 치루는 데 중요한 역할을 할 수 있는 타법이다.

지금까지의 클리어, 드롭 샷, 스매시는 팔꿈치를 약간 굽혀서 쳤으나 드라이브는 몸 안에서 어깨 높이 정도에서 치는 경우가 많기 때문에 팔꿈치를 굽혀서 라켓을 밀어내는 듯이 치는 타법이다.

또 드라이브는 네트 테이프를 향해 큰 스윙 동작이나 강하게 치지는 않는다. 왜냐하면 강하게 칠수록 셔틀이 자기편으로 되돌아올 때에는 강한 스피드가 붙어서 되돌아오기 때문에 항상 타구하는 것과 동시에 라켓을 어깨 정도의 높이로 올려야만 한다.

또 한 가지 중요한 것은 네트 테이프인데, 폭이 3.8cm의 백색 천으로 된 네트 테이프는 드라이브에 한하지 않고 스트록, 스매시, 쇼트 서브, 또는 스매시를 네트에 리시브시켰을 때, 순간적으로 네트 테이프의 사각(死角)에 의해 셔틀을 볼 수 없는 경우가 있는데, 이러한 경우를 대비해서 최대한으로 이 네트 테이프의 각도에 의한 사각을 연구해야만 한다.

한편, 라이너는 라켓을 갖지 않은 측으로 날아오는 셔틀은 백핸드나 라이너로 쳐내야 하기 때문에 백으로도 할 수 있는 훈련 역시 필요하다. 단지, 코치 없이 생각나는 대로 친다고 하더라도 하이 백 스트록으로 칠 수 있게 하기 위해서는 포(fore)의 연습보다 몇 배의 노력이 필요하며, 여기 단계는 주로 백으로 라이너를 치는 단계라고 할 수 있다.

이 단계에서의 자세는 드라이브를 백으로 쳤을 때에 셔틀을 몸 가까이에까지 오게 하지 않고 가능한 한 가볍게 손목을 젖혀서 앞으로 라켓면을 셔틀에 가져다 대는 것에서부터 시작하도록 한다.

드라이브의 연습방법은 코트 반면(半面)에 두 명씩 서서 연습을 하도록 하며, 복식 경기의 파

Part 3 연습의 중요성과 방법

트너를 정해 놓고 연습하게 되면 파트너의 결점을 알아내는 데 좋은 기회도 얻게 된다. 네 명이 서비스 라인으로부터 1m 정도 거리를 두고 서서 사이드라인과 평행을 치면서 시작하며, 초기에는 스피드를 줄여서 친다. 직선에서의 드라이브가 익숙해지면 한층 더 높이 대각선으로 크로스하여 치는 연습을 한다.

주의해야 할 점은, 드라이브를 칠 때에는 온 정신을 집중하여 치도록 하고 푸시를 하는 기분으로 치게 되면 셔틀이 무릎 부근으로 내려가게 되므로 밑에서부터 받아 올리는 언더핸드로 받아 올려야 한다. 이와 반대로 라켓면을 약간 위로 향하게 한다든지 임팩트가 늦게 되는 드라이브는 자기의 머리 위를 넘는 플라이트가 되어 버리며, 백라인에서부터 날아드는 경우가 있어 치지 않으면 안 되므로 알맞은 높이를 정해둔다.

일반적으로 클리어, 드롭 샷, 스매시 같은 것을 칠 경우에는 팔로우 스루를 해야 되는데, 대개는 라켓이 아래로 처지게 되므로 서둘러서 라켓을 가슴 앞으로 들어 올려야 타이밍을 맞게 된다. 특히, 드라이브를 할 때에 라켓을 아래로 내리고 있으면 셔틀은 뒤에 있을 경우가 생기고, 선수에 따라 오른손잡이는 오른쪽 어깨를 반대로 하여 왼쪽으로 젖히고 라켓면을 밀면서 옆으로 넓게 밀어 치도록 한다.

이때의 자세는 두 다리를 어깨너비보다 약간 넓게 옆으로 벌리면서 무릎을 약간 굽히고 양발의 엄지발가락에 중심을 실어 발끝으로 서는 것이 좋은 자세이다. 그러나 약간 변형하여 라켓을 잡고 있는 쪽의 발을 약간 앞으로 내어놓는 것도 좋은 자세가 될 수 있다.

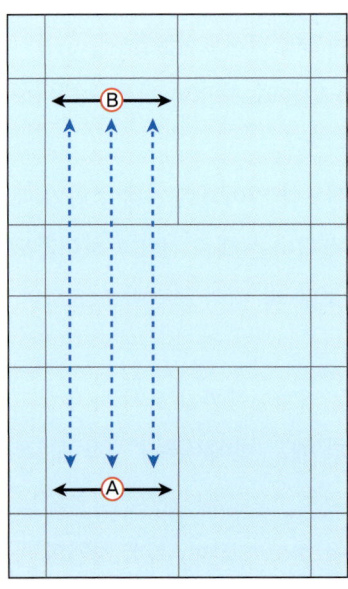

① **반 코트 드라이브**
- A와 B는 반 코트를 이용하여 코스를 정하지 않고 드라이브를 계속한다.
- 코트를 바꾸어 실시한다.

② 삼각 드라이브

- A는 반 코트를 이용하고 B는 All 코트를 이용하며 드라이브를 반복한다. 즉, A는 B와 B'의 위치로 번갈아가며 드라이브하고 B는 A의 반 코트 방향으로 드라이브한다.
- 코트를 바꾸어 실시한다.

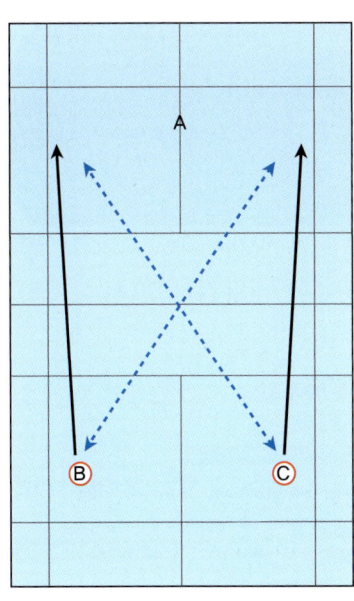

③ 2 : 1 드라이브

- A는 좌우로 B와 C가 보내는 방향에 따라 드라이브하고
- B와 C는 직선으로 드라이브한다.
- 익숙해지면 대각으로 리턴하여 연습하고
- 더욱 숙달되면 코스를 정하지 않고 All 코트로 실시한다.

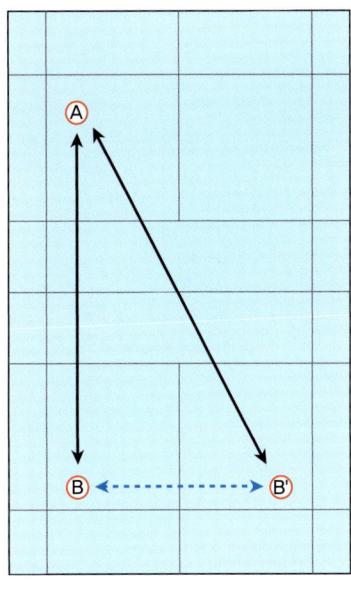

Part 3 연습의 중요성과 방법

10. 응용기술 연습

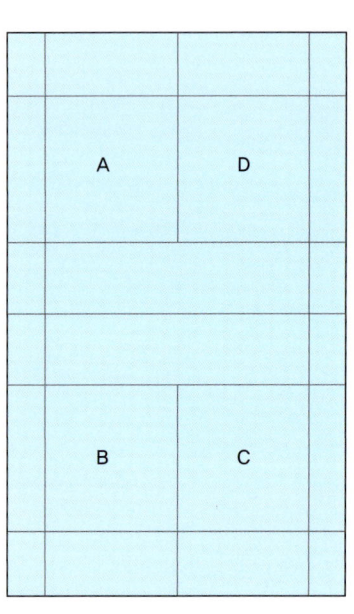

① 반 코트 게임

- A와 B가 반 코트를 이용하여 21Point
- B와 D대각 21Point
- A와 C대각 15Point 게임으로 3게임을 실시한다.
- All 코트 게임보다 랠리를 오래 계속함으로써 지구력과 셔틀의 감각을 터득한다.
- 코트의 면이 작기 때문에 정확하고 섬세한 타구가 요구된다.

② 반 코트와 All 코트 게임

- A는 All 코트, B는 반 코트를 이용한다.
- B는 지도자의 위치에서 A를 훈련시켜야 한다.
- A는 한쪽 코트로 리턴을 계속하므로 방향에 의한 라켓의 각을 익히게 된다.
- 15Point 게임 후 바꾸어 실시하고, 다시 반대 방향에 의해 재실시한다.

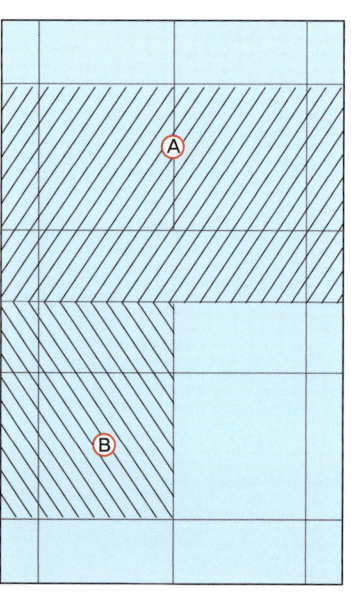

③ 2 : 1 게임

- A는 All 코트 게임, B와 C는 반 코트로 로테이션을 하면서 A를 훈련시킨다.
- A는 민첩성과 순발력을 이용하여 사력을 다해 뛰어야 효과가 있다.
- B와 C는 복식 경기의 로테이션 시스템을 익힌다.

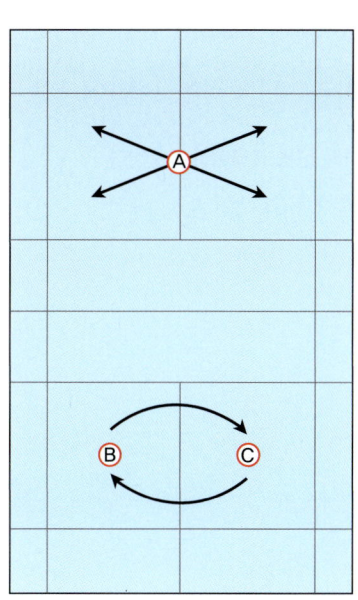

④ 2 : 1 Doubles 시스템

보조자는 A와 B를 로테이션 시키면서 네트 가까이는 헤어핀을, 백 바운더리 라인 가까이에는 드롭 샷으로 리턴할 수 있도록 연습시킨다. 이것이 숙달되면 스매시와 푸시를 첨가시켜서 연습시킨다.

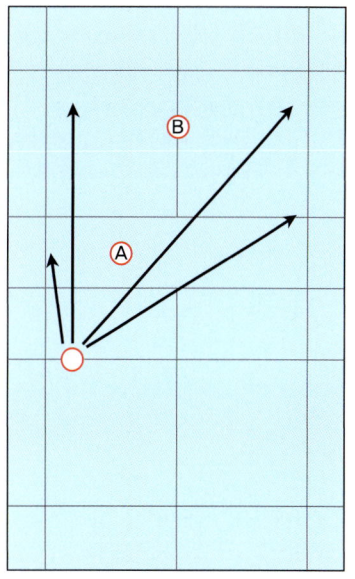

Part 3 연습의 중요성과 방법

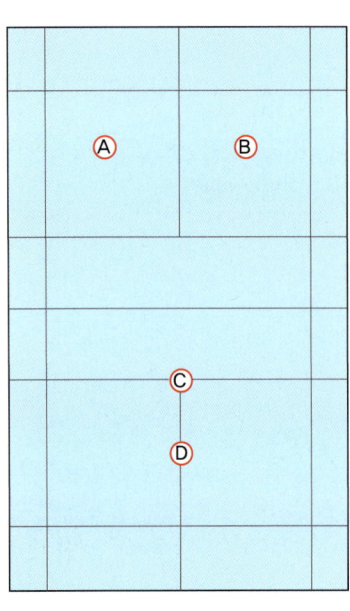

⑤ 2 : 2 Doubles 시스템

A와 B는 좌우 시스템으로 수비하고 C와 D는 전후 시스템으로 공격한다.
이때 셔틀의 랠리 되는 위치에 따라 상호 로테이션해야 한다.

⑥ 라켓 커버 끼우고 반 코트 게임

라켓에 커버를 끼우고 A와 B가 반 코트 게임을 실시한다.
1게임씩 자리를 바꾸어 가며 실시한다.
손목 스냅과 어깨의 근이 강화된다.

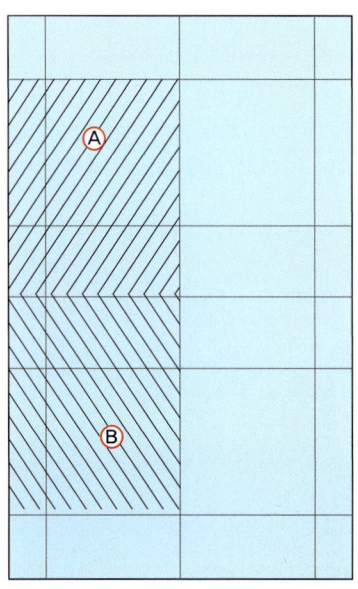

PART 4

게임의 기본 전술

Part 4 게임의 기본 전술

1. 단식 경기의 기초

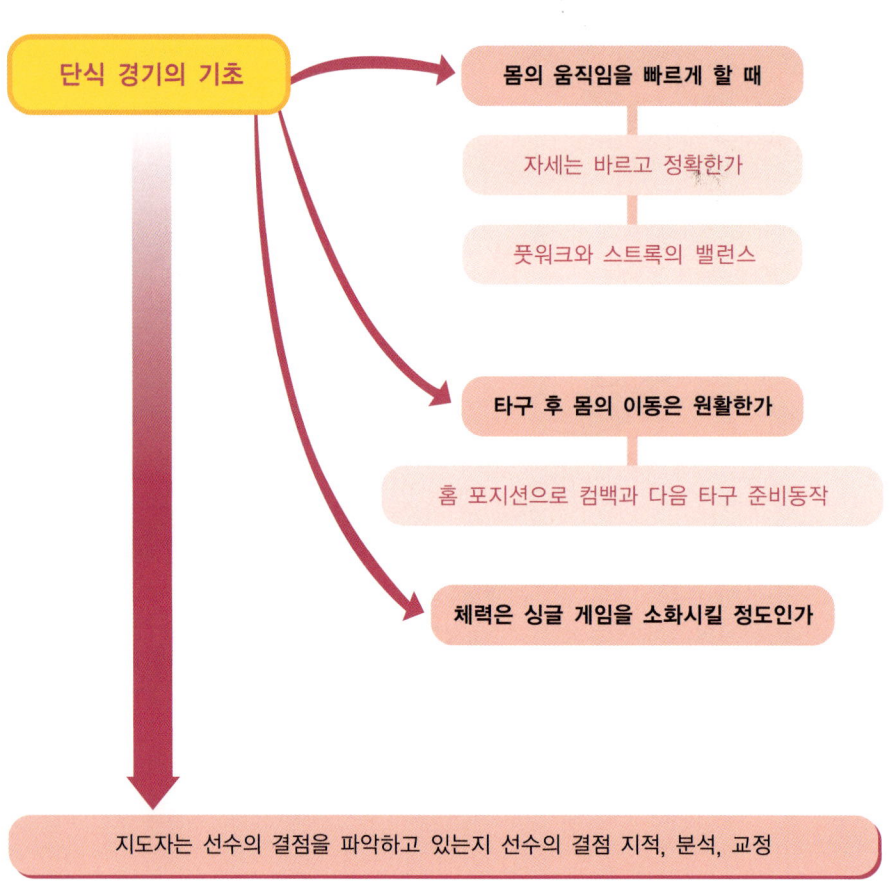

2. 풋워크의 중요성

1. 몸의 중심을 낮추어라
2. 준비 범위를 넓게
3. 속도는 단계적으로 상승되도록 연습
4. 네트 앞에서 몸의 균형 유지
5. 홈 포지션에서 스타트를 빨리

3. 단식 스트록의 전술

Single Stroke

Tactics

- 동일한 자세에서 다양한 스트록 구사
- 타구의 방향 범위를 넓게 보라
- 결정구 연습을 하라
- 몸을 빨리 이동시켜 타구의 위치를 선점하라
- 손목을 이용하라
- 코스 선택 범위를 넓게 하라

4. 단식 게임의 전술

Single Game

Tactics

- 네트 앞 처리는 여유 있게
- 강한 공격보다는 코스 선점 플레이
- 상대의 움직임을 파악
- 효율적 점수 관리
- 빠른 판단력 타구 종류와 방향 결정

5. 복식 경기의 전술

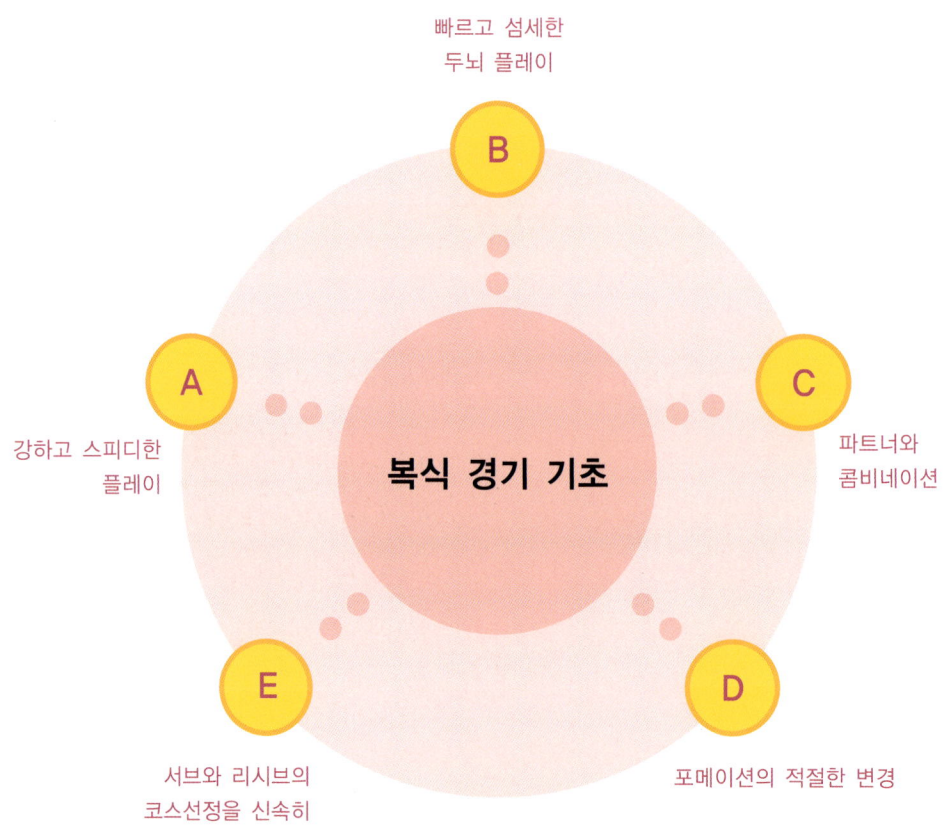

- A: 강하고 스피디한 플레이
- B: 빠르고 섬세한 두뇌 플레이
- C: 파트너와 콤비네이션
- D: 포메이션의 적절한 변경
- E: 서브와 리시브의 코스선정을 신속히
- 복식 경기 기초

6. 복식 경기의 전술 전략

복식 경기 전술 전략

- 파트너의 장단점 파악
- 상대의 전력을 철저히 분석, 파악
- 서브의 중요성 인식
- 공격은 최선의 방어
- 신체기능과 정신력 강화
- 경기장의 적응을 위해 환경파악
- 경기 개시 전 파트너와 작전회의
- 파트너의 기(氣) 살리기
- 리드하고 있을 때 페이스 유지

7. 남녀 복식의 전술

남자복식전술
- 롱 서비스보다 쇼트 서비스로 승부
- 상대의 서비스 과감히 처리
- 약한 상대를 골라 집중 공격
- 두 사람 사이 빈 공간 공략
- 네트와 중간 코트 장악
- 다양한 속도로 공격
- 마주 보는 상대방과 승부

여자복식전술

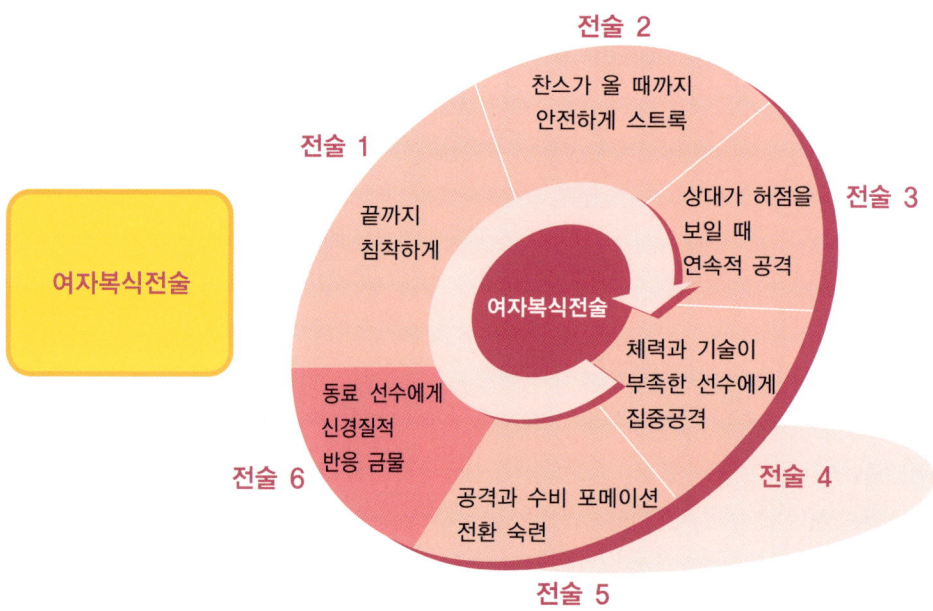

- 전술 1: 끝까지 침착하게
- 전술 2: 찬스가 올 때까지 안전하게 스트록
- 전술 3: 상대가 허점을 보일 때 연속적 공격
- 전술 4: 체력과 기술이 부족한 선수에게 집중공격
- 전술 5: 공격과 수비 포메이션 전환 숙련
- 전술 6: 동료 선수에게 신경질적 반응 금물

8. 단식의 기본 및 전술

1) 단식 경기의 기초

단식은 복식과는 달리 혼자서 상대로부터 넘어오는 셔틀을 쳐내야 하고 넓은 범위의 움직임을 하여야 하는 만큼 많은 체력이 필요하고 보다 다양한 스트록이 요구된다. 몸의 움직임에 있어 보다 경쾌하고 효율적인 움직임을 갖기 위해선 여러 가지의 조건을 충족시켜줘야 하는데 우선 Footwork의 중요성을 들 수 있다. 이는 단식에서는 몸의 움직임이 스트록을 할 수 있는 몸의 자세를 바르고 정확하게 하는 가장 중요한 요소라고 할 수 있기 때문이다.

몸의 움직임이 원활히 이루어지면 움직임에 맞추어 스트록을 연결해야 하는데 우선 선수들에게 문제점으로 많이 지적되어지는 스윙동작과 풋워크의 연결성, 예를 들어 스윙을 하고 난 후 어깨의 위치가 앞쪽으로 진행되지 않고 제자리에서 멈추는 잘못된 스윙을 함으로써 스트록의 정확성을 떠나 타구 후 몸의 위치를 원활하게 이동하지 못하는 실수를 범할 수 있다.

지도자는 이러한 선수의 잘못된 동작이나 움직임을 지속적으로 관찰하고 지도해줘야 하는데 이러한 점에서 지도자는 매우 어려움을 갖게 된다. 이러한 선수의 경우, 보통 서서 하는 스트록은 움직일 때보다는 정확한 동작을 구사하나 움직이면서 스트록을 할 때 이런 잘못된 동작이 나타나게 되는데 몸의 움직임을 너무 빨리 하려다 보니 몸의 움직임과 스윙의 연결이 밸런스가 맞지 않아 이러한 문제를 일으키는 선수가 많다.

따라서 이러한 선수의 경우 연결된 동작보다는 한 동작, 한 동작을 구분하여 부분적으로 한 동작을 먼저 교정하고 난 후 연결되는 동작을 교정하는 것이 마땅하다.

또한 우리선수들을 다른 세계 정상급의 선수들과 비교해 볼 때 전체적으로 몸의 움직임에서 많은 차이점을 보이고 있는데 기초 체력보다는 코트에서 움직이는 전문체력에서 많은 차이점을 보여주고 있다. 원인은 여러 가지가 있겠으나 우선 움직임에서 우리선수들은 타구 후 몸의 중심이 많이 흔들리는 것을 볼 수 있다. 이것은 셔틀콕을 치고 난 후 동작에서 새로운 동작 연결 시 자세가 정확하지 못한 것과 타구 후 다음 동작으로의 연결이 원활하지 못한 데에서 원인을 찾을 수 있다.

2) 풋워크의 중요성

① 몸의 중심을 낮춰라

단식에서 셔틀을 치고 난 후 신속하게 다음 셔틀을 처리해야 하는데, 빠르게 움직이기 위해서는 셔틀을 타구하고 난 후 몸의 중심을 낮춰 움직이는 것이 중요하다. 보통의 경우, 셔틀을 치고 난 후 대부분의 선수가 몸을 일으키게 되는데 이는 몸의 중심이 상하 운동을 하게 됨으로 똑같은 거리를 움직이는데 매우 불리하게 작용된다.

② 준비의 범위를 넓혀라

셔틀을 치고 난 후 대부분의 선수들은 몸의 중심을 낮추었으면서도 홈 포지션에서 다음 셔틀에 대한 대응이 늦는 것을 볼 수 있는데 이는 몸의 중심은 낮추었지만 상체의 준비동작이 이루어지지 않고 있기 때문에 홈 포지션에서 수비 범위가 좁아짐을 느낄 수 있을 것이다. 따라서 지도자는 몸의 중심을 낮추면서, 상체에서 이루어지는 준비를 철저하게 함으로서 전체적인 수비나 홈 포지션에서의 준비 범위를 넓혀 나갈 수 있다.

③ 풋워크의 리듬을 바꿔라

초등학교에서 처음 운동을 시작하면서 가장 먼저 접하게 되는 것이 스윙동작과 풋워크인데 수준이 높아질수록 풋워크의 리듬을 조금씩 교정하며, 바꿀 필요가 있음을 느끼게 될 것이다. 예를 들어, 어려서는 1. 2. 3 형태의 비교적 고정화된 스텝을 배우게 되지만 경기수준이 높아질수록 1. 2. 3 형태에서 1. 2를 빠르게 하여 타구할 수 있는 몸의 위치를 선정한 뒤 3에서 셔틀콕을 치게 되는 형태로 변화되어 가는 것이 옳다고 판단된다.

④ 네트 앞에서 몸의 중심자세를 올바르게 한다

대부분의 선수들이 네트 앞에서 셔틀을 치고 난 후 홈 포지션으로의 움직임을 신속하게 하기 위하여 셔틀을 침과 동시에 움직이게 되는데 이때 몸의 중심이 흔들려 셔틀의 정확도를 떨어뜨리는 결과를 가져오게 된다. 이를 보완하기 위하여 몸의 자세를 바르게 하고 타구 시 타구가 완전히 이루어질 때까지 자세를 유지하고 타구해야만 정확도를 유지할 수 있다.

⑤ 전체 움직임에 흔들림이 없어야 한다

우리 선수들의 가장 큰 문제점으로 지적되어 오는 것이 움직임이 늦다는 것이다. 이러한 부분을 세밀하게 관찰해 보면 셔틀을 치고 난 후 홈 포지션으로의 이동과정에서 몸의 중심이 흔들려 직선상의 움직임이 아닌 지그재그의 움직임이 일어나는 것을 자주 볼 수 있다. 이를 보완하기 위하여 빠른 움직임을 강조하는 것과 동시에 타구 시 몸의 자세를 바르게 유지하여 움직이는 연습을 해야 할 것이다.

⑥ 홈 포지션에서의 스타트를 빨리하라

홈 포지션에서의 움직임은 순발력과 다리근력의 차이에서 움직임의 빠르기를 결정할 수 있는데, 예측된 상황에서는 큰 문제가 발생되지 않으나 예측 못한 상황에서 스타트할 때 몸의 중심 이동을 어떻게 하면 빨리 할 수 있느냐 하는 점을 꾸준히 지도 관리하여야 한다. 스타트를 빠르게 한다는 것은 경기를 하는 데 있어 상대를 리드하며 플레이할 수 있으므로 매우 중요한 문제라 할 수 있다.

3) 스트록의 전술

① 동일한 자세에서 여러 가지 스트록을 하라

단식은 복식보다는 셔틀의 속도에 있어 느리지만 넓은 범위의 방향으로 움직여야 하기 때문에 상대 선수가 타구 방향을 예측하지 못하게 하는 것은 매우 중요하다. 이를 위하여 동일한 자세에서 여러 가지 스트록을 할 수 있다는 것은 그만큼 상대를 리드하며 경기를 펼칠 수 있다는 것이다. 따라서 스트록의 종류에 따라서 선수의 동작이 변화되지 않도록 집중 관리 지도가 필요하다.

② 타구 시 타구의 방향범위를 넓게 보라

스트록 할 때 대각선 타구의 경우 상대의 홈 포지션을 통과하게 되는 경우가 많은데 이는 상대의 움직임을 적게 할 뿐 아니라, 셔틀의 높이에 따라 역습당하는 경우도 있을 수 있다. 따라서 타구 시 상대를 많이 움직이게 할 수 있고 자신이 타구 후 다음 동작으로의 이동이 편리한 곳으로 타구의 방향을 잡는 것이 중요하다.

③ 타구 시 스윙동작을 짧고 빠르게 하라

수비나 공격에서도 마찬가지이나 특히 공격에서 큰 스윙은 자신의 타구 방향을 상대에게 노출되게 하고 타구 후 자신의 움직임마저 둔하게 하므로 스윙의 속도와 동작의 크기에 많은 신경을 써야 한다.

④ 결정구 연습을 하라

강한 공격력을 가진 선수의 경우는 상당히 유리한 부분이다. 공격이 강하지 않더라도 상대가 예측하기 어려운 코스로 타구시 방향을 결정지을 수 있는 스트록이 필요하다. 상대를 어려운 상황으로 만들어 놓고 이를 결정짓지 못하는 것은 경기흐름을 바꾸어 놓을 수 있는 중요한 것이므로 여러 가지 상황을 설정해서 훈련해야 한다.

⑤ 타구 시 몸의 위치를 빠르게 이동시켜 타구의 위치를 선정하라

경기를 보게되면 셔틀을 따라 다니는 듯한 느낌을 주는 선수와 셔틀을 앞서가 편하게 스트록 하는 선수를 볼 수 있는데, 이는 높게 오는 셔틀이든 낮은 셔틀이든 기다리지 않고 자신이 위치를 이동하여 타구하는 데에서 오는 차이점이라 볼 수 있다. 셔틀을 따라가서 스트록 할 때는 시선이 코트에서 벗어나는 상황을 많이 보게 되는데 이것은 순간적으로 상대의 움직임을 놓칠 수 있으므로 매우 조심해야 한다.

⑥ 손목을 이용하라

드리븐 클리어, 드라이브의 경우 손목의 사용이 더욱 중요시되는데 이는 짧게 스윙 동작을 함으로 상대가 예측하기 어려운 곳으로 타구 방향을 정할 수 있을 뿐만 아니라 셔틀을 치고 난 후 다음 동작으로의 이동 또한 빠르게 할 수 있어 매우 중요하다 하겠다.

⑦ 점차적으로 스트록의 코스 선택 범위를 넓게 하여 연습하라

경기수준이 아직 미숙한 경우엔 부분적으로 정확성 위주의 연습을 하여야 하나, 경기 수준이 높아질수록 타구 방향의 선택 범위를 점차 넓혀줌으로써 정확도 및 상대를 파악하고 셔틀을 보낼 수 있는 능력이 향상될 수 있을 것이다.

4) 게임의 전술

① 네트 앞 처리 시 여유를 갖자

단식 경기는 움직이는 범위가 넓으므로 셔틀을 빨리 타구하는 것뿐만 아니라 셔틀을 타구하고 난 후 연결이 매우 중요하다. 따라서 네트 앞 처리는 빠르게 하는 것도 좋지만 상황에 따라 타구 시 셔틀을 늦추어 다음 셔틀에 대비하는 것이 전체적인 경기 운영에 도움이 될 수도 있다.

네트 앞에 가까이 떨어지는 경우, 빨리 잡아 치는 것이 원칙이나 상대편에서 드롭 샷이나 약한 스트록의 경우 여유를 갖고 처리하는 것이 바람직하다.

② 강한 공격보다는 상대를 파악하는 능력을 갖자

대부분의 선수들이 공격 시, 강한 공격만을 고집하는 선수가 많은데 이는 상대가 예측하기 어려운 곳으로 타구코스를 정했을 때는 매우 효과적이나 강한 공격을 할 때는 자신의 스윙 동작이 상대에게 노출되어 타구의 코스를 상대에게 읽히게 되는 경우를 자주 볼 수 있다.
따라서 공격의 파워가 떨어지더라도 상대가 예측하기 어려운 코스로 동일한 동작에서 공격이나 스트록을 한다면 보다 효과적인 결과를 얻을 수 있을 것이다.

③ 스트록 시 연결되는 움직임과 선구안을 갖자

경기 시 자주 나타나는 상황으로 의식하지 못하고 자신의 상황에만 의존하여 스트록을 하는 경우 다음 셔틀에 대하여 이동이 늦거나 상대에게 역습당하는 경우를 자주 볼 수 있다. 예를 들어 네트 앞에서 높은 타점에서 타구할 때 상대의 움직임을 파악하지 못하였다면 셔틀을 치고 난 후 제자리에서 움직이지 못하고 있는 상대의 지점으로 셔틀을 다시 보내게 되는 실수를 범할 수 있듯 상대의 움직임을 파악하고 상대가 치는 셔틀에 대하여 예측하고 미리 준비할 수 있다면 경기를 유리하게 이끌어 갈 수 있을 것이다.

④ 예측을 함으로써 경기의 효율성을 갖자(움직임)

복식보다 단식은 움직이는 범위는 넓으나 셔틀의 스피드가 느리므로 자신이 타구할 방향이나 상대의 움직임을 파악함으로써 보다 효율적인 경기 운영을 할 수 있다. 따라서 타구 시 연결될 수 있는 코스나 각도를 예측하여 체력의 과다소비를 방지하고 움직임을 보다 원활히 하면 보다 유리한 타점에서 스트록을 하게 되어 상대를 어렵게 만들 수 있을 것이다.

⑤ 점수 관리를 효율적으로 하자

특히 여자 선수들의 경우, 경기 시작과 함께 3~4점의 점수를 쉽게 득하고, 실점하는 경우를 볼 수 있는데 이는 준비운동의 부족이라든가, 코트 상황에 대한 파악 능력, 또는 상대를 파악하는 능력 등에서 원인을 찾을 수 있을 것이다. 따라서 지도자는 연습 상황 시 여러 가지 상황을 설정하고 대처할 수 있는 능력을 훈련시켜야만 할 것이다. 또한 경기 중반과 후반(6~8점일 때)에 상대에게 플레이가 노출되어 경기가 잘 풀리지 않을 때, 이를 극복해 나갈 수 있는 결정구의 연습 등 다양한 전술을 구사할 수 있도록 이에 대한 지도가 집중적으로 이루어져야 할 것이다.

※ 집중력은 초반에 약하다.

9. 복식 경기의 전술 및 전략분석

복식 경기는 두 명의 선수가 일심동체가 되어 벌이는 게임이다. 랠리(Rally)의 템포가 빠르기 때문에 단식에 비해 매우 스피드하고 복잡하여 단식보다는 적극적인 자세가 필요하며, 특히, 빠른 두뇌 플레이가 요구되는 경기이다.

파트너(Partner)의 선택 또한 중요하다. 여기에는 여러 가지 사례들을 들 수 있다. 오른손잡이와 왼손잡이, 공격형과 수비형, 장신과 단신 등을 들 수 있다. 그러나 중요한 것은 두 사람의 협응력 즉, 콤비네이션(Combination)이다.

단식 경기는 혼자 하지만 복식은 두 사람이 하는 만큼 여러 가지 복잡한 문제를 수반하는데, 가장 기본적인 문제는 두 선수가 맡는 코트의 영역이다. 즉, 어떠한 시스템(System) 또는 포메이션(Formation)으로 경기에 임할 것이냐가 문제시되고 아주 중요한 부분이라 할 수 있겠다.

그래서 복식 경기의 일반적인 것과 응용적이고 전문적인 것에 대한 완전한 이해와 고찰이 필요하다.

1) 복식 경기의 서비스와 리턴

복식 경기의 서비스와 리턴은 경기시작의 첫 스타트인 만큼 매우 중요하다. 복식 경기의 약 30%를 차지한다고 볼 수 있으며, 꾸준한 연습과 손목의 감각을 빨리 익히는 것이 무엇보다 중요하고, 파트너와의 호흡 또한 중요한 대목이다.

복식 경기에서 이루어지는 기본적인 서비스와 리턴은 대체로 다음과 같다.

Part 4 게임의 기본 전술

① 서비스 방향코스

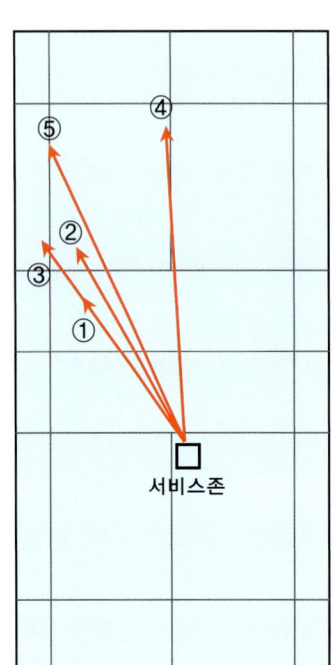
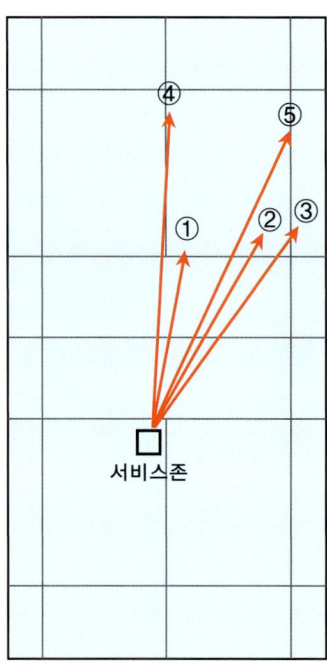

서비스의 방향은 상대 선수가 가장 리턴하기 힘든 곳으로 넣는 것이 좋으며 롱 서비스를 구사할 때는 파트너와의 호흡이 매우 중요하다. 쇼트 서비스는 ②번이 50%, ①·③번이 각 25%씩 구사되는 것이 좋다고 생각한다.

우측 서비스 넣을 때 오른손잡이 기준으로 우측 겨드랑이 방향으로 좌측 서비스 넣을 때 오른손잡이 기준으로 좌측 겨드랑이 방향으로 왼손잡이 선수에게 넣을 때는 지금의 반대로 생각하면 된다.

② 서비스 리턴코스

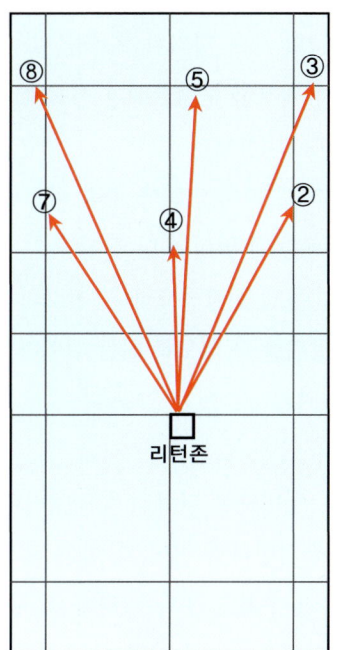

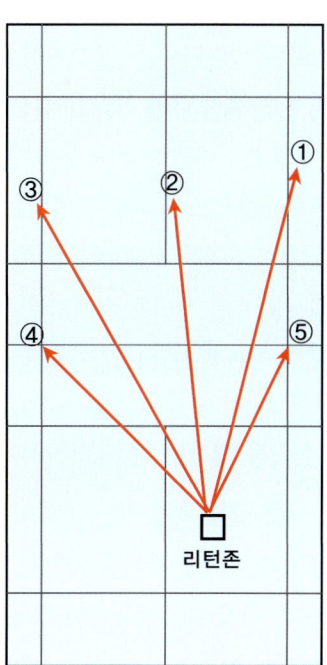

위의 그림에서처럼 리턴은 다양하게 구사되어야 하고 최대한 실수를 줄여야 할 것이며, 파트너가 다음 타구를 가장 쉽게 처리할 수 있는 방향으로 리턴하는 것이 좋으며, 리턴하고 난 다음 타구를 끝까지 주시하는 것 또한 매우 중요하다.

2) 복식 경기의 전술

① 자기 파트너의 장·단점을 철저히 파악하라

복식 경기에 있어서 두 사람중 한 사람의 기량이 부족할 경우 집중 공격의 표적이 된다. 두 선수의 콤비네이션이 생명인 복식 경기에서 한 선수가 취약할 경우 경기의 흐름을 잃기 쉽다. 그러므로 평소에 자기 파트너의 취약점이나 강점에 대해서 철저히 분석한다면 서로의 약점을 커버해 줄 수도 있고 리드미컬한 콤비 플레이를 이룰 수 있다고 본다.

훌륭한 콤비네이션을 이루기 위해서는 타구의 종류와 위치의 변화에 따라 파트너가 어떤 타구를 구사할 것인가 하는 것을 예상할 수 있을 만큼 서로를 잘 알아야 할 것이다.

콤비 플레이의 묘를 살리기 위해서는 우선 서로의 열린 마음이 중요하다. 서로의 성격과 기술을 분석하고 그 결과를 토대로 각자의 능력을 최대한 발휘할 수 있도록 하는 것이다.

② 상대의 전력을 철저히 분석 파악하라

"적을 알고 나를 알면 백전백승이다."라는 말이 있다. 엇비슷한 기량의 상대이거나 한수 위의 상대라도 상대의 전력을 완전히 파악한 상태로 경기에 임한다면 이미 몇 점은 앞서 나가고 있는게 분명하다. 체력이나 기술면의 능력이 거의 같은 경우라면 누가 머리를 잘 활용하느냐에 그 경기의 승패가 달려 있는 것이다. 사실 경기는 코트에 들어가기 전에 이미 시작되는 것이나 다름없다.

경기에 임하기 전 상대 선수들의 장단점, 성격, 예선전의 경기전적 등 여러 가지 측면에서 면밀히 분석, 취합해 두어야 한다. 사실 예리한 관찰력을 동원한다면 코트에 들어가서도 상대의 역량과 장, 단점 등을 파악할 수 있을 것이다.

③ 서비스의 중요성을 인식하라

서비스의 중요성을 다시 한번 강조하고 싶다.

단식보다는 복식 경기에서의 서비스의 중요성은 이루 말할 수가 없다. 서비스가 잘 들어감으로써 그 날의 경기 흐름이 크게 좌우될 수 있기 때문이다. 어느 코스로 서비스를 넣든 간에 다음에 타구할 내용의 스트록을 자신과 파트너가 어느 정도 예상을 할 수 있도록 생각을 하고 서비스의 방향을 잡아야 한다. 그것이 서로의 약속인 것이다.

서로가 약속된 플레이를 만들려면 파트너의 마음까지 읽을 정도로 많은 경험과 연습을 쌓아야만 할 것이다. 이것의 시작이 서비스인 것이다.

④ 효과적인 플레이를 펼쳐라

"공격은 최선의 방어다."

복식 경기는 한 조는 공격을 하고 다른 한 조는 수비를 하는 형태이다. 복식 경기에서는 아무리 수비력이 좋은 선수들이라도 수비만으로는 절대로 이길 수가 없다. 즉, 승패는 공격력이 좌우한다는 것을 절대로 잊어서는 안 된다.

⑤ 신체적인 능력과 정신력을 강화하라

복식 경기에서 이길 수 있는 가장 근본적인 조건은 체력과 기술, 그리고 전략이다. 경기에 임하여 이길 수 있는 전략의 기초는 "이겨야 한다." "이길 수 있다." "하면 된다."고 하는 강한 정신력과 그 정신력을 뒷받침해 줄 수 있는 신체적인 행동 체력인 것이다. 하고자 하는 '의지'와 '의욕'은 대단히 중요하다. 그것이 없다면 훌륭한 선수가 될 수 없음은 분명한 현실이다.

흔치는 않지만 경기를 하다 보면 더 이상은 할 수 없다는 느낌을 받을 때가 있는데 그것이 바로 Dead Point(사점)이다.

이를 극복하는 원동력은 바로 정신력이다. 강인한 정신력의 배양은 신체적 능력과 함께 이기기 위한 기초적인 요건이며, 전략이라고 할 수 있겠다.

⑥ 신속한 판단력과 위기관리 능력을 향상시켜라

복식 경기에 있어서 타구의 종류는 그렇게 많은 것은 아니지만 시간과 공간적 요소가 복합적으로 작용하여 수십 가지 종류의 상황이 벌어지는데 이러한 상황에 잘 대처하기 위해서는 빠른 판단력이 필요하다. 적절한 타이밍을 놓쳐 버리는 것은 일반적인 실책의 원인이 된다.

선택의 여지가 있을 때는 망설이지 말고 최선의 수단 즉, 그 경우에 가장 효과적이고 공격적인 스트록을 선택하여야 한다. 변칙 플레이란 간혹, 한 번씩하고 정공법의 원칙에 따라 그 상황에 가장 적절한 타구를 날려야 할 것이다. 습관적인 것보다는 능동적으로 대처할 수 있는 순간적인 판단이 매우 중요하다.

복식 경기에서 흔히 볼 수 있는 전술상의 오류 중의 하나가 자신이 수세에 몰리면서도 강공 일변도의 경기운영을 하는 것이다. 이것이 바로 습관적인 것에서 나오는 것이라 할 수 있다.

자신의 자세가 불안전함에도 불구하고 마음만 앞서 공격 위주의 플레이를 자행하는 것보다 자신이 위기에 처할수록 안전하고 확실히 구사할 수 있는 타구를 쳐야 하는 것이다. 자신감, 침착성, 신속함 등이 위기 극복에 필요한 정신적 요인이다.

⑦ 현지 적응력을 배양시켜라

좋은 선수라면 어떠한 조건에서도 자기 실력을 충분히 발휘할 수 있어야 한다. 예를 들면 체육관 천장이 높은 것과 낮은 것, 체육관 조명이 밝은 것과 어두운 것, 체육관 바닥이 미끄러운 곳과 딱딱한 곳, 관중이 많은 것과 없는 것, 시합장 주위의 환경, 기후, 기상조건, 기타 여러 가지 상황에서 빠른 시간 안에 적응할 수 있는 선수가 훌륭한 선수라고 할 수 있겠다. 어떠한 상황에서나 자기 컨디션을 유지할 수 있는 방안은 전지훈련을 비롯한 각종 훈련방법을 연구해야 할 것이다. 어떠한 정신력, 육체적인 압박에도 견딜 수 있는 소위 스트레스에 대한 저항력을 강화시켜 주어야 한다.

⑧ 워밍업이 끝나면 경기 개시 전에 작전회의를 열어라

각자 모든 정보(상대의 약점과 주특기, 자신의 컨디션)를 교환하여 작전을 하고, 역할을 분담한다.

⑨ 언제나 파트너의 기(氣)를 살펴라

복식은 절대 혼자서는 이길 수가 없다. 잇따른 실수로 파트너가 주눅이 들어 있으면 책망하지 말고 원기를 북돋아 주도록 하라.

⑩ 리드하고 있을 때는 페이스를 바꾸지 마라

경기가 잘 풀리고 있을 때는 전술을 그대로 유지하고 거세게 몰아붙여야 한다. 절대로 기세를 누그러뜨려서는 안 된다. 지고 있을 때는 머리를 왕성하게 회전시켜 왜 리드당하고 있는지 그 요인을 빨리 파악하여 만회할 수 있도록 지연 작전을 구사하면서 파트너와 긴밀히 협의해야 한다.

3) 남자복식 전술

남자복식 전술을 이야기하기 전에 남자복식의 성격과 내용에 대해 이해하는 것이 전술을 준비하는데 도움이 될 것이다. 남자는 힘과 파워, 그리고 스피드에서 여자보다 월등하다. 때문에 경기에 이기기 위해서는 수비를 하는 것보다 공격을 하는 것이 경기에서 이길 수 있는 확률이 높아진다. 때문에 남자복식은 공격의 주도권을 잡기 위한 전술이 필요한 것이다.

전문적인 전술보다 가장 중요한 전술은 파트너 간의 신뢰와 믿음이다. 복식은 서로 파트너에게 기회를 만들어주고 파트너가 곤경에 빠지지 않게 도와주며 곤경에 빠졌을 때는 파트너의 책임 부분을 더 맡아 주게 되는 것이다. 만약 서로가 서로에게 잘못을 전가하고 경기하면서 서로의 눈을 보지 않으며, 대화 없이, 신체접촉 없이 경기를 한다면 그 경기는 패하게 된다. 파트너의 타구 구질을 보면 어느 정도의 정신 자세로 경기에 임하는지 알 수가 있다. 내 파트너가 최선을 다하고 있다는 확신은 나에게 똑같은 정신 자세를 갖게 해주고 파트너를 신뢰하며 파트너의 실수를 이해할 수 있게 되는 것이다. 자신이 최선을 다해 경기할 기분이 아니거나 몸 상태가 아니면 경기를 하면 안 된다. 이것은 파트너와 상대 선수를 기만하는 것이다. 만약 어쩔 수 없는 상황 때문에 경기에 들어가면 정말 모든 것을 다해 성실히 경기를 해야 한다.

① 롱 서비스보다 쇼트 서비스로 승부하라

남자 선수들은 보통 서비스를 받을 때 쇼트 서비스라인 가까이에 서게 된다. 이때 불안한 마음에 롱 서비스를 하게 되는데 이것은 상대에게 편안한 공격을 허용하게 된다. 쇼트 서비스를 정확히 넣게 되면 상대방이 아무리 가까이 있더라도 과감한 공격은 하기가 어렵다. 쇼트 서비스 때 득점을 할 수 있는 기회가 높아진다.

② 상대방의 서비스를 과감하게 처리하라

상대방의 서비스를 과감하게 공격적으로 처리하면 상대방은 서비스뿐만이 아니라 게임 자체에 자신감을 잃게 된다. 반대로 상대의 서비스를 수비형으로 소극적으로 처리하면 상대방을 게임 자체에 자신감을 가지고 할 수 있게 되는 것이다. 때문에 남자 복식에서 서비스에 서비스 처리에 자신이 없다면 경기를 이기기가 어렵게 된다.

③ 약한 상대를 집중 공격하라

두 사람의 상대 중에 한 사람이 약하다면 그 상대를 공격하는 것이 중요하다. 그렇게 되면 강한 상대방은 약한 자기의 파트너를 돕기 위해 무리한 움직임을 하게 되고 이 상황에 빈 곳이 많이 나타나게 된다. 이렇게 되면 잘하는 상대방은 더욱 조급해져 자기 자신의 실력을 발휘하기가 어려워지게 된다.

④ 두 사람 사이를 공략하라

클리어를 칠 때도 두 사람 사이로 타구할 수 있고 드롭 샷도 두 사람 사이로 할 수 있다. 상대방이 앞뒤(톱 앤드 백)로 서 있을 때 역시 두 사람 사이로 밀어넣기를 시도할 수 있다. 이때 기억해야 할 것은 두 사람 중 한 사람이 약했을 때 중간 공격은 정확하게 두 사람 사이로 하는 것보다 약한 상대방에게 약간 가까운 중간으로 공략하는 것이다. 만약 정확히 두 사람 사이로 타구했을 때 잘 치는 상대방 선수가 중간 공을 처리할 확률이 많기 때문이다.

⑤ 네트와 중간 코트를 장악하라

네트와 중간 코트를 장악해야 셔틀콕을 위에서 빨리 처리할 수 있다. 그리고 이런 상황이 되어야 상대방으로 하여금 우리 쪽으로 올리도록 할 수 있는 것이다.

⑥ 수비에서 공격으로 전환할 수 있는 능력을 키워라

경기를 하다 보면 어쩔 수 없이 상대에게 올려야 하는 때가 온다. 이때 상대에게 계속해서 올리기보다는 수비에서 네트에 놓거나, 드라이브로 처리하거나 하면서 공격형 위치로 바꾸는 것이 중요하다.

⑦ 다양한 속도로 공격하라

스매시를 항상 강하게 하면 상대방은 그 속도에 적응이 된다. 때문에 만약 상대방의 리프트(뒤로 높이 올리는 것)가 정확하게 깊이 왔다면 이것을 강하게 스매시하는 것보다는 연타 스매시로 상대방의 수비를 테스트하면서 더 좋은 기회를 만드는 것이 중요하다. 즉, 스매시의 속도가 다르기 때문에 상대방 역시 더 긴장을 하게 되는 것이다.

⑧ 마주보는 상대방과 승부를 걸어라

만약 상대방 두 선수의 실력이 비슷하다면 스매시를 할 때 직선선상에 있는 선수 센터라인 쪽으로 공격하는 것이 가장 유리하다. 이렇게 스매시를 하면 첫째, 내 파트너가 상대방의 방어를 잡아채기가 대각으로 스매시했을 때보다 훨씬 수월하다. 둘째, 상대방의 역습 기회를 최소화할 수 있다. 즉 상대방에게 역습할 수 있는 각도를 제공하지 않게 된다.

4) 여자복식 전술

여자복식은 남자복식과 또 다르다. 왜냐하면 여자의 공격력과 스피드는 남자보다 약하고 느리기 때문에 남자보다 랠리가 길어지게 되고 또한 계속해서 공격만 할 수 없기 때문이다. 위의 남자복식의 전술은 모두 여자복식에도 적용이 된다. 하지만 다른 부분을 요약하면 다음과 같다.

① 끝까지 침착하라

남자보다 랠리가 길어지게 되고 상호 간에 공격과 수비를 번갈아 가면서 하게 된다. 때문에 침착한 쪽이 랠리에 이기게 되는 경우가 많다. 경기때 랠리가 아무리 길어져도 내가 랠리를 이기고 싶다고 빨리 끝내고 싶다고 이기거나 끝내지는 것이 아니다. 그런 기회와 상황이 만들어질때까지 기다릴 수 있어야 하며 만약 기회가 왔을 때 랠리를 이기지 못했다면 다시 마음을 비우고 다음 기회를 기다릴 수 있는 침착함과 끈기가 있어야 한다. 즉, 물이 흐르는 듯한 기분으로 경기 운영을 해야지 급한 마음과 욕심을 가지고 물이 흐르는 것에 역류하듯이 경기를 하면 실수가 많아지고 체력소모가 많아지게 된다.

② 몰아치듯 경기를 하라

기회가 오지 않았을 때는 안전하게 스트록을 하지만 상대의 허점과 흐트러짐이 보였을 때는 큰 파도가 몰아치듯이 연속적인 공격을 퍼부어야 랠리를 매듭질 기회를 갖게 된다.

③ 약한 자에게 집중 공격하라

여자복식은 랠리가 길어지기 때문에 한 선수에게 집중 공격을 해 체력을 소모시키는 것도 좋은 전술이며 이렇게 한 선수를 집중 공격할 때는 체력이 약하거나 기술이 떨어지는 선수를 선택해야 한다.

5) 복식 경기의 그립(Grip) 잡는 요령

① 전위에서의 그립 잡는 요령

기본적으로 잡는 이스턴 그립(Eastern grip)에서 샤프트 쪽으로 조금 변화를 주는 방법이다.

즉, 라켓의 위쪽을 잡는 것이다. 이는 네트 플레이를 할 때 빠르고 정확한 플레이를 하기 위한 방법이라 할 수 있겠다.

② 후위에서의 그립 잡는 요령

후위에서는 거의 공격을 위주로 하는 스트록을 구사함으로 정상적인 그립이나 조금 밑쪽을 잡는 방법을 선택할 수 있겠다.

③ 수비형에서의 그립 잡는 요령

어떤 특정한 경우를 제외하고는 거의 백 핸드 이스턴 그립으로 잡는 게 옳다. 상대 선수들이 공격을 할 때 포핸드보다는 백 핸드로 항상 준비를 하고 대처해야 하며 그 공격을 리턴할 때의 정확도가 훨씬 높으며, 보내고자 하는 곳으로 보다 정확하고 신속하게 보낼 수 있기 때문이다.

결론적으로 중요한 것은 어떠한 어려운 상황에서도 확고한 자세, 셔틀에 대한 애착과 시선, 꼭 받아낸다는 기백이 필요하며, 아무리 불리한 상황이라도 정확한 타구를 구사할 수 있다면 다시 좋은 기회를 포착할 수 있는 근거를 만들 수 있는 것이다. 또한 상대 선수들을 절대로 얕보지 말아야 하며 공격이 최선의 방어임을 명심해야겠다. 지칠 줄 모르는 체력은 부단한 트레이닝에서 온다는 것을 명심하고 승자가 되기 위한 선결요건은 이기고자 하는 의지와 체력의 배양, 기술의 습득인 것과 동시에 빠른 판단력과 예측, 상대 스타일 간파이며, 복식 경기의 가장 중요한 부분은 "두 사람이 하나가 되는 것"이다.

또한, 지금 배드민턴을 시작한 선수, 10년 이하 10년 이상 하고 있는 선수들에게 몇 가지 당부하고 싶은 이야기를 간추려 보았다.

첫째 이 세상에는 절대로 공짜는 없다. 즉, 노력하지 않고 결과를 바라지 말아라.

둘째 목표를 세워라. 초등, 중등, 고등, 대학, 일반, 국가대표, 각자 나름대로 확고한 목표를 세워 달성할 때까지 끝까지 전진하라.

셋째 남들보다 더 부지런하라. 즉, 게으름을 피우지 말아라. 남들보다 5분, 10분 일찍 일어나고 항상 준비하는 자세를 가져라.

넷째 성격을 낙천적으로 만들어라. 항시 훈련할 때는 밝은 표정으로 진지하면서도 신중한 자세로 임해야 한다.

마지막으로 가장 중요한 부분 중의 한 가지는 스스로 자각하여 개인훈련을 필수적으로 실행하기 바라는 마음이다. 아무리 훌륭한 지도자가 있다해도 본인 스스로 노력하지 않고 연구하지 않으면 절대로 훌륭한 선수가 될 수 없다는 것을 다시 한번 강조하고 싶다.

세계적인 남자단식 선수들의 공격 패턴 및 특징
각 나라별 공격 기술 및 특징(리마오 코치 분석)

A. 중국(린단, 첸징, 첸홍)

기본적으로 전체 스트록의 속도에 관련되어 있으며, 스트록 속도의 강, 약을 기본적으로 전체 스트록의 속도를 늦추어, 그 기회에 공격기회를 많이 갖고, 스트록 게임과 더불어 네트에서 마무리를 하는 운영 능력을 보여준다.

전체적으로 높은 하이 플레이보다 낮고 빠른 플레이를 구사한다.

B. 인도네시아(타우픽, 쏘니)

기본적으로 파워풀한 스매시 경기를 보여준다. 또한 변칙기술 및 스트록의 속도 변화에 강하다. 단식 경기에서 잘 이루어지지 않는 드라이브 경기 또는 다양한 스트록이 아닌 단순한 스매시 경기를 하여 상대를 힘으로 제압하는 경기운영을 보여준다.

C. 말레이시아(리 충웨이)

다양한 스트록을 통한 타이밍 공격을 통해 상대 중심을 흐트러뜨리는 경기 운영을 보여준다. 무리한 자세에서의 공격 및 스트록을 하는 것이 아니라 자신에게 여유 있는 동작에서 공격을 한다. 특히 클리어 동작에서 상대의 중심을 빼앗는 스트록 후의 공격과 공격의 강, 약을 잘 겸비한 스트록을 보여준다. 또한 정확한 공격에 중점을 둔다.

D. 덴마크(피터, 캐넷 조나센)

종합적인 공격 기술을 보여준다. 때로는 속도를, 때로는 연속적인 공격을, 때로는 드라이브를 통한 공격 스트록을 보여준다. 전체적인 복합적 공격 형태를 이룬다.

E. 한국(이현일, 손승모)

개개인마다 특성이 다른 공격 플레이를 보여 주고 있다. 이현일 선수는 정확한 스트록을 바탕으로 정확한 타이밍 공격을 보여줌으로 안정성이 강한 공격 스트록을 보여주고 안정된 수비와 코스 구석까지 보내는 스트록으로 상대 스트록의 정확도가 떨어졌을 때 공격을 하는 패턴을 갖고 있다. 또 다른 대표적 공격 패턴은 네트 플레이의 짧은 스트록을 통해 공격 찬스를 잡는 공격 패턴을 갖고 있다.

10. 단식 경기 시스템의 실전

단식은 복식보다
세밀한 정확도와 지구력, 순간스피드가 있는 경기로서
다양하고 짜임새 있는 스트록에 의한 개인의
자신과의 싸움으로 경기의 승패가
좌우된다고 할 수 있다.

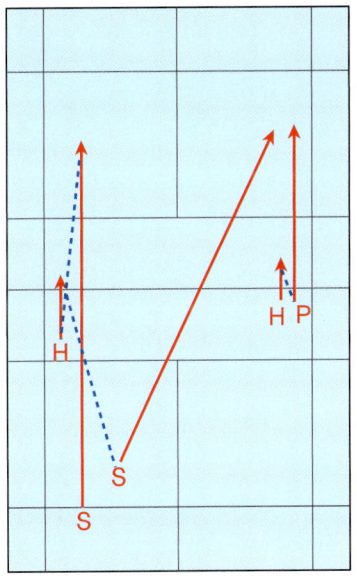

헤어핀

헤어핀 후 상대가 한 헤어핀을 푸시로 연결한다.

스매시한 후 상대가 짧게 한 커트를 정확하고 섬세하게 컨트롤하여 헤어핀한다.

짧게 올라온 셔틀콕을 스매시로 마무리한다.

Part 4 게임의 기본 전술

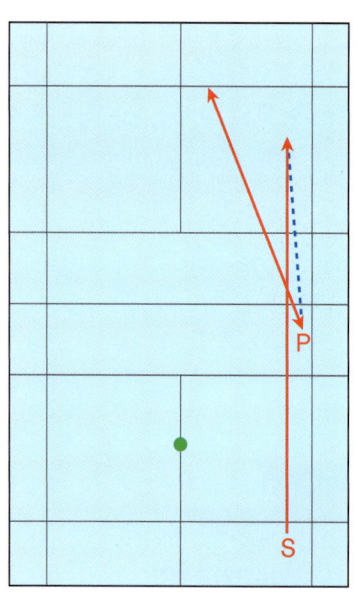

푸시

직선 스매시를 한 다음 빠르게 네트 앞으로 전진하여 푸시를 한다.

반대쪽도 동일한 방법으로 한다.

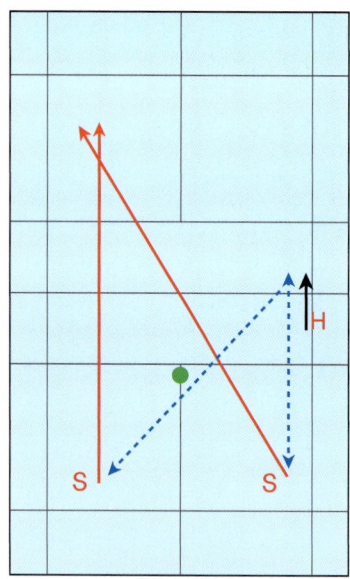

스매시

헤어핀을 한 다음 직선으로 올려준 셔틀콕을 대각으로 스매시한다.

헤어핀을 한 다음 대각선으로 올려준 셔틀콕을 직선으로 스매시한다.

1) 단식 경기에 필요한 수비 포메이션

수비의 위치선정

상대선수의 공격에 대비, 수비선수의 스트록에 따라 올바른 위치선정 및 자세를 선정하는 것이 매우 중요하다. 이는 수비를 하기 위함과 더불어 제2의 동작, 다음 동작을 원활하게 연결시키기 위해서 더욱 필요하다.

① 스트록의 길이에 맞게 수비위치 선정
② 스트록의 각도에 맞추어 수비위치 선정

포핸드 리턴

백핸드 리턴

Part 4 게임의 기본 전술

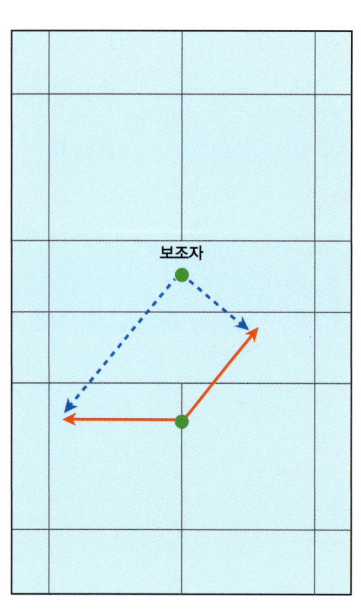

보조자가 네트 앞에서 헌 셔틀콕을 이용해 셔틀콕을 던져준다.

홈포지션에서 스타트하여 언더클리어 후 반대쪽의 사이드로 이동하여 커트한다.

보조자가 네트 앞에서 헌 셔틀콕을 이용해 셔틀콕을 던져준다.

코스를 정하지 않고 홈포지션에서 스타트하여 스매시와 같은 빠른 셔틀콕을 커트한다.

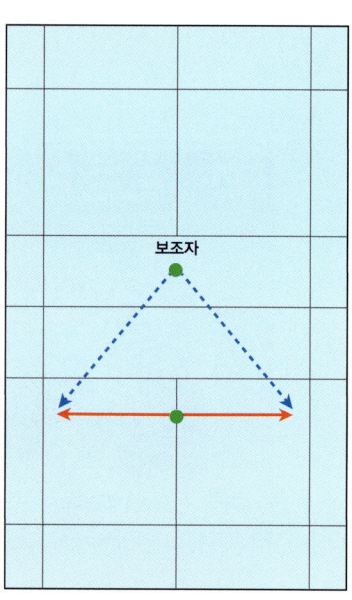

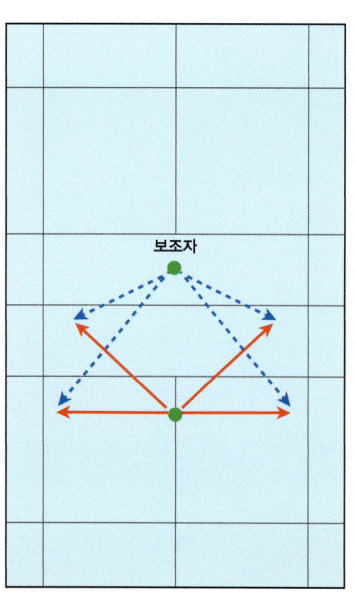

보조자가 네트 앞에서 헌 셔틀콕을 이용해 셔틀콕을 던져준다.

코스를 정하지 않고 홈포지션에서 스타트하여 셔틀콕 스피드의 강·약에 맞게 움직임을 원활하게 한다.

11. 풋워크를 이용한 셔틀콕 던져주기

정확한 스텝과 자세를 취하여 몸의 균형을 유지하고
볼을 보는 순간 스타트하는 연습이다.

몸의 균형을 유지하면서 네트 앞으로의 정확한 스트록이 요구된다.

Part 4 게임의 기본 전술

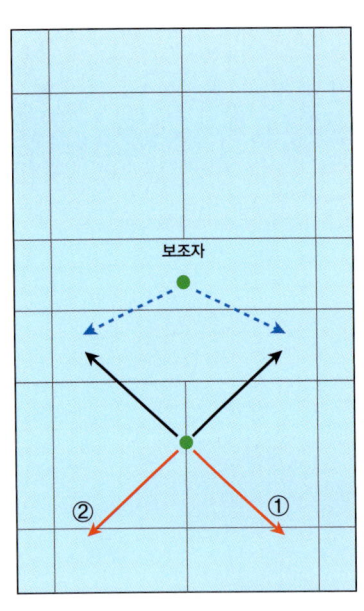

홈포지션에서 ①번과 ②번으로 풋워크하면서 스윙을 한다.

네트 앞으로 전진하여 정해져 있지 않은 코스의 셔틀콕을 헤어핀한다.

홈포지션에서 ①번과 ②번으로 풋워크하면서 스윙을 한다.

네트 앞으로 전진하여 정해져 있지 않은 코스의 셔틀콕을 헤어핀한다.

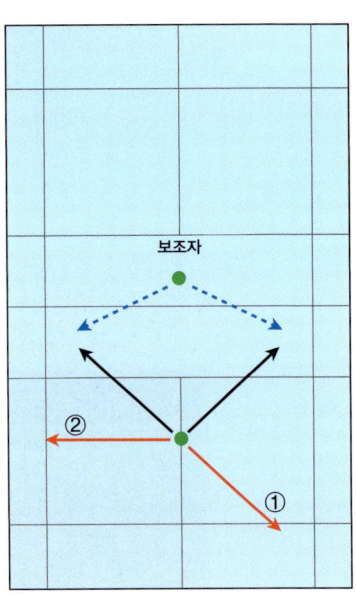

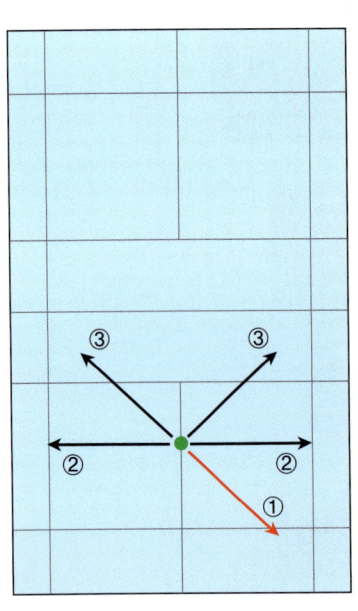

홈포지션에서 ①번으로 풋워크하면서 스윙한다.

정해져 있지 않은 코스의 사이드 셔틀콕을 커트한 후 네트 앞으로 전진하여 리턴한다.

12. 복식 경기 기술의 실전

1) 복식 경기의 기술

> 복식 경기는
> 랠리의 스피드가 빠르고 공격적이므로
> 적극적인 게임 운영이 중요하다.

드라이브 공격 자세

스매시 리시브 자세

Part 4 게임의 기본 전술

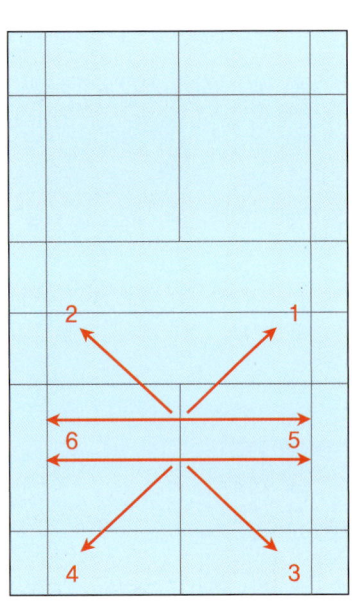

2) 복식 경기의 기술

복식 경기 기술 1)을 숙달한 후
그림과 같이 연결해서 공격연습을 해 본다.

※ 초등학생과 중학교 저학년을 위한 풋워크의 움직임

① 1번 풋워크 (포핸드 푸시)

준비 ➡ 오른발 한걸음 앞으로 나오면서 방향설정 ➡ 왼발 앞으로 ➡ 오른발 앞으로 짚으며 포핸드 푸시

② 2번 풋워크 (백핸드 푸시)

준비 ➡ 왼발 네트 앞으로 방향설정 ➡ 오른발 앞으로 짚으며 백핸드 푸시

③ 3번 풋워크 (초등 저학년 클리어)

준비 ➡ 오른발을 대각선 방향으로 한발 짚으며 몸도 발끝 방향으로 돌림 ➡ 왼발을 오른발 앞으로 ➡ 오른발 한발 뒤로 짚으며 점프

④ 4번 풋워크 (클리어)

준비 ➡ 왼발을 대각방향으로 한발 뒤로 ➡ 왼발을 뒤로 살짝 점프하면서 몸의 방향전환 ➡ 오른발 뒤로 짚고 ➡ 점프

⑤ 5번 풋워크 (포핸드 드라이브)

준비 ➡ 오른발을 옆으로 내딛고 ➡ 왼발을 내딛으면서 ➡ 상체를 오른쪽으로 틀면서 드라이브

⑥ 6번 풋워크 (백핸드 드라이브)

준비 ➡ 방향 틀면서 왼발을 옆으로 내딛고 ➡ 오른발을 왼발 앞으로 나가면서 ➡ 백 드라이브

Part 4 게임의 기본 전술

A. 네트 앞에서(전위)

① 후위의 파트너가 스매시를 했을 때 전위에 있는 사람은 1-6번, 2-5번처럼 대각선을 잡을 준비자세가 필요하다.
② 즉, 1번 푸시 - 6번 사이드 원점프 스매시를 전위에서 후위와 같이 공격을 해 마무리한다(2번 푸시 -5번 사이드 원점프 스매시 동일).

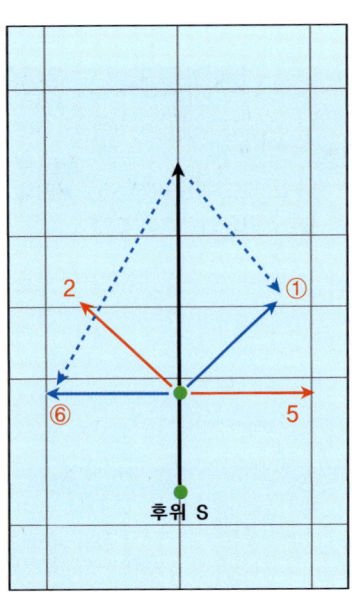

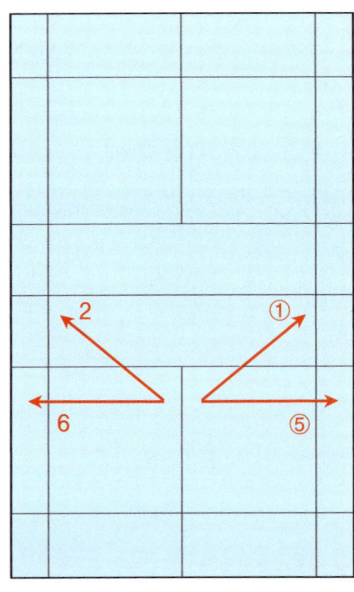

① 전위에 있을 때 헤어핀하고 난 후 키를 넘어오는 셔틀을 치기 위한 연습이다. 복식 경기는 네트 앞 전위에서 셔틀콕 처리를 잘해주어야 한다. 그러기 위해서는 스윙동작이 작고 빨라야 하며, 이러한 부분적인 동작을 반복 숙달해야 한다.
② 1번 헤어핀 - 5번 사이드 원점프 스매시한다(2번 - 6번 동일).

전위의 공격 연습

① 앞에서 부분연습을 한 후 약속 없이 15회×3회를 자유자재로 움직일 수 있도록 실전 연습이 필요하다.
② 상대방의 예측을 흐리게 하기 위해서는 기본위치에서 필요이상으로 계속 움직이고 있어야 한다.
1번 푸시-6번 백스매시-2번 푸시-5번 원스텝 점프 스매시

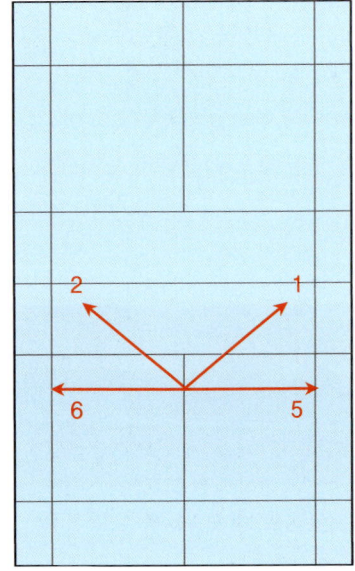

B. 후위 공격 연습

① 스매시하고 난 후 전위에서 잡아주지 못해 빠진 셔틀을 대각선으로 달려가서 드라이브하는 방법 3번 스매시-6번 백드라이브 (4번-5번 동일)
② 여기에서 백 드라이브를 많이 연습할 필요성이 있다. 짧은 시간에 이루어지는 것이 아니기 때문에 충분히 연습하는 것이 좋겠다.

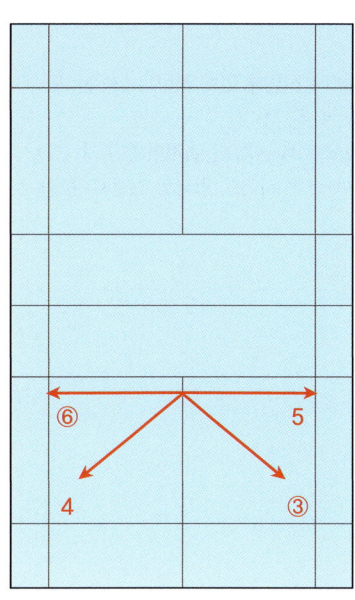

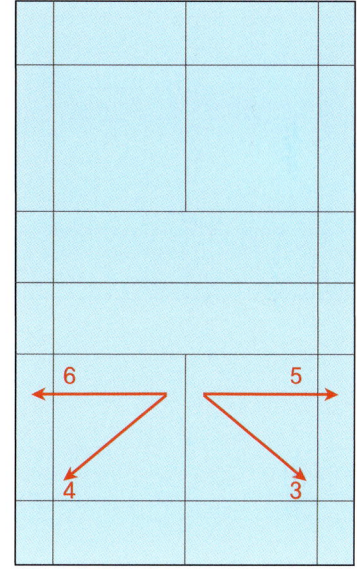

① 스매시하고 난 후 직선으로 들어가면서 드라이브한다. 3번 스매시-5번 드라이브 (4번-6번 동일)
② 여기에서 드라이브는 네트에 최대한 붙어갈 수 있도록 하고 푸시로 연결될 수 있게 한다.

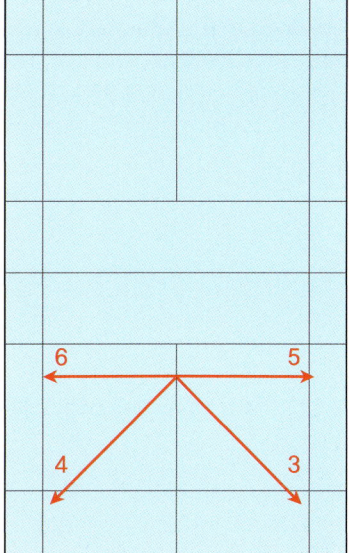

① 전위에서 네트플레이 하고 후위로 올라온 셔틀을 정해진 순서 없이 상대방의 움직임, 콕의 높이, 콕의 스피드 등에 따라 플레이 하면 된다.
② 후위에서 친 셔틀을 전위에서 결정타를 낼 수 있도록 공격의 코스, 수비의 준비자세를 잘 파악하여 공격해 준다.

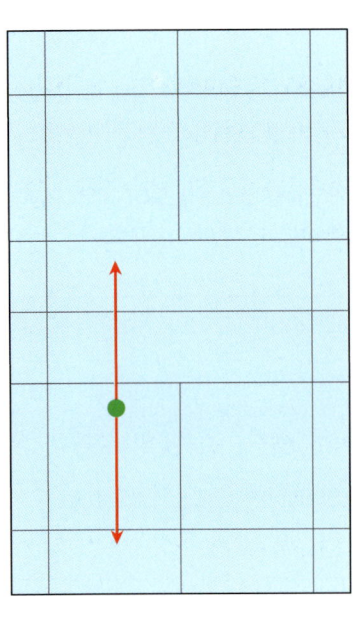

C. 수비형

① 나란히 드라이브하다 네트 앞에서 리턴하고 상대방이 스매시하면 수비연습을 한다.
② 앞, 뒤로 뛸 수 있는 풋워크와 스트록 능력을 길러야 한다.

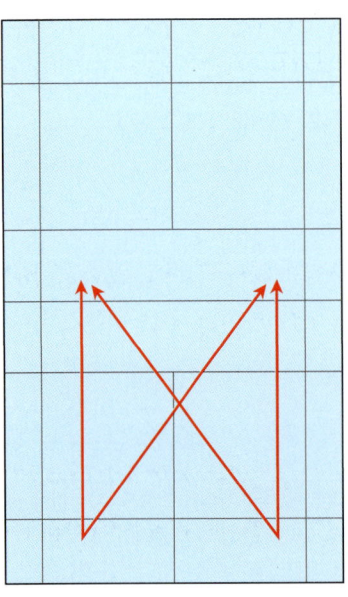

3) 복식 경기의 기술

① 드롭 샷으로 복식 로테이션 실전 연습을 하면서 원하는 코스로 셔틀을 보내는 연습도 같이 해준다.

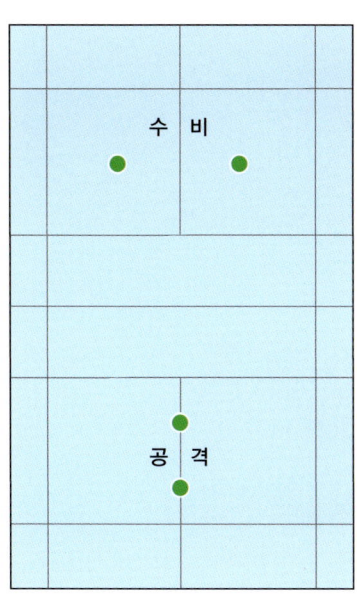

A. 복식 응용기술

① 공격 + 수비 연습을 동시에 시스템을 하면서 게임연습을 한다.
② 10분 정도 한 후 공격과 수비를 바꿔서 한다.

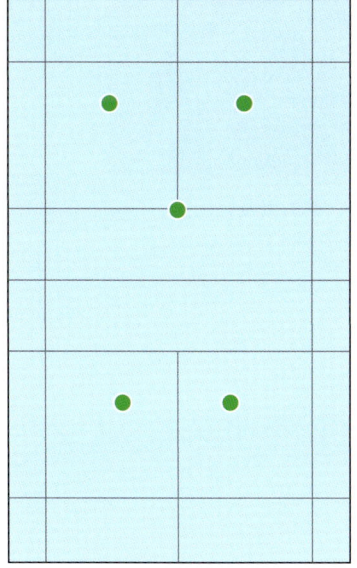

B. 3 : 2 시스템

① 3 : 2로 시스템을 하면서 네트플레이 위주의 스트록을 유도한다.
② 3명 중 앞 사람의 빈 곳을 빨리 파악하여 네트로 셔틀을 붙여 셔틀이 올라오게 하여 공격을 유도하는 연습이다.

Part 4 게임의 기본 전술

13. 혼합복식 경기 실전

보통 복식 경기의 경우
각 선수가 50:50 비율로 경기를 하지만
혼합복식에서는 70:30으로
남자가 70, 여자가 30 정도로 경기가 진행된다.

복식 공격

복식 수비

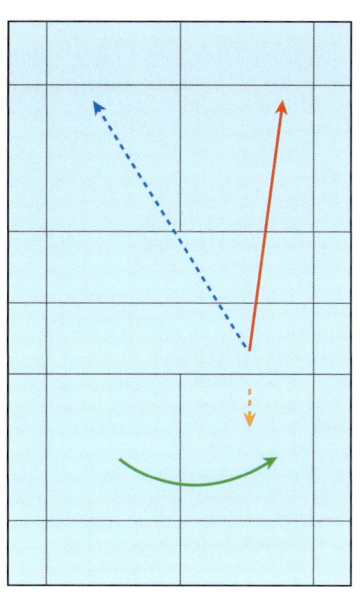

1) 셔틀콕이 상대코트로 높이 떴을 때

① 여자가 직선으로 언더클리어를 했을 때 올린 후 대각으로 빠진다. 그리고 상대 선수의 대각선 스매시와 드롭 샷을 받을 준비를 한다.
② 여자가 대각으로 언더클리어를 했을 때 셔틀콕을 올린 후 직선으로 물러나 시선과 몸을 셔틀 쪽으로 향하게 한다. 대각선 스매시가 왔을 경우 직선 커트나 드라이브, 그리고 대각 커트를 시도하면서 앞으로 들어가 주면서 톱앤백 대형을 이루게 한다.

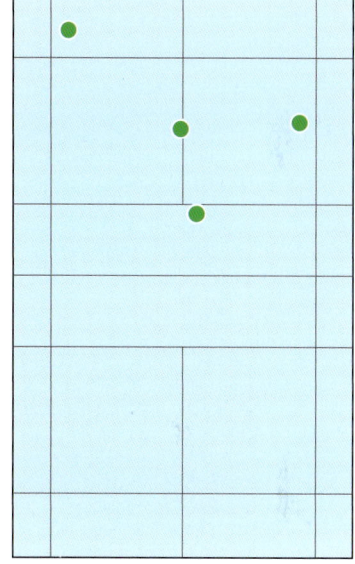

2) 셔틀콕이 우리 코트로 높이 떴을 때

이때 여자는 셔틀이 뜬 쪽으로 약간 치우쳐 상대의 방어를 잡아 챌 준비를 한다. (네트에서 한발 반 정도 뒤쪽 위치)
이때 남자는 완전한 찬스가 아니면 대각선 스매시나 드롭 샷을 삼간다.

가장 좋은 공격 코스
직선 스매시와 상대의 여자와 남자선수의 중앙으로 스매시, 드롭 샷 그리고 아주 빠른 대각선 공격형 클리어 등이다.

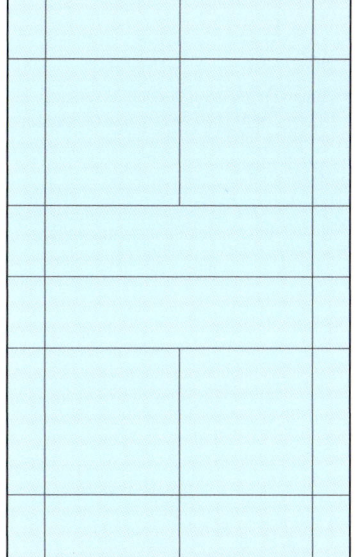

3) 드라이브와 쇼트 드라이브

여자가 앞, 남자는 뒤에 서서 네트를 향해 셔틀을 정확하게 타구해야 하며 셔틀 스피드와 강·약을 잘 조절하여 상대의 빈 곳을 보고 빠르게 타구해야 한다.
이때 여자는 파트너가 직선으로 셔틀을 칠 때 상대의 대각선 셔틀콕을 잡아줘야 하고 파트너가 대각으로 셔틀을 칠 때 상대의 직선 셔틀을 잡아줄 수 있어야 한다.

PART 5

스트록의 원리와 트레이닝

Part 5 스트로크의 원리와 트레이닝

1. 스트로크의 특성

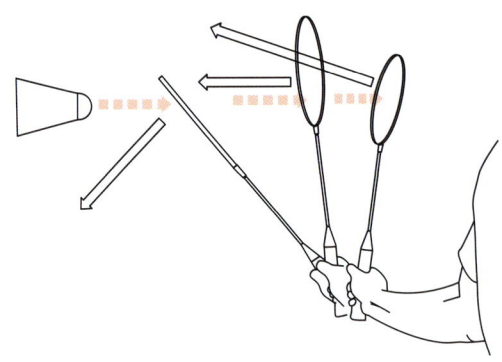

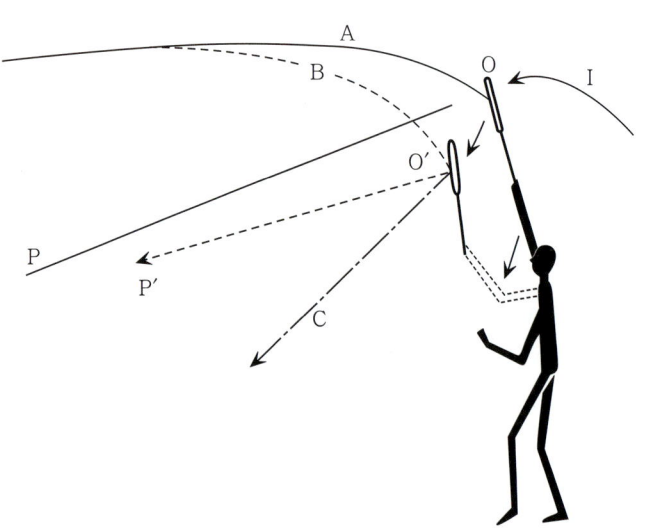

라켓면과 셔틀의 코르크는 어느 구종(스매시, 클리어, 헤어핀, 드롭 샷 등)이든 90° 각도로 임팩트 되어야 한다.

1) 서브 임팩트

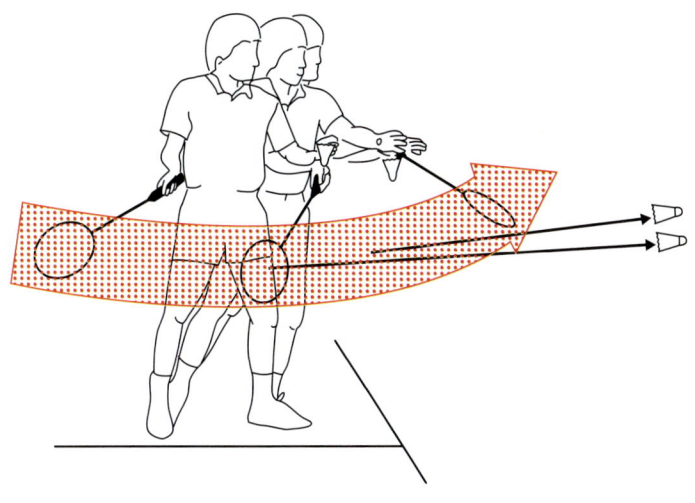

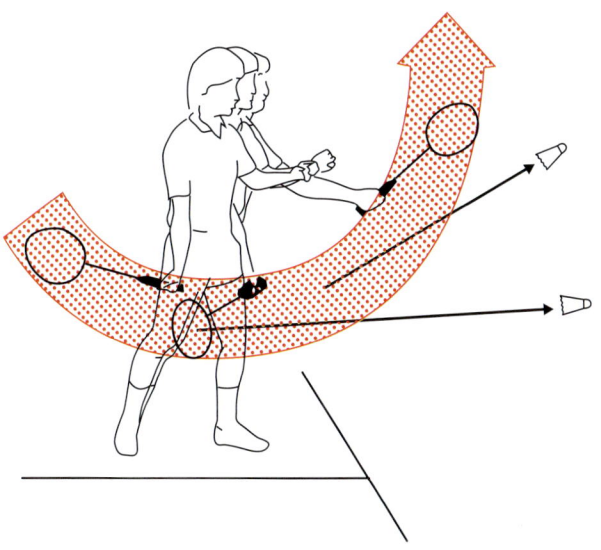

쇼트 서브, 드라이브 서브, 드리븐 서브, 롱 서브 등 라켓과 셔틀콕의 닿는 위치에 따라 다양한 서비스가 구사된다.

2) 스트록의 임팩트

셔틀콕이 라켓면에 닿는 순간을 임팩트라 한다. 임팩트의 위치를 바꾸는 것으로 다양한 플라이트가 만들어진다.

예를 들어 라켓을 위로 향해 치면 클리어

라켓을 수직으로 치면 드라이브

라켓을 밑으로 내려치면 푸시가 된다.

결국 클리어, 스매시, 드라이브, 푸시 등 자기가 타구하고자 하는 플라이트를 순간적으로 선택하여 라켓면의 위치를 재빨리 선정하여 타구할 때 정확한 스트록이 될 수 있다.

3) 임팩트의 위치 변화

셔틀콕을 치는 각도에 따라 여러 형태의 플라이트가 형성된다.

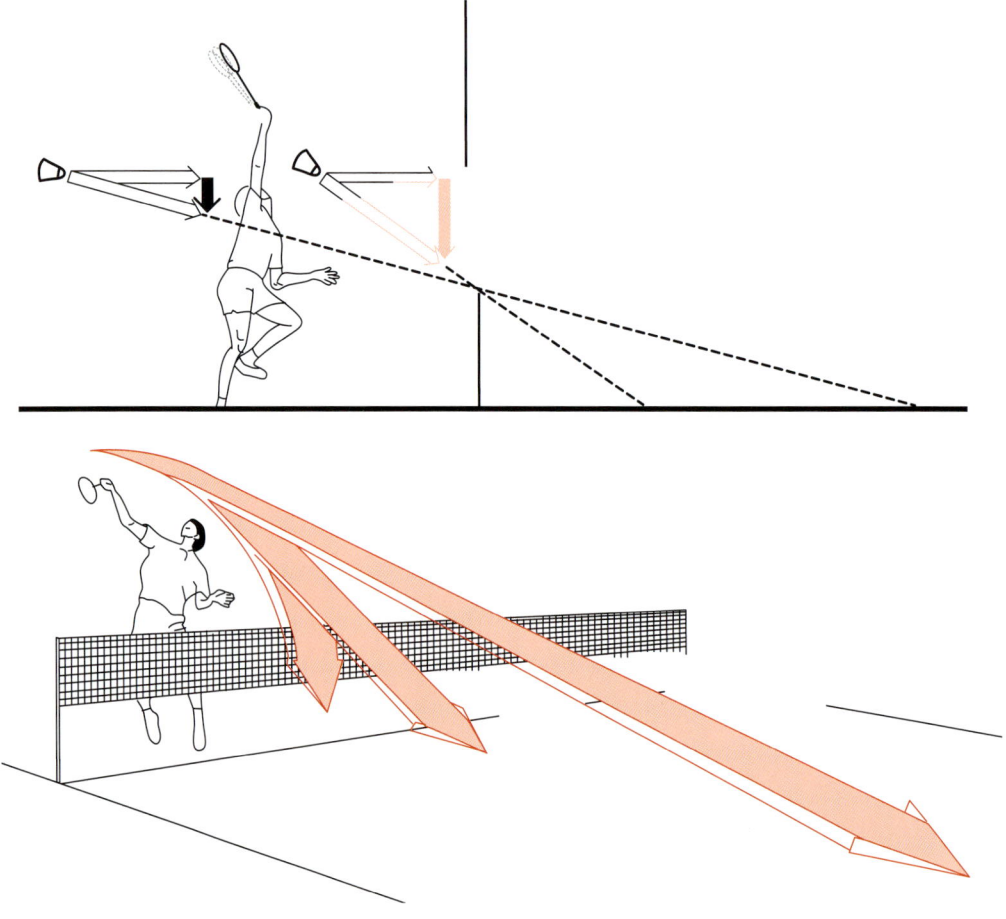

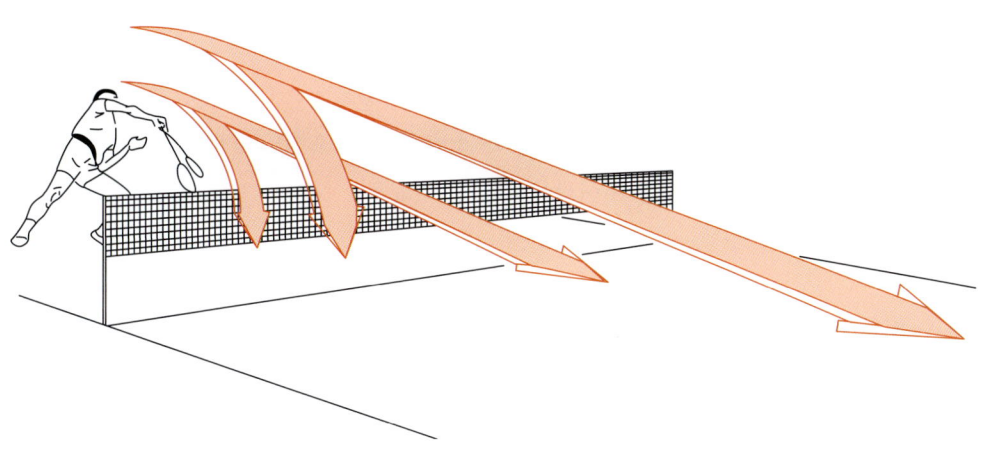

4) 포핸드와 백핸드 스트록의 타구법

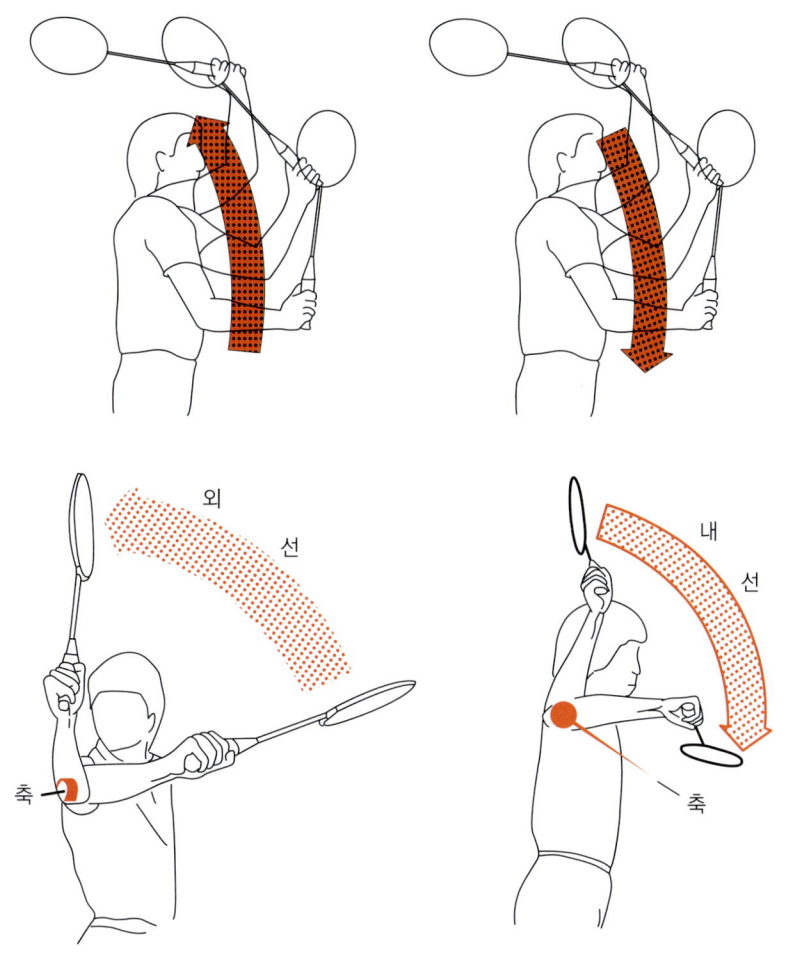

포핸드 오버 헤드 스트록과 백핸드 오버 헤드 스트록은 팔굽을 굽혔다 펴는 동작으로 라켓을 공중으로 향해 던지듯 타구하는 것이 효과적이다.

허리를 축으로 하여 어깨관절, 팔꿈치관절, 손목 스냅 순서로 포핸드와 백핸드 스트록을 할 때 몸에 무리가 없이 리드미컬한 동작이 이루어진다.

5) 라깅백이란?

준비자세에서 라켓스윙을 시작하면 손은 치려는 방향으로 움직이지만 라켓의 끝은 역방향(반대방향)으로 움직인다.

이러한 현상을 라깅백이라고 한다. 이 라깅백은 자연스럽게 나타나는 것으로 라켓 스윙의 각도를 붙여주는 역할을 하게 된다.

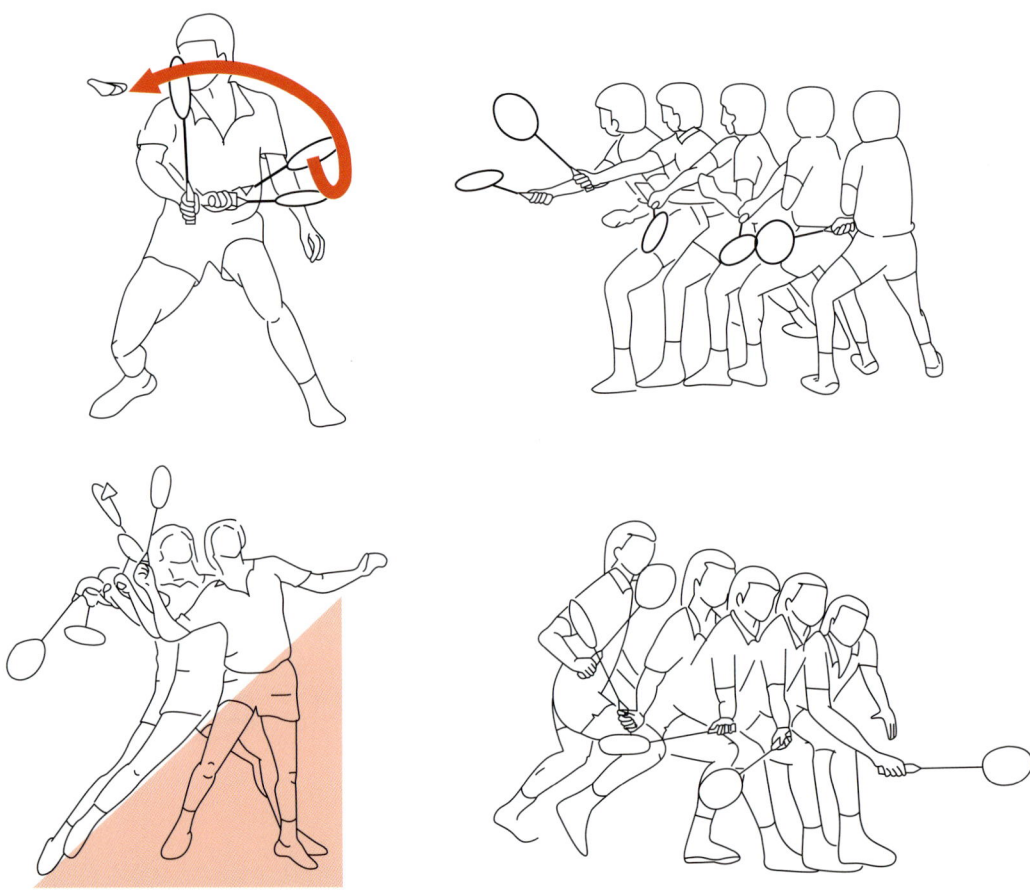

라켓으로 셔틀콕을 스트록 할 때 라켓그립을 쥐고있는 손이 셔틀콕이 날아오는 위치로 먼저 이동하며 라켓 헤드는 반원의 호를 그리며 뒤따라가게 된다. 이때 라켓을 이끄는 힘은 어깨, 팔꿈치, 손목 관절의 결합 작용으로 이루어진다.

6) 중심선에서 셔틀콕을 칠 수 있는 범위

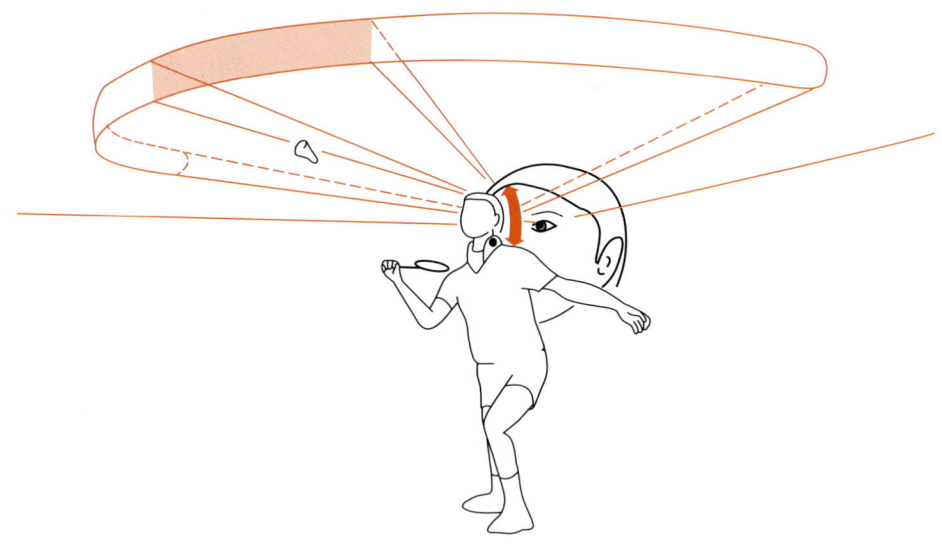

배드민턴 선수가 셔틀콕의 위치를 3차원적으로 볼 수 있는 범위는 좌우가 약 12~14도이고 상하가 약 4도이다. 따라서 머리의 움직임이 원활하고 다리의 움직임이 뒷받쳐 줄 때 셔틀콕을 정확히 타구할 수 있다. 끝까지 셔틀콕의 움직임을 시선으로 확인하여 셔틀콕을 처리하는 것이 매우 중요하다.

7) 준비자세

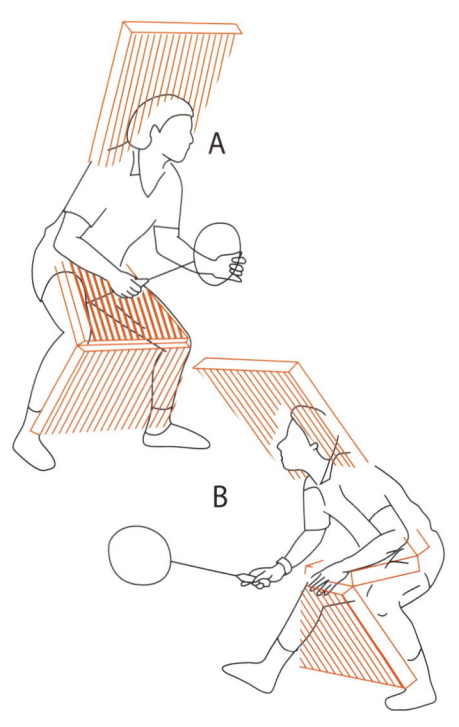

싱글 서비스 리시브 준비자세

배드민턴 게임 시작 전 리시버의 준비자세는
  ① 위로 점프하여 착지할 때의 자세
  ② 큰 항아리를 두 팔로 안고 있는 자세
  ③ 말을 타고 달리는 기마자세 등 다양한 모델이 있다.

그러나 배드민턴 게임 시 준비자세는 서브의 리시버 자세, 하이클리어, 스매시, 드롭 샷의 리시브 자세, 헤어핀 등 셔틀콕의 위치 변화에 따라 변형된 다양한 방법으로 준비자세를 갖추어야 한다.

기마자세 참고

8) 스냅(손목)의 힘

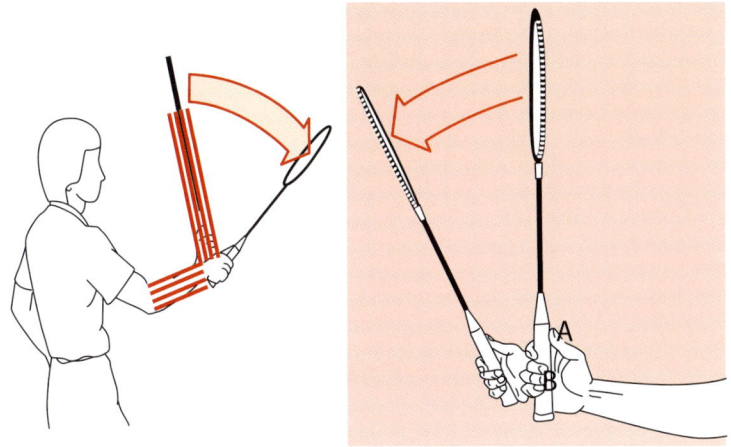

어느 종류의 플라이트(클리어, 스매시, 드라이브, 푸시)를 스트록할 때는 우리 몸 전체의 모든 관절을 사용하여 스윙을 하는 것이 효과적이지만 마지막 임팩트 순간에 손목의 강한 힘이 더해지면 스피드가 배가된다.

① 손목의 각도

손목의 각도가 클수록 셔틀콕을 칠 때 라켓 속도가 빠르게 회전되어 강한 타구가 되나 동시에 팔에 부담도 크게 된다. 스냅 연습을 충분히 하여 무리 없는 손목 활동이 필요하다.

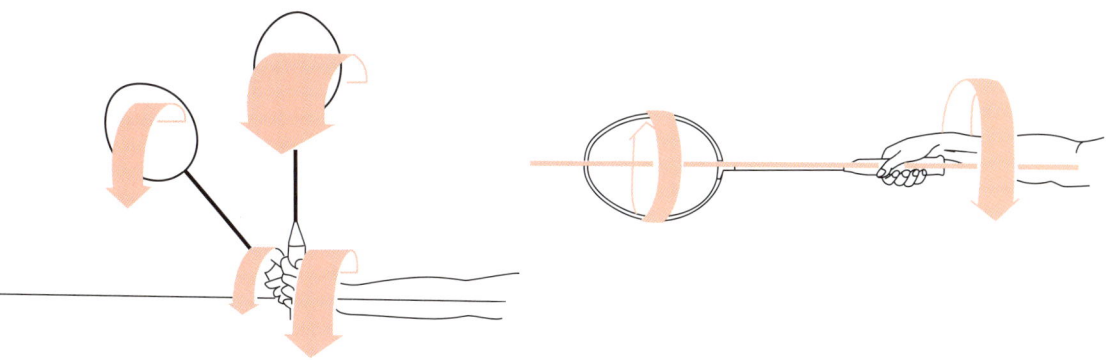

선수가 라켓을 쥐고 손목을 몸쪽(안쪽)으로 꺾었을 때와 밖으로 꺾었을 때의 손목 각도를 측정하여 유연성의 정도를 스스로 파악하여 훈련에 적용해야 한다.

② 스냅의 컨트롤(조절)

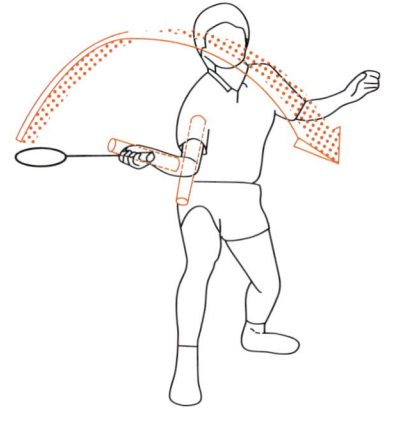 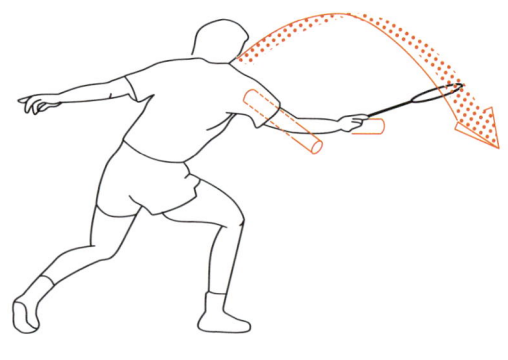

스매시 리시브 언더 스트록

백핸드나 포핸드로 언더 스트록을 할 때는 스냅의 힘만으로 셔틀콕을 컨트롤할 수 있도록 스피드와 정확도를 겸한 연습이 필요하다.

③ 타구의 강도

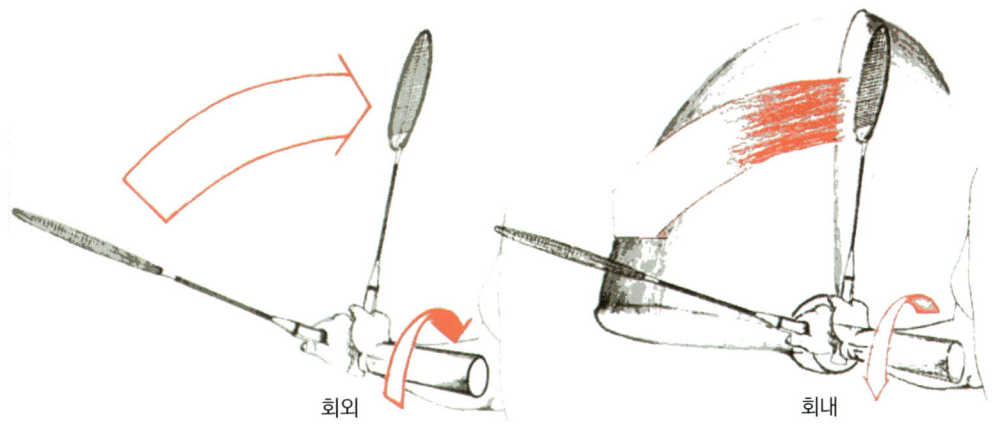

회외 　　　　　　　　　　　　　회내

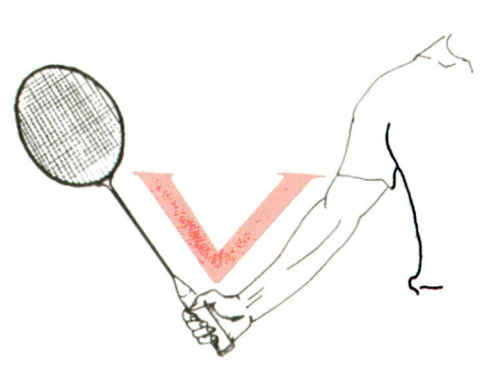

강한 라운드 더 헤드 스매시

　오버 헤드 스토록을 할 때는 라켓을 안쪽으로 회전시켜 치는 포핸드가 밖으로 회전시켜 치는 백핸드보다 강하고 정확하나 백핸드 역시 포핸드의 위력으로 강하게 타구할 수 있는 연습이 필요하다.

　포핸드의 강한 손목 스냅은 주로 스매시나 연속 하이클리어를 스트록할 때 유용하며 백핸드의 강한 손목 스냅은 상대의 강한 스매시를 언더클리어로 길게 리시브할 때 매우 유용하다.

1. 스트록의 특성

2. 서브 테스트

서브코트의 코너에 그림처럼 표적을 만들어 서비스 컨트롤을 테스트한다. 그림은 더블용이지만 사이드 라인 부근 표적을 싱글 코트로 맞추면, 싱글에서의 쇼트 서비스와 롱 서비스를 테스트할 수 있다. 10회 서비스를 실시하여 40점 정도면 평균이다.

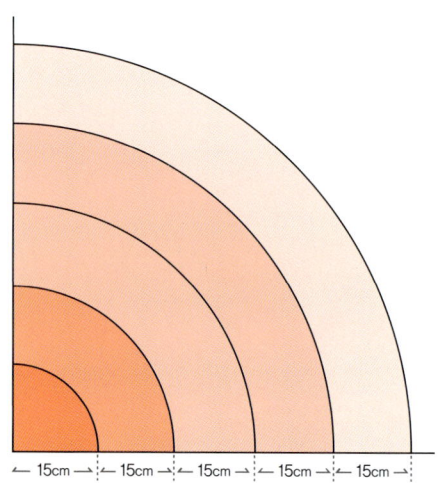

롱 서비스 테스트구간은 20cm로 한다.

배드민턴 경기에서 득점을 하는 데 서브의 비중은 매우 높다.
따라서 개인별 서브 테스트를 통해 능력을 파악하여, 기량을 향상시키도록 한다.

3. 스트록의 원리와 지도방법

> **1) 배드민턴 라켓 스윙 시**
> 사용 가능한 관절을 모두 사용하라.
> ↓
> 힘의 강도(추진력)는 모든 관절을 사용할 때 극대화.
> (속도, 순발력, 가속도의 생성)

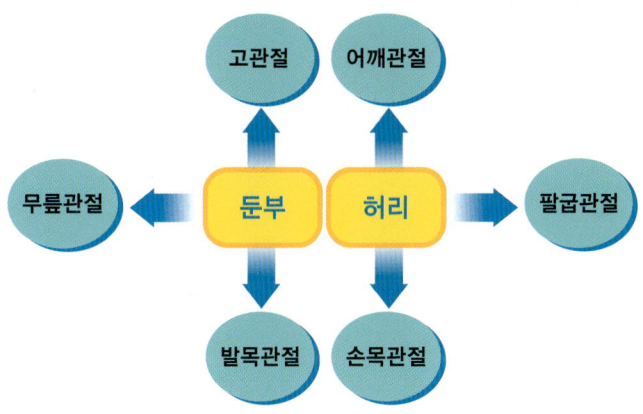

배드민턴 라켓을 스윙할 때 스트록의 효과를 높이기 위해서는 사용 가능한 관절을 모두 사용하여야 한다. 따라서 관절로부터 생성되는 힘을 극대화하기 위해서는 각 관절로부터 나오는 힘이 잘 조합되어 라켓에 전달되어야 한다.

예) 스매시의 결점 분석 및 보완

곽 코치는 선수에게 스매시 연습을 시키고 있었다. 그런데 선수 중 한 사람은 셔틀콕을 계속 네트에 처박고 있으며 또 셔틀콕의 스피드도 전혀 없었다. 곽 코치는 선수가 스매시할 때 손목 관절만 사용하고 있다는 점을 발견했다.

곽 코치는 그 선수를 코트 밖으로 불러내어 그에게 스파이크 할 때 손목의 동작은 훌륭하지만 스매시할 때 어깨, 허리 관절을 사용하지 않고 있다는 점을 설명하였다. 코치는 선수에게 손목, 팔꿈치, 어깨, 허리 관절을 사용하여 스매시하는 동작을 시범을 통해 보여 주었다.

〈관절부위의 근육을 강화시킬 때 파워가 만들어진다〉

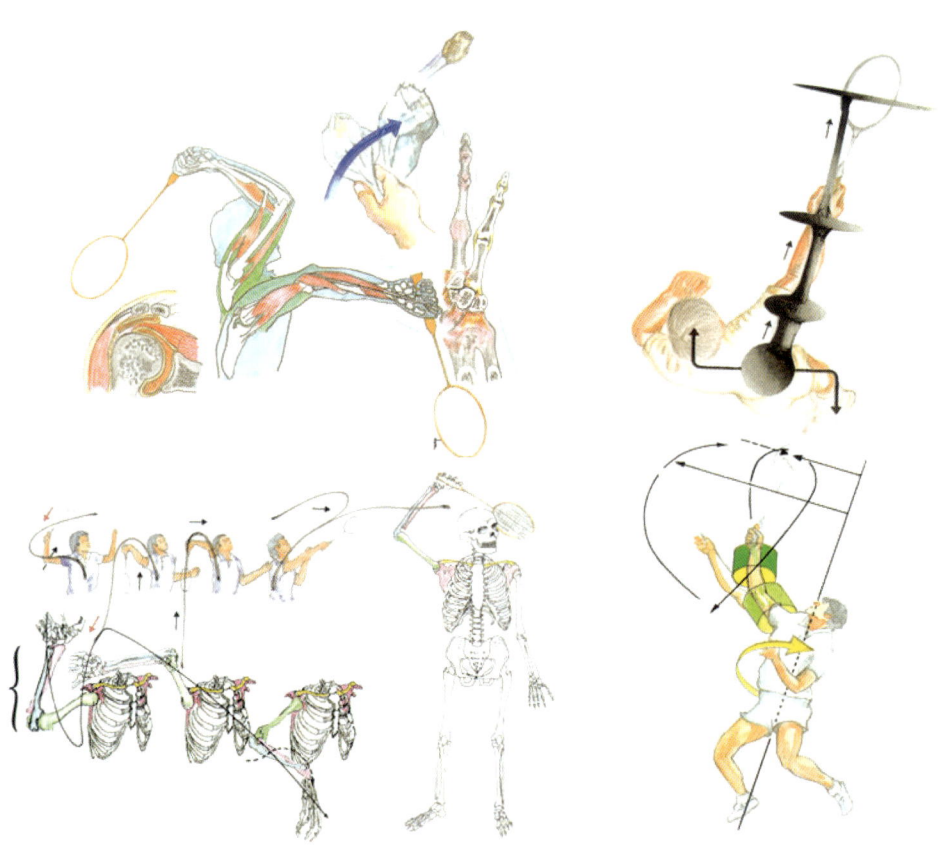

> **2) 배드민턴 라켓 스윙 시**
> 모든 관절은 순서에 따라 연속적으로 사용하라.
>
> ┌ 대근육에 부착된 관절에서 소근육에 부착된 관절로
> └ 신체의 중심부에 부착된 관절에서 말단부에 위치한 관절로
> ↓
> 신속하고 연속적으로 작동
>
> 주의 : 임팩트 순간에 손목 관절을 사용하라.
> 　　　백 스윙에서 임팩트 순간까지는 손목 관절의
> 　　　범위를 넓혀 주어야 한다.
>
> ※ 관절의 범위를 넓혀 준다.

허리, 어깨, 팔꿈치, 손목 등의 관절을 사용하여 하이클리어 스트록을 수행할 때 사용되는 관절의 가동순서와 타이밍은 매우 중요하다.

대근육이 부착되어 있거나 신체의 중심부에 있는 관절은 소근육이 부착되어 있거나 말단부에 위치한 관절보다 먼저 가동되어야 한다.

또한 이러한 가동은 신속하고 연속적일 때 큰 효과를 기대할 수 있다.

즉, 하이클리어 스트록을 할 때 허리, 어깨, 팔꿈치, 손목의 순서에 따라 동작이 수행되어야 한다. 다시 말해 대근육군으로부터 시작하여 점차 소근육군으로 전환되어야 하며 그 동작의 흐름이 막힘없이 진행되어야 한다.

예) 연습 중 한 선수가 하이클리어를 연습하고 있을 때, 엉덩이를 뒤로 빼고 하이클리어 스트록을 하고 있기 때문에 셔틀콕이 높게, 멀리 비행하지 못하는 현상이 일어나고 있다. 이때 코치는 선수에게 엉덩이를 뒤로 빼지 말고 허리 관절을 먼저 사용하여 스트록할 수 있도록 지도한다면 그 선수의 결점은 바로 보완될 것이다.

Part 5 스트록의 원리와 트레이닝

> **3) 배드민턴 라켓 스윙 시**
> 곧게 뻗고 강한 힘을 사용하라(신전강도)
> 근력과 유연성을 이용(힘의 조절)
> 힘의 발휘보다 힘을 빼는 동작이 중요
>
> 결함분석 ┬ 유연성의 부족 : 백 스윙과 팔로우 스루 스윙 시 힘 조절 미숙
> ├ 곧게 펴는 스윙 동작 : 너무 늦거나 너무 빠름(타이밍의 미숙)
> └ 불충분한 근력 적용 : 왼쪽 어깨와 오른쪽 어깨의 힘의 균형 상실
>
> ※ 그립의 조절 : 유연성을 잃지 않음으로써 그립을 확실히 조절

배드민턴의 스매시 스윙을 할 때 라켓은 등을 긁는 자세처럼 등 뒤로 가야 하지만 셔틀콕을 타격 할 때는 팔은 완전히 펴야 한다. 팔꿈치를 펴는 근육과 팔을 앞으로 당기는 근육은 최대로 수축해야 한다.

팔은 곧게 뻗고 강한 힘을 주기 위해서는 힘과 시간의 조합으로 근력과 유연성의 협응작용에 의해서 성립될 수 있다.

유연성을 최대로 이용하기 위해서는 준비 동작 시 웅크린 자세에서 시작하여 칠 때는 신전된 자세를 취해야 하며 근력을 최대로 이용하기 위해서는 시간의 간격이나 정지됨이 없이 모든 관절을 정확한 순서에 따라 사용해야 한다.

즉, 선수가 1분 동안에 스매시 스윙 동작을 몇 회 할 수 있느냐를 고려하여 측정하는 것을 스트록의 비율(strokerate)이라고 하는데 스매시에서는 스트록 비율의 횟수가 많을수록 강도 높은 스매시를 구사할 수 있게 된다. 다시 말하면 라켓 스윙의 속도가 빠른 선수가 강한 타격을 가할 수 있다.

> **4) 배드민턴 라켓 스윙 시**
> ↓
> 힘이 작용하는 방향을 점검하라.
>
> 라켓의 스윙 방향은 목표점을 향할 것.
> * 스트록의 속도와 정확성은 몸통을 hitting 방향으로 이동시킬 때 속도와 정확성이 확립된다.
>
> 즉, 흉부를 중심으로 허리-어깨-팔의 방향이 결정되어야 한다.

배드민턴 경기는 강한 파워와 코스의 정확성에 따라 승리 포인트를 얻게 되므로 라켓 스윙 시 자기가 보내고자 하는 지점을 설정하여 그 방향을 정확한 동작으로 스윙을 시도하여야 한다.

라켓 면과 셔틀콕이 접하는 임팩트 순간 몸통의 방향과 라켓 헤드는 자기가 보내고자 하는 목표 지점을 향해 있어야 한다. 즉, 흉부를 중심으로 허리, 어깨, 팔의 방향이 결정되어야 한다.

5) 길고 빨리 움직이는 원리를 사용하라!

- 길이의 점검-가속도 이용
  - 최대 속도를 얻기 위해서는 라켓 그립을 최대로 길게 잡는다.
  - 섬세하고 정확성을 요구할 때는 라켓 그립을 짧게 잡는다.
  - 힘이 약한 선수는 강한 선수보다 라켓 길이를 짧게 잡는 것이 편리하다.

- Grip의 조절
  - 셔틀콕과 접촉 시 그립은 단단히 잡는다.
  - 스윙 동작이 시작되었을 때는 라켓을 회전시키거나 흔들어서는 안 된다.

일반적으로 물체의 길이가 길면 길수록 물체의 끝 부분의 속도는 빨라진다. 예를 들어 골프 드라이버의 샤프트가 제9번 아이언보다 긴 것은 위와 같은 이유에서이다. 골프를 치는 사람이 동일한 스윙을 한다면 드라이버의 헤드는 9번 아이언의 속도보다 더 빠른 속도로 스윙하게 된다. 이렇게 증가된 클럽 헤드가 공을 더 멀리 날아가게 한다.

물체의 길이가 길면 일반적으로 무게가 더 무거워지며 조절하는 데도 힘이 더 많이 든다는 것을 기억해야 한다. 이때에는 정확하게 균형을 맞춰 치는 것이 매우 중요하다. 이것은 결국 최대 속도를 얻기 위해서는 길이가 긴 드라이버 클럽을 선택하게 되고 정확성을 위해서는 짧은 아이언 클럽을 사용해야 한다는 의미이다.

또한 힘이 약한 선수는 힘이 강한 선수보다도 라켓 길이를 짧게 잡아야 한다.

배드민턴에 있어서도 최대 속도를 얻기 위해서는 라켓 길이를 길게 잡아야 하며 정확한 조절을 위해서는 짧게 잡아야 한다.

4. 기술 트레이닝 방법

1. 점진적 분습법

1 ↔ 클리어	1 ↔ 헤어핀
2 ↔ 헤어핀	2 ↔ 드롭 샷
1. 2 ↔ 클리어. 헤어핀	3 ↔ 스매시
	1. 2. 3 ↔ 헤어핀. 클리어. 드롭 샷

2. 전체. 부분. 전체학습법

전습법

1. 2. 3	→	클리어. 헤어핀. 드롭 샷
1	→	클리어
1. 2. 3	→	클리어. 헤어핀. 드롭 샷
2	→	헤어핀
1. 2. 3	→	클리어. 헤어핀. 드롭 샷
3	→	드롭 샷
1. 2. 3	→	클리어. 헤어핀. 드롭 샷

배드민턴 기술 : 클리어 - 헤어핀 - 드롭 샷 - 드라이브 - 스매시 - 푸시

대부분 많은 운동종목에서 기술훈련을 할 때는 운동 과제를 처음부터 전체를 일괄해서 반복연습하는 전습법과 운동 자체를 몇 개의 부분으로 나누어 각각을 반복연습한 후 마지막에 일괄해서 연습하는 분습법을 이용하고 있다. 배드민턴은 기술구성상 처음부터 게임으로 훈련을 시작하는 것보다는 부분적이고 단계적으로 기능을 높인 후에 전체적인 응용기술훈련이나 종합적 기술을 발휘할 수 있는 게임훈련을 하는 것이 효과적이다. 그 구체적인 연습방법의 예를 들면

첫 번째, 점진적 분습법으로
① 클리어 연습
② 헤어핀 연습
③ 헤어핀과 클리어를 연결하여 연습하는 방법이다.

두 번째,
① 헤어핀 연습
② 드롭 샷 연습
③ 스매시 연습
④ 드롭 샷+헤어핀+스매시를 연결하여 연습하는 방법

세 번째, 전체, 부분, 전체학습법으로 전습법을 이용한 훈련방법이다.
① 클리어, 헤어핀, 드롭 샷을 연결하여 연습하고 이 세 가지 기술 중 제일 부족한 클리어만 별도로 숙달시키는 방법이다.

Part 5 스트록의 원리와 트레이닝

5. 체력 요인

1) 배드민턴의 체력요인

운동의 영구적 효과를 가져오게 하는 수단

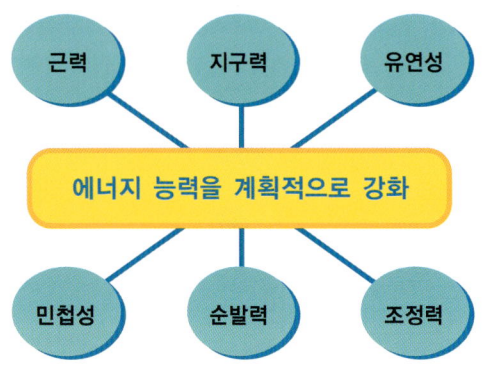

배드민턴 선수로서 체력의 요소인 근력, 지구력, 유연성, 민첩성, 순발력, 조정력을 계획적으로 강화시키는 훈련을 통하여 배드민턴 능력을 향상시켜야 한다.

2) 배드민턴 기술과 조정력

A. 조정력 구성 요인

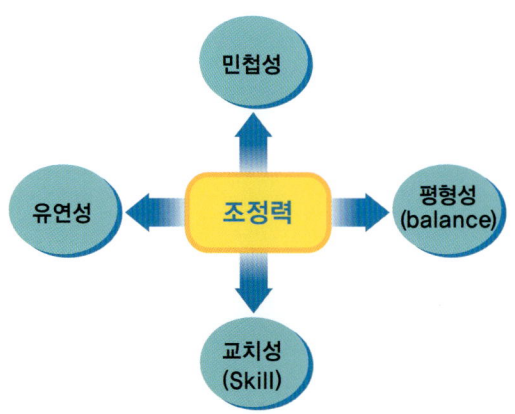

※ 조정력은 운동성취, 운동기술, 운동지각 연관관계

조정력이란?
계속 변화하는 운동과제에 신속하고 정확하게 대응하는 운동수행능력이다.
따라서, 배드민턴에서 긴요하게 요구되는 체력요인이다.

- 민첩성 : 신체를 재빨리 움직이거나 방향을 바꾸는 능력
  - 반응 동작 ➡ 빛과 소리
  - 반복 동작 ➡ 달리기 등의 연속동작

- 평형성 : 신체가 공간에서 정적 자세 및 동적 자세의 유지에서 정위지각과 실현능력을 뜻함.
  - 눈감고 외발서기, 코잡고 맴맴돌기

- 교치성 : 최소시간과 에너지로 얼마나 정확한 동작을 수행할 수 있는지의 능력
  - 신경과 근육의 협응
    - 코트를 좁혀 경기 연습
    - 라켓 커버 끼우고 스윙 연습

- 유연성 : 관절군의 움직임 범위, 스트레칭

3) 하체의 근력 강화

- 안정된 하체의 힘이 상체의 파워 생성
- 둔부 ➡ 대퇴 ➡ 비장근 ➡ 아킬레스건의 단련
- 배드민턴 경기는 60분 이상 지속됨

배드민턴 스트록 기술을 완벽하게 구사하기 위한 기초는 원활한 풋워크가 뒷받침되어야 한다.

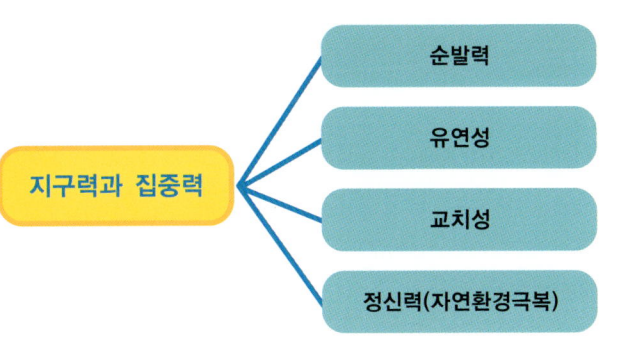

지구력과 집중력
- 순발력
- 유연성
- 교치성
- 정신력(자연환경극복)

4) 배드민턴 체력 요인

배드민턴 기술 발휘에 필요한 체력요소

체력요소	설명
민첩성	공격과 수비 시 방향 전환
유산소 지구력	경기 시간이 길기 때문
유연성	기술완성 및 부상 방지
평형성	신체의 중심 이동 시 균형 유지
순발력	공격적 기술 사용

배드민턴에 필요한 신체 구성요소

부위	설명
손목 관절	요골 수근관절 중심
팔꿈치 관절	아래 팔과 위 팔의 굴곡작용과 신장력의 작용
어깨와 몸통	상완 이두근, 상완 삼두근, 극하근, 승모근, 복근
무릎관절 및 발목관절	상체를 지지하고 통제하는 다리

파워 스트록을 위한 훈련

순서	운동종목	운동방법	운동빈도
1	고무밴드에 의한 손목, 팔꿈치, 어깨 운동	자전거 튜브를 사용하여 높이를 3단으로 조절하여 다양하게 실시	30회×3세트
2	누워 상·하체 끌어 붙이기	등을 대고 누워 상체와 하체를 X자 모양으로 붙인다. 무릎과 팔을 완전하게 펴고 손바닥과 발이 맞닿을 때까지 반복한다.	10회×3세트
3	엎드려 배 띄우기	팔과 다리를 펴고 엎드린다. 손바닥과 발목지지로 팔꿈치, 어깨, 가슴, 배, 무릎을 위로 띄운다.	10회×3세트
4	두 팔 기어가기	두 팔만의 힘으로 마루 위를 기어간다. 하반신은 힘을 빼고 부드럽게 하여 어깨의 힘만으로 끌어가도록 한다.	30회×3세트
5	추 감아 올리기	추의 무게와 줄의 길이는 체력조건에 맞게 제작한다.	10회×3세트
6	셔틀콕 멀리 강하게 던지기	핸드볼의 슛과 동일하게 던진다. 손목을 이용해서 던진다. 배드민턴 코트를 이용하거나 벽을 이용한다.	5회×3세트
7	삼단 점프	무릎이 가슴에 닿도록 한다. 다리 벌려 손 잡기, 무릎 뒤로 굽혀 뛰기	5회×3세트
8	오리걸음과 토끼 뜀뛰기	오리걸음 5M, 토끼 뜀뛰기 5M를 반복하여 실시한다.	50M×3세트

파워 스윙을 위한 훈련

순서	운동종목	운동방법	운동효과
1	테니스 라켓 스윙 (배드민턴 라켓 커버 끼우고 스윙)	그립은 배드민턴 그립 정도로 제작하여 사용. 배드민턴 기본 스윙을 순서에 따라 실시. 풋워크와 스윙 병행 실시	중량 조절 능력
2	커튼 치기	커튼 뿐만 아니라 커튼면에 임팩트 포인트를 상정하여 연습.	셔틀콕이 라켓에 맞는 감각을 익힌다.
3	벽 치기	벽의 아래 위의 높이를 조절하여 친다. 강약을 조절하여 능력에 맞도록 반복한다.	강·약조절 능력과 파워가 생성된다.
4	봉을 이용하여 셔틀콕 치기	라켓 길이의 봉을 이용하여 셔틀 치기. 봉의 끝부분은 넓적하게 제작한다.	라켓의 중심부에 정확히 맞추는 감각을 익힌다.

※ 위 트레이닝은 연습진행 과정의 별도의 훈련계획으로 실시하여야 한다.

6. 경기력 향상 요인

1) 경기력 향상을 위한 필수 조건

Coaching	선수의 운동기술과 전략기술을 지도하는 과정 • 새로운 기술 개발(신기술) • 기능의 수행수준 향상 • 선수 격려, 주의, 흥미 등을 자극하여 선수의 긍정적 태도 함양 • 집단 활동의 질서 유지 • 동기유발 체계개발 : 수행능력 향상도 측정, 게임성적 게시(농구 슛의 성공률)
Conditioning	신체적 정신적 운동능력을 성공적으로 발휘할 수 있도록 조정하는 과정 • 운동수행과 영양섭취 • 운동 전, 운동 중, 운동 후의 식사조절 • 음료수 섭취(갈증), 수면, 목욕, 수음관계, 시차적응 • 코치의 확신

Training	신체적 운동능력을 계획적으로 개발하는 과정
	• 계획적 개발이란 : 체계적이고 교육적으로 적응시켜 잠재적 운동능력을 개발함.
	• 잠재적 운동능력 개발이란 : 평상시 생활에 필요한 에너지 = 60~70%
	  중급단계 = 70~80%
	  고급단계 = 80~100%
	  신기에 가까운 능력 = 100% 이상

2) 배드민턴 선수의 자질 요건

재능 — 선천적 능력(유전인자): 잠재력 개발

기술 — 침착하고 섬세하며 내구성이 강한 자.

신체조건 — 다리가 길수록 유리함.
머리둘레, 발목둘레가 작은 것이 유리.
피하지방 두께는 얇은 것이 유리.
여자 선수는 엉덩이(둔부)가 작을수록 유리.

3) 배드민턴의 경기 성적 요인

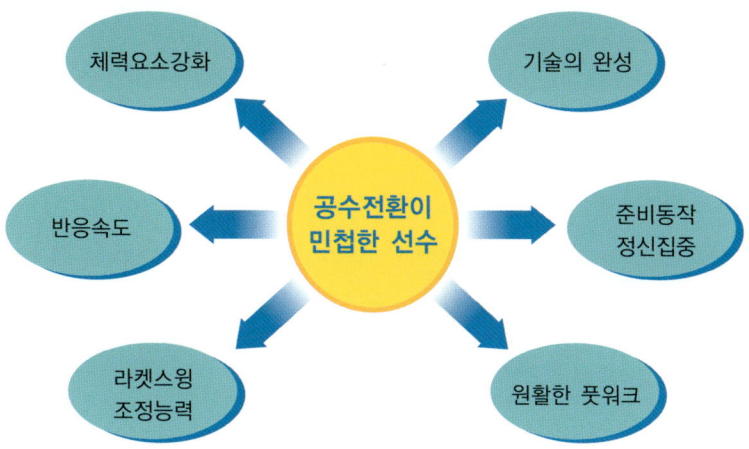

> "배드민턴을 수행하는 과정에서
> 사용하고 있는 기술이 올바른 것인지를 확인하고
> 결함이 발견되면 즉시 교정하는 태도가
> 기량을 향상시키는 첩경이다."

Part 5 스트록의 원리와 트레이닝

7. 엘리트 배드민턴 선수 훈련계획

1) 배드민턴 트레이닝 연간계획

트레이닝 기간	체력 트레이닝(%)	트레이닝 과제	기술 트레이닝(%)	트레이닝 과제
준비기 (11월)	50	놀이 게임으로 가벼운 운동 • 하키게임 • 축구게임 • 농구게임 • 술래잡기	50	• 기초 기술 부분 연습 • 풋워크 부분 연습
단련기 (12~3월)	70	근력(악력, 각근력, 배근력) 근파워(서전트점프, 세단뛰기) 근지구력	30	응용기술 연결 2:1게임 및 반코트 게임 풋워크의 연결 반복
완성기 (4~8월)	40	민첩성 심폐지구력 평형성	60	공격과 수비의 연결 서브와 리시브 전술 셔틀콕 이용 보강운동
시합기 (9~10월)	30	유연성 조정력 풋워크의 민첩성	70	게임을 통한 전술, 전략 • Singles game • Doubles game

2) 배드민턴 트레이닝 월간계획

기간	월	기술트레이닝 과제	체력트레이닝 과제
준비기	11	• 스트록의 기본 스윙 연습 • 스트록의 기본 기술 숙달	• 술래잡기 • 셔틀통으로 하키경기게임 • 간이농구게임
단련기	12	• 헤어핀과 드롭 샷 연결 • 쇼트 서브와 푸시 연결	• 인터벌 트레이닝 • 웨이트 트레이닝
단련기	1	• 클리어, 스매시, 헤어핀 연결 • 간이 응용 게임	• 서키트 트레이닝 • 힐 트레이닝
단련기	2	• 테니스라켓 이용 스매시 연습 • 벽치기 연습	• 서키트 트레이닝 • 스피드 트레이닝
단련기	3	• 셔틀콕 이용 보강운동 • 풋워크의 보강운동	• 웨이트 트레이닝 • 서키트 트레이닝
완성기	4	• 공격기술(스매시, 푸시, 드라이브 완결) • 단식게임	• 유연성 향상 운동 및 서키트
완성기	5	• 수비기술(클리어, 드롭 샷, 헤어핀 완결) • 복식게임	• 민첩성(스타트, 왕복 등) 운동
완성기	6	• 연속 풋워크 • 단식게임	• 크로스컨트리
완성기	7	• 서브와 리시브의 완성 • 단, 복식게임 • 다른 팀과의 교환경기	• 도약을 주로 한 순발력
완성기	8	• 개인의 결함 교정 • 단, 복식게임 • 다른 팀과의 교환경기	• 평형성 운동
시합기	9	• 실전게임 • 단, 복식게임 • 원정경기	• 유연성과 교치성 운동
시합기	10	• 서비스 개발 및 숙달 • 실전 게임(단, 복식)	• 조정력과 협응성 운동

3) 배드민턴 주간계획(완성기)

요일	기술 훈련 내용 기술 60%	체력 훈련 내용 체력 40%
월	삼각 드롭 샷, 헤어핀 연결 올코트 드롭 샷, 헤어핀 연결 하프코트게임(커버 끼우고) 싱글게임	민첩성 운동 • 30m 달리기×5회, 앞뒤로 가속질주×5회 • 다리 엇갈려 옆으로 가속 질주×3회 • 러닝 스텝×3회, 줄넘기(1분)×10회
화	푸시 및 리시브 좌우 연결 클리어 서비스라인 좌우 짚기 올코트 2:2 클리어 삼각 올코트 게임 2:1	지구력 훈련 • 200m 달리기×3회 • 400m 달리기×3회 • 자전거 타기(1분)×10회
수	스매시 및 대각 리시브 반코트 대 올코트 1:1 게임 싱글, 더블 게임	서키트 트레이닝 • 의자 오르내리기 • 쭈그려뛰기 • 턱걸이 • 추 감아 올리기 • 덤벨 옆으로 올리기 • 싯업 • 바벨 매고 앉았다 서기
목	올코트 드라이브 시스템(2:2) 대각 하프 스매시(2:1) 싱글, 더블 게임	월요일과 동일
금	스매시 및 푸시 서비스 및 리턴 싱글, 더블 게임	수요일과 동일
토	헌 셔틀콕 보강 운동 벽치기 싱글, 더블 게임	유연성과 평형성 운동 각 근력과 회전감각 익히기
일	휴식	휴식

4) 배드민턴 1일 연습 계획

	훈련내용	주의점
개요소개 (3~5분)	• 금일의 훈련목표와 목적 설명 • 정신력 강화	• 완성기, 훈련기로서 투지력과 자신감 고취
준비운동 (20~25분)	• 스트레칭 – 관절의 유연성 • 조깅(전신운동으로 체온상승) • 가벼운 보강 운동(동적 체조)	• 체온 상승으로 충분한 땀이 배출되었는지 확인
주 운동 (100분)	• 라켓 스윙 연습 • 풋워크 반복(부분 및 연결) • 전문기술 응용 반복연습 • 싱글의 전술과 게임 • 복식의 전술과 게임 • 서키트 트레이닝 (서키트 트레이닝 프로그램 참조)	• 개별적 기술과 체력 향상에 중점을 둔다. • 훈련 성과를 파악하여 개별지도한다. (결함 부분을 지적하고 교정)
정리운동 (10~15분)	• 조깅 7~8분 • 동적 체조 • 스트레칭	• 종례는 간결하게 하고 사명감을 가지도록 조언한다.

5) 엘리트 배드민턴선수 서키트 트레이닝 운동프로그램(12종목)

부위	종목	무게	횟수	세트
가슴	팩 텍 플라이	10kg	12	1
등	프런트 풀 다운	30kg	12	1
대퇴사두근	스쿼트	5kg	12	1
대퇴이두근	레그 컬	15kg	12	1
어깨	숄더 프레스	7.5kg	10	1
상복부	크런치	체중	20	1
이두근	바벨 컬	빈 봉	10	1
삼두근	프레스 다운	10kg	10	1
하복부	레그 레이즈	체중	20	1
종아리	시티드 카프레이즈	5kg	15	1
전완근	리스트 컬	빈 봉	15	1
척추기립근	백 익스텐션	체중	15	1

① 가슴(팩 텍 플라이머신)

〈운동순서〉

① 펙 텍 머신의 의자에 앉은 다음 등을 뒤에 고정시킨다.

② 두 손은 손잡이를 잡고 전완을 패드에 밀착을 시키고 자세를 취한다.

③ 두 팔을 가슴 앞으로 모은 다음 다시 원래 자세로 돌아간다.

〈주의 및 참고사항〉

- 팔이 아니라 팔꿈치로 밀듯이 동작을 행한다.
- 운동을 실시하는 동안 팔꿈치가 패드에서 절대로 떨어져서는 안된다.
- 두 손을 가까이 하면 할수록 흉근을 더욱 수축하게 해준다.
- 팔을 굽히는 각도는 90도 정도로 하고, 팔은 반원을 그리면서 당기는데 가슴 가운데까지 오도록 하여야 한다.

〈효과〉

가슴 분리(덤벨 플라이와 같은 효과)

② 등(프런트 풀 다운)

〈운동순서〉

① 풀다운 기구에 앉아서 어깨너비보다 넓게 바를 잡는다.

② 가슴을 바 쪽으로 내밀면서 바를 가슴 상부 쪽으로 잡아당긴다.

〈주의 및 참고사항〉

손잡이를 목 뒤로 오도록 당기는 방법도 있으며, 동작은 서서히 실시한다.

〈효과〉

광배근 윗부분(상완이두근, 승모근, 전완근에도 효과가 있다.)

③ 대퇴사두근(스쿼트)

〈운동순서〉

① 스쿼트 기구에서 바벨을 머리 뒤로 넘겨 승모근 뒤에 위치시킨다.
② 무릎과 허벅지가 T자가 되도록 하고 하체의 힘으로 바벨을 들어 올린다.
③ 내릴 때는 호흡에 맞춰서 천천히 내려온다.

〈주의 및 참고사항〉

- 허리는 곧게 펴고 무릎 이하와 허벅지는 T자를 이루도록 한다.
- 벨트가 있으면 벨트를 착용하는 것이 허리를 보호할 수 있는 좋은 방법이다.
- 넓적다리가 마루와 평행을 이루도록 몸을 굽히는 것이 매우 중요하다.
- 발의 위치는 넓적다리의 근육운동 부위를 결정한다.
- 만일 충분히 몸을 낮추는 연습이 되어 있지 않으면 후에 더 무거운 바벨을 들 때 다칠 염려가 있다.

〈효과〉

주로 대퇴 사두근을 공략하기 위한 운동이다.

④ 대퇴이두근(레그 컬)

〈운동순서〉

① 누워서 손잡이를 잡고 당긴다.
② 내릴 때 천천히 내린다.

〈주의 및 참고사항〉

- 요통에도 좋은 운동이다.
- 힙이 펑퍼짐한 여성에게 적당한 운동이다.

Part 5 스트록의 원리와 트레이닝

〈효과〉 뒤쪽 허벅지

⑤ 어깨(숄더 프레스)

〈운동순서〉

① 손잡이를 잡을 때, 팔꿈치가 손목과 손바닥 아래와 일직선이 되도록 시트를 조정하고, 손잡이는 시작 자세에서 어깨 옆에 있어야 한다.
② 팔이 완전히 펴질 때까지 똑바로 밀어준다.
③ 그러고 나서 무게를 내린다. 반복 사이에 쉬지 않도록 한다.

〈주의 및 참고사항〉

- 무거운 무게를 들어 올리기 위해 우물쭈물하지 않도록 한다.
- 지레 원리를 이용하여 들어 올리지 않고 팔꿈치를 펼 수 없다면, 무게를 조금 낮추도록 한다.

〈효과〉

이 운동은 삼각근(삼두근과 가슴 앞쪽)에 효과가 있다.

⑥ 상복부(크런치)

〈운동순서〉

① 바닥에 등을 대고 누워 두 손을 가슴 앞으로 모으거나 목 뒤로 댄다.
② 다리는 벤치나 의자 위에 올려 놓는다.
③ 복부를 수축해서 흉곽을 골반 쪽으로 들어 올린다.
④ 잠깐 동안 복근을 강하게 쥐어짜 주고 시작자세로 돌아간다.

〈주의 및 참고사항〉

- 머리 뒤를 손가락으로 가볍게 잡고, 무릎은 벤치에 올려 올바른 각도로 굽힌다.
- 견갑골을 들어 올릴 때 복부에 집중한다.
- 수축시키면서 약 1초 동안 정지하였다가 이완시키고 나서 힘을 빼지 않고 내려온다.
- 양쪽을 번갈아 지칠 때까지 실시한 것을 1세트로 3세트 이상 공략한다.
- 복근을 수축하기 전에 숨을 들이마시고, 수축 중에는 숨을 멈추고, 제자리로 돌아오면서 숨을 내쉰다.

〈효과〉

특히 상복부의 발달에 효과가 크다.

⑦ 이두근(스탠딩 E-Z바 컬)

〈운동순서〉

① E-Z바의 직선면의 끝을 잡고 팔을 쭉 편 상태를 유지한다.
② 천천히 숨을 들이마시면서 가슴의 아랫부분까지 들어 올린다.
③ 숨을 내쉬면서 천천히 바를 원위치시킨다.

〈주의 및 참고사항〉

들어 올릴 때 절대로 허리를 굽혀서 올리면 안된다.

〈효과〉

이두근의 아랫부분을 발달시키는 매우 정밀한 운동이다.

⑧ 삼두근(프레스 다운)

〈운동순서〉

① 손바닥이 아래를 향한 그립으로 바를 잡는다.
② 팔꿈치를 옆구리에 고정시키고 상완은 몸에 밀착시킨다.
③ 몸을 고정시키고 삼두근의 힘만으로 바를 아래로 내린다.
④ 원래 위치로 천천히 되돌아온 후, 위의 과정을 반복한다.

〈주의 및 참고사항〉

이 운동시 가장 많이 하게 되는 실수가 몸의 반동을 이용하는 것이다. 반동을 최소화하고 삼두근의 힘만으로 운동하는 것이 중요하다.

〈효과〉

삼두근

⑨ 하복부(레그 레이즈)

〈운동순서〉

① 마루나 싯업보드에 누워서 손을 윗부분에 잡고 자세를 취한다.
② 두 다리를 똑바로 편 채로 위로 들어 올린 후 다시 원래의 자세로 돌아온다.

〈주의 및 참고사항〉

서서히 동작을 실시한다. 운동 강도를 높이고자 할 때는 발에 중량을 달고 실시한다.

〈효과〉

복부(복직근, 외복사근, 내복사근)의 아랫부분에 효과가 크다.

⑩ 종아리(시티드 카프 레이즈)

〈시작자세〉

머신의 패드가 무릎 위에서 허벅지를 가로지르게 하고 발뒤꿈치를 바닥에 두고 시작한다.

〈운동〉

안전 래치(빗장)를 풀면서 천천히 최대한 높이 무게를 밀어 올린다. 수축된 자세로 위에서 1초간 멈춘 다음 천천히 시작자세로 돌아온다. 템포는 3초에 걸쳐 올리는 동작과 내리는 동작을 하고 위에서 1초간 멈춘다. 15~30회 반복으로 4세트를 한다.

〈주의〉

바닥으로 내릴 때 너무 낮게 내리지 않도록 잡아줄 보조자를 둔다.

⑪ 전완근(바벨 리스트 컬)

〈운동순서〉

① 전완을 벤치에 두고 바닥에 무릎을 꿇는다.
② 덤벨을 양손에 하나씩 들고 손을 펴서 완전한 동작범위가 되도록 벤치에서 손바닥을 충분히 멀리 떼어 올린다.
③ 손목이 뒤로 젖혀질 때까지 손을 내린다.
④ 준비가 되었으며 최대한 위로 덤벨을 올리면서 손목을 구부린다.

〈주의 및 참고사항〉

- 팔을 비교적 곧게 펼 수 있도록 뒤쪽으로 앉는다.
- 팔꿈치와 전완은 모두 항상 벤치에 붙어 있어야 하며 천천히 실시한다.

〈효과〉

전완근

⑫ 척추 기립근(백 익스텐션)

〈운동순서〉

① 백 익스텐션 벤치에 발뒤꿈치를 걸고 엎드린다.

② 몸은 똑바로 하고, 머리는 앞으로 숙이거나 뒤로 넘기지 않는다. 그리고 팔은 가슴 앞에 교차시키고 몸이 거의 90도가 되도록 상체를 내린다.

③ 처음 자세로 다시 자연스럽게 올린다.

〈주의 및 참고사항〉

상체를 너무 높이 들어올리지 않도록 한다. 상체를 높이 올리는 것은 등하부 근육과 연결 조직을 지나치게 신장시켜 부상과 통증을 일으킬 수 있다.

〈효과〉

등하부(슬와근과 둔근에도 어느 정도 효과가 있다.)

6) 서키트 트레이닝

순서	트레이닝 내용	처방내용	방법
1	무릎 좌우 틀기	30회×3세트	무릎 들면서 좌우 허리틀기
2	왼다리를 축으로 오른다리 좌우교체	30회×3세트	좌우 무릎 90도로 실시
3	잔발 뛰기	100회×3세트	뒤꿈치 들고 실시
4	무릎 올리기 러닝 스텝	100회×3세트	무릎이 배 위까지 올라오도록
5	리바운드 점프 스매시	15회×3세트	농구공 리바운드 하듯이
6	모둠 발 점프	15회×3세트	대퇴가 배에 닿도록
7	다리 벌려 점프	15회×3세트	양손이 양발에 닿도록
8	다리 모아 등차기 점프	15회×3세트	발뒤꿈치가 등에 닿도록
9	6-7-8 연결 점프	5회×3세트	동작을 명확히
10	삼단 뛰기	10회×3세트	무릎 관절을 유연하게
11	Run and rotating	10회×3세트	회전할 때 스피드 있게
줄 넘 기 운 동			
1	줄넘기	100회	모둠발 앞으로 넘기
2	줄넘기	100회	짝발 앞으로 넘기
3	줄넘기	100회	모둠발 뒤로 넘기
4	줄넘기	100회	연속 2회 넘기

Part 5 스트록의 원리와 트레이닝

① 무릎 좌우 틀기

② 양쪽 런지(오른쪽, 왼쪽)

③ 잔발 뛰기

④ 피칭

⑤ 리바운드 점프 스매시

⑥ 무릎 점프

⑦ 가위 점프

⑧ 삼단 뛰기

⑨ Run and rotating

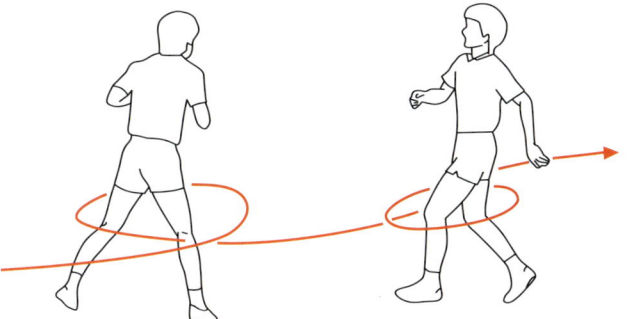

PART 6

경기 규칙의 개요

Part 6 경기 규칙의 개요

1. 배드민턴의 용구 시설

1) 라켓(Racket)

현대의 배드민턴은 팔과 손놀림이 많이 요구되며 라켓 헤드(Head)의 신속한 움직임으로 빠르게 진행된다. 잘못 고안된 라켓은 게임을 망쳐 놓기도 하는데 라켓은 믿을 수 있고 다루기 쉬워야 한다. 올바른 라켓 선택을 위해서는 그 라켓의 구조와 성능을 알아야 한다. 〈그림 6-1〉을 참조하기 바란다.

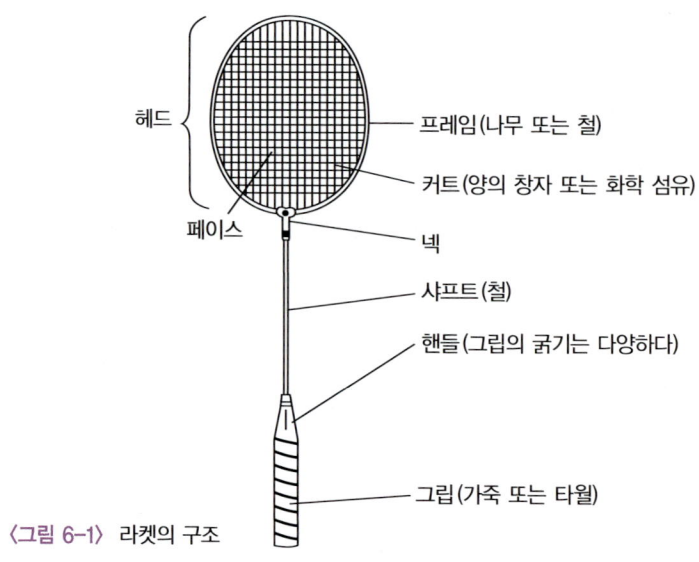

〈그림 6-1〉 라켓의 구조

① 중량(Weight)

라켓의 무게는 제한된 규정은 없으나 보편적인 라켓의 무게는 4~5$\frac{1}{2}$온스(120~130g)이다. 공격형인 선수는 무거운 것을, 수비형인 선수는 가벼운 것을 택하는 경향이 있으나 중간 정도나 되도록 가벼운 것을 선택하는 것이 좋다. 요즈음은 90~120g 정도의 가벼운 라켓을 사용하는 추세이다.

② 균형(Balance)

라켓은 머리 부분이 가볍거나 무거운 것도 있고 평평히 균형을 이루는 것도 있다. 이 라켓의 균형은 사용자에게는 매우 중요하므로 선별하는 데 세심한 주의를 가져야 한다. 여러분은 머리 부분과 손잡이의 중간점을 손가락 위에 놓아 균형을 이루는지 시험해 볼 수 있다. 머리부분이 가벼우면 위로 무거우면 아래로 향하게 된다(〈그림 6-2〉 참조). 여기서 권하고 싶은 것은 균형을 이루거나 머리 쪽이 약간 더 가벼운 것을 선택하라는 것이다.

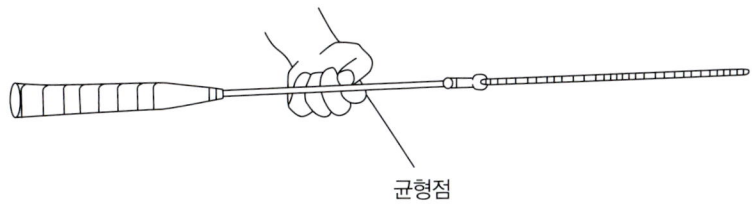

〈그림 6-2〉 라켓 균형

③ 손잡이(Handle)

굵기가 여러 가지인 손잡이는 대개 둥글게 되어 있다. 그 길이는 보통 3~5인치이나 그 이상인 경우도 있다. 길이는 쥐는 손의 사이즈(Grip Size)를 나타낸다. 쥐는 손의 사이즈가 작으면 대개 손잡이는 손가락으로 잡는 반면에 쥐는 손의 사이즈가 크면 손바닥으로 잡는다. 게임에 있어 손가락의 놀림은 여러 가지 역타(力打)에 있어 중요하므로 손잡이는 손바닥 안에 들어갈 수 있는 사이즈로서 손가락을 자유롭게 움직일 수 있는 것을 선택한다.

④ 그립(Grip)

라켓과 인간의 몸을 연결해 주는 것이 바로 그립이다. 인체에 축적된 에너지를 라켓에 전달하는 시발점이기도 하다. 그립에서 가장 중요한 포인트는 손이 라켓 핸들에 확 달라붙는 느낌이 들어야 한다는 것이다. 손잡이에 밀착되지 않으면 강하게 스트록 할 때 그립이 손 안에서 헛도는 현상이 나오게 되어 정확도가 떨어지거나 실패할 수도 있다. 본래의 그립은 가죽으로 되어 있으나 그 가죽을 풀고 혹은 그 가죽 위에 타월 천으로 바꾸어 감을 수 있다. 경기 진행 중에 손에 땀이 많이 나서 라켓이 빠져나가거나 비틀리지 않도록 방지하고 라켓 머리의 무게를 조정하는 데 도움을 줄 수 있다. 권하고 싶은 것은 그립을 접착성이 있는 타월 천을 감아 줌으로써 손이 편하고 안전하며 충분히 기능을 발휘할 수 있게 하는 것이다.

⑤ 커트(Strings)

커트는 탄력성이 좋고 힘의 균형에 의해 셔틀콕을 바르게 또는 느리게 자기 뜻대로 정확히 조절할 수 있고 쉽게 손상되지 않고 오래 보존할 수 있는 것이 좋다. 공격형인 선수는 강한 힘이 셔틀콕에 적용될 수 있도록 팽팽하게 줄을 매는 것이 유리하며 수비형인 선수는 약간 느슨하게 맴으로서 셔틀콕의 접촉을 손에 더 많이 느끼게 하며 안정하게 목적한 방향으로 보낼 수 있는 유리함이 있다. 커트의 종류는 일반적으로 많이 사용하는 나일론 커트가 있고, 양의 창자를 꼬아 만든 한십(HanShip) 커트가 있으나 요즘은 화학 섬유로 제조한 제품이 많이 쓰이고 있다.

⑥ 길이와 폭

라켓의 손잡이(Grip)와 프레임을 포함해서 전체의 길이가 68㎝와 전체 너비가 23㎝를 넘지 않아야 하며 라켓의 머리(Head) 길이도 29㎝를 넘지 않아야 한다. 또한 줄(Strings)이 메인 표면의 길이가 28㎝와 전체 너비가 22㎝를 넘지 않아야 한다.

2) 셔틀콕(Shuttlecocks)

셔틀에는 새의 깃털로 만들어진 자연제품과 플라스틱으로 만든 합성제품 또는 인조제품의 2가지 유형이 있는데 깃털로 된 셔틀이 게임에 더 많은 즐거움을 주며 우수한 품질이다. 그런데 불행하게도 세계적으로 결핍 상태에 있는 거위 깃털로 수시로 구입하기가 어렵다. 깃털로 된 셔틀은 속도가 빠른 것에서 느린 것(4.74~5.5g)으로 다양하다. 건조하면 잘 파손될 염려가 있기 때문에 축축이 습기가 있는 곳에 보관하여 보호해야 한다. 플라스틱 셔틀은 값이 저렴하고 편리하나 속도의 변화가 너무 다양하고 불규칙하여 경기용으로는 적당하지 않다.

    셔틀은 공기 상태의 영향을 받기 때문에 속도가 다양하게 변화하므로 추운 곳에서는 공기의 밀도가 더 높아 셔틀의 움직임이 느리게 되어 빠른 속도의 공이 필요하고 따뜻한 곳에서는 공기의 밀도가 낮아져서 느린 속도의 셔틀을 사용하는 것이 좋다. 셔틀은 경기자가 백 바운더리 안에서 평행한 방향으로 위를 향하여 언더 핸드 스트록을 쳤을 때 상대편 백 바운더리 라인 가까이 53~99㎝ 사이에 떨어졌을 때 정상적인 것으로 간주된다. 깃털의 길이는 64~70㎝이어야 하며, 16개의 깃털의 길이가 똑같아야 한다. 또한 선단의 직경은 5.8~6.8㎝의 원을 형성하여야 한다. 셔틀의 바닥(Base)은 2.5~2.8㎝이어야 하며 바닥은 둥근 형태로 되어야 한다.

3) 신발과 복장(Foot wear and Clothing)

배드민턴은 바른 동작과 강력한 체력이 필요한 게임이다. 신속한 단거리 대시(Dash), 사이드 스텝(Side Step), 방향전환 등이 관계한다. 그러므로 코트에서 바르게 움직일 수 있고 미끄러지는 것을 방지하고 발을 보호할 수 있도록 부드러운 신발 안창과 편안한 양말을 필요로 한다. 신발이 불량할 때는 다리의 피로가 빨리 오며 발에 물집이 생겨 경기에 많은 지장을 초래하므로 신발 선택을 잘해야 한다. 유니폼은 입어서 활동이 자유롭고 편안해야 한다. 색상은 자유롭게 선택하며 남자는 짧은 바지와 티셔츠, 여자는 짧은 바지나 스커트에 티셔츠를 착용해야 하며, 경기 전 후에는 풀오버나 보온복을 입고 몸의 상태를 경기하기에 알맞도록 보온해서 추위를 방지해야 한다.

4) 코트(Court) 시설

코트의 크기는 다음 페이지의 그림을 참조하고 선은 백색이나 황색선으로 그어져야 하며, 이것이 불가능할 때는 다른 분간하기 쉬운 색으로 4㎝ 넓이로 그어져야 한다. 폭의 4㎝ 쇼트 서비스 라인과 롱 서비스 라인은 규정된 서비스 코트 길이인 3.96m 안으로 그어져야 한다.

　포스트(Post)는 코트의 표면(表面)으로부터 1.55m의 높이로 세워져야 한다. 네트가 팽팽히 유지될 수 있도록 든든해야 하며 또한 코트의 사이드라인 위에 세워져야 한다. 이것이 여의치 않을 경우 네트 밑을 통과하는 사이드라인의 위치가 표시될 수 있도록 4㎝ 넓이 이내의 스트립 재료를 사용하여 사이드라인 위에 고정시키고 코트의 네트 맨 끝에 수직으로 세운다.

　단·복식에 관계없이 복식코트의 사이드라인 위에 세워져야 한다. 네트는 1.5~2㎝의 거무스레한 부드러운 광목끈으로 만들어져야 한다. 포스트에 매어진 네트는 팽팽해야 하며 0.76m의 폭이어야 한다. 네트의 상단은 중심점 위에서 1.524m 높이여야 하며, 포스트에서 1.55m이어야 하고 7.5㎝의 백색 테이프를 둘로 접어 깃을 달고 그 깃 속에 끈이나 철사를 넣어 포스트 위에 같은 높이로 쳐야 한다. 천장의 높이는 최저 8m 이상이어야 하고 코트 위에 발광체가 있어서는 안되고 코트를 친 네트의 중앙 윗부분의 조명 광도는 1,500럭스 이상이어야 한다. 요즘 국제경기는 코트 매트(Court mat)를 사용하고 있다.

Part 6 경기 규칙의 개요

〈코트규격〉

```
           420mm   2,530mm   40mm   2,530mm   420mm
                       백 바운더리 라인
         40mm 40mm                      40mm 40mm
```

	롱 서비스 라인 (단식)	
	롱 서비스 라인 (복식)	
서비스코트 (우측)	센터라인	서비스코트 (좌측)
	쇼트 서비스 라인	

포스트 ———— 네트 ———— 포스트

서비스코트 (좌측)	센터라인	서비스코트 (우측)
	쇼트 서비스 라인	
	롱 서비스 라인 (복식)	
	롱 서비스 라인 (단식)	

백 바운더리 라인

- 세로: 40mm / 720mm / 40mm / 3,880mm / 40mm / 1,980mm / 1,980mm / 40mm / 3,880mm / 40mm / 720mm / 40mm
- 전체 길이: 13.4m (라인포함)
- 전체 폭: 6.1m (라인포함)
- 사이드라인(복식), 사이드라인(단식)

- 라인 폭 : 40mm, 코트 대각선 길이 : 14.723m
- 네트 높이 : 양끝 부분 – 1.55m, 중앙 – 1.524m
- 포스트 (지주대) 높이 : 1.55m
- 코트와 코트사이 : 최소 2m
- 천정높이 : 적정높이 – 12m 이상, 최소 9m 이상

〈셔틀콕 테스트〉

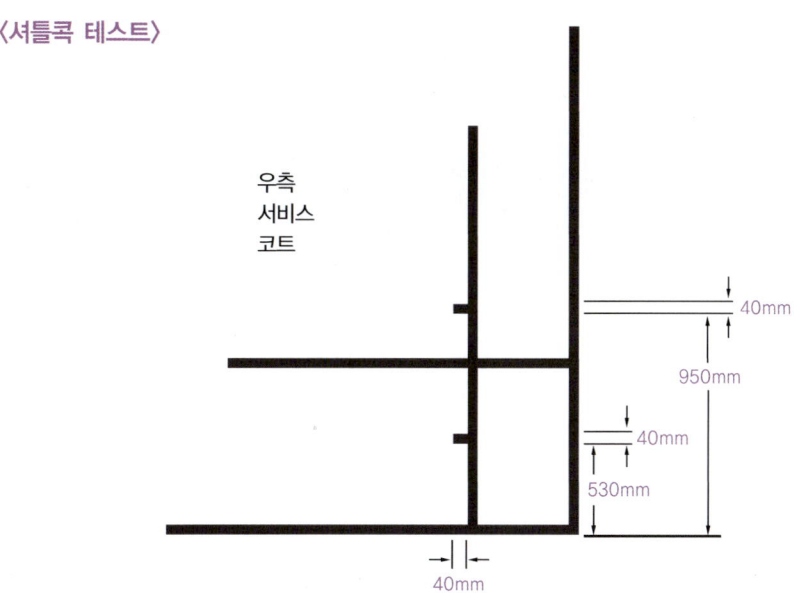

〈네트 설치〉

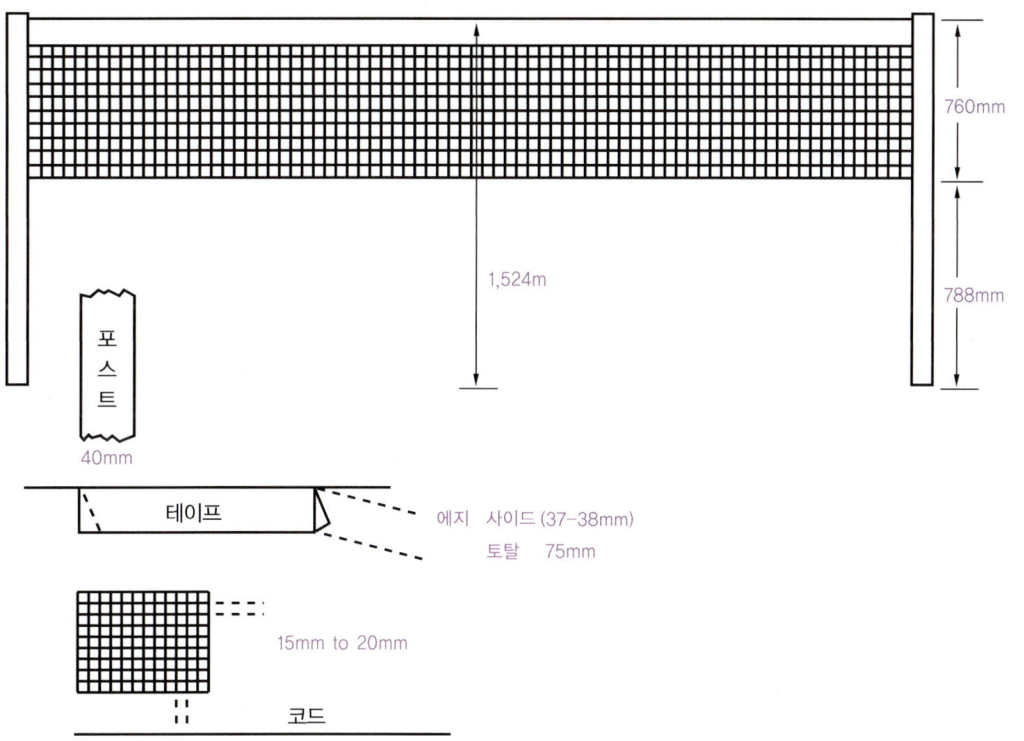

1. 배드민턴의 용구 시설

2. 경기 방법

1) 경기자(Player)

경기자란 말은 게임에 참가하는 모든 사람을 말한다. 게임이 복식일 경우에는 한 편에 두 선수가, 단식일 경우에는 한 편에 한 선수가 경기하며 혼합복식일 경우에는 한 편에 남녀 두 사람이 경기한다. 경기가 진행되는 시간 동안 서비스권을 가진 쪽을 서빙 사이드(Serving Side)라 하고 그 반대쪽은 리시빙 사이드(Receving Side)라 한다.

2) 토스(Toss)

처음 경기를 배우고자 하는 사람이 알아야 할 것은 상대에게 날아오는 셔틀이 바닥에 떨어지기 전에 1타(打)로써 상대편 코트로 되돌려 보내야 한다는 것이다.

선수들이 게임할 준비 태세가 갖추어지면 심판은 동전을 위로 던져 토스를 하기도 하고 동전이 준비되지 않았으면 라켓의 끝을 거꾸로 바닥에 대고 회전시켜 라켓에 부착되어 있는 마크로 정하기도 하며 셔틀콕은 위로 던져 베이스의 방향으로 결정하기도 한다. 그러나 국제대회에서는 반드시 코인(동전)을 사용해야 한다. 이 토스에서 이긴 선수는 다음 3가지 중 하나의 선택권을 가진다.

가. 서브를 선택한다.
나. 리시버를 택한다.
다. END(사이드)를 택한다.

토스에서 진 편이 남아 있는 두 가지 중 어느 하나를 선택하게 된다. 여기서 부언하고자 하는 것은 코트의 환경에 별 이상이 없는 한 토스에서 이긴 자는 대체로 서브를 선택하는 것이 좋다. 첫 득점은 팀과 개인의 사기는 물론 게임의 흐름을 유리하게 리드할 수 있기 때문이다.

3) 득점 (Scoring)

특별히 별도의 규정이 없으면 3게임을 원칙으로 하며 3게임 중 2게임을 선취하게 되면 승리하게 되고 한 게임은 21점으로 20:20 동점인 경우 2점을 연속하여 득점한 편이 승리한다. 단, 29:29인 경우 30점에 먼저 도달한 편이 이기게 되며 해당 게임에서 이긴 편이 다음 게임에서 첫 서브를 한다. 주의할 것은 종전에는 서브권을 가진 편만이 득점할 수 있었으나 현재(2006.5.6이후)는 서브권이 없어도 득점할 수 있는 랠리 포인트 시스템으로 배드민턴 규정이 변경되어 어느 편이든 이기면 득점하게 된다는 것을 유념해야 한다.

※ 초등부는 3게임 2선승제를 하되 한 게임을 17점으로 하고 16:16인 경우 2점 연속 득점한 편이 승리하며 24:24인 경우 25점에 먼저 도달한 편이 승리하게 된다.

부별 \ 득점	전 게임 승	1게임 점수	20 : 20 동점	29 : 29 동점
중,고,대 일반부	3게임 중 2게임 선승	21점	2점 연속 선취	30점 선취

부별 \ 득점	전 게임 승	1게임 점수	16 : 16 동점	24 : 24 동점
초등부	3게임 중 2게임 선승	17점	2점 연속 선취	25점 선취

4) 코트변경 (Change Ends)

선수는 다음의 경우에 코트(사이드)를 교대한다. 첫 번째 게임 종료 후와 세 번째 게임 시작 전 그리고 세 번째 게임 중 어느 편이든 11점을 선취하면 코트를 변경한다. 단, 초등부는 9점을 선취했을 때 변경한다.

5) 서비스 (Service)

게임의 시작은 서비스이며 이 서비스는 규정상이 통제가 많기 때문에 올바르게 서비스하는 습관이 필요하다.

① 서버와 리시버는 서비스 준비 상태로 포지션에 위치해 있을 때 서비스를 과도하게 지연시켜서는 안 된다. 고의적인 과도한 지연은 부당한 경기지연으로 규정에 위반된다.

② 서버와 리시버는 양 편 서비스 코트 안에 대각선으로 서야 하며 코트의 경계선을 밟지 않아야 한다.

③ 서버의 라켓은 셔틀콕의 베이스를 쳐야 하며 셔틀이 라켓과 접촉하는 순간에 셔틀의 전체가 서버의 허리보다 밑에 있어야 한다. 여기서 말하는 허리는 몸 전체에서 가상의 라인으로 생각하면 되고 대략 서버의 마지막 갈비뼈 부분의 위치라고 생각하며 된다.

④ 서버가 셔틀을 치는 그 순간에 라켓의 샤프트는 아래쪽을 향하고 있어야 한다.

⑤ 선수들이 서비스 준비가 되었을 때 서버의 라켓 헤드가 앞으로 나가는 방향이 서비스의 시작이기 때문에 진행과정에서 잠시 멈추거나 중단하고 다시 시도하는 것은 규정 위반이다.

⑥ 서버는 리시버가 준비하기 전에 서비스를 하면 안 된다. 하지만 그 상황에서 리시버가 서비스를 받아 넘기려고 했으면 그 행위는 리시버가 준비한 것으로 판단한다.

⑦ 복식 경기에서 서비스가 시작되는 상황에서 서버와 리시버의 파트너는 해당선수 측 코트의 어디에나 위치해도 되지만 서버와 리시버의 시야를 차단하면 안 된다.

6) 단식 경기 방식 (Singles)

① 서비스와 리시브의 코트 위치 선정

- 경기자는 그 게임에서 서버가 포인트를 얻지 못했거나 점수가 짝수인 경우는 우측 코트에서 서비스하고 점수가 홀수인 경우는 좌측 코트에서 서비스한다. 따라서 리시버는 서버의 대각선 위치의 코트에서 리시브한다.
- 랠리에서는 서버와 리시버가 번갈아 가면서 셔틀이 멈출 때까지 셔틀을 주고받는다.

  여기서 셔틀의 멈춤이란
  - 네트나 포스트를 맞아 셔틀을 친 선수의 코트로 떨어지기 시작했을 때
  - 코트의 표면에 맞았을 때 또는 폴트와 렛이 취해졌을 때를 말한다.

② 득점과 서비스

서버가 랠리에서 이기게 되면 서버는 득점을 하게 되고 서비스는 반대편 코트로 이동하여 실행한다. 반대로 리시버가 랠리에서 이기게 되면 리시버는 득점을 하게 되고 리시버가 새로운 서버가 되어 본래 자기가 리시브하던 코트에서 서비스를 실행한다.

7) 복식 경기 방식 (Doubles)

① 서비스 및 리시브

㉮ 서버가 포인트를 얻지 못했거나 점수가 짝수인 경우는 우측에서, 점수가 홀수인 경우는 좌측에서 서비스한다.
㉯ 서버로부터 서비스 코트의 대각선 위치에 선 선수가 리시버가 된다.
㉰ 리시버 쪽의 선수는 해당선수 쪽이 서비스하여 점수를 얻기 전까지 서로 코트 위치를 바꾸지 않는다.

② 스코어링(Scoring) 및 서비스 권한

㉮ 리시브 측이 폴트를 범하거나 범실에 의해 중단된 경우 서비스 측은 점수를 획득하며 서버는 다시 서비스를 한다.
㉯ 서비스 측이 폴트를 범하거나 범실에 의해 중단된 경우 리시브한 편이 점수를 획득하며 리시버 쪽이 서버가 된다(한쪽 편에 한 번의 서비스 권한을 부여).

③ 서빙(Serving)

- 어떠한 게임에서도 서비스 권한은 연속적으로 일관되게 이루어져야 한다.
- 게임을 시작한 가장 최초의 서버는 오른쪽 서비스 코트에서 대각선 쪽에 있는 최초의 리시버에게 보낸다.
- 득점하여 서비스가 왼쪽에서 보내졌을 때는 최초의 리시버의 파트너에게 보낸다.
- 또 다시 득점하면 코트를 바꾸어 최초의 리시버에게 서비스를 하게 된다. 이러한 것을 연속적이고 일관되게 계속되어야 한다.
- 어떠한 경우라도 서비스와 리시브의 순서가 바뀌면 안 되고 리시버를 두 번 연속해서도 안 된다.

Part 6 경기 규칙의 개요

- 한 세트 게임이 끝나고 두 번째 세트의 게임이 시작될 때는 이긴 편의 선수 중 아무나 서비스를 할 수 있고 진 팀 선수 중에서도 아무나 먼저 리시브를 할 수 있다.

④ 랠리포인트제 복식 경기 서비스 및 리시브 방법

- A와 B, C와 D의 복식 경기 진행 예) A B 조가 토스에서 이겨 선공격.
- A가 C에 서브, 즉 A가 선공격수, C 선수비수가 됨.

선수 동선 설명	점수 (서비점수-리시버점수)	서비스 코트 위치	서버, 리시버	승, 패 경우	→ (서비스방향)
A,B,C,D 오른편 위치 상태로 경기시작	0-0	오른쪽에서(우) 대각선으로 서비스 - 서비스편 점수: 짝수	- A가 C에게 서브 (A: 선서버, C: 선리시버)	(AB조가 해당 랠리 이기면)	C D B A
- AB조 득점하고 - A와 B 서비스 코트 변경 - A 다시 서브 (왼쪽에서) - C와 D는 위치변경 없음	1-0	좌 서비스 - 서비스편 점수: 홀수	- A가 D에게 서브	(CD조가 해당 랠리 이기면)	C D A B
- CD조 득점, 서브권 획득 - ABCD 코트변경 없음	1-1	좌 서비스 - 서비스편 점수: 홀수	- D가 A에게 서브	(AB조가 해당 랠리 이기면)	C D A B
- AB조 득점, 서브권 획득 - ABCD 코트변경 없음	2-1	우 서비스 - 서비스편 점수: 짝수	- B가 C에게 서브	(CD조가 해당 랠리 이기면)	C D A B
- CD조 득점, 서브권 획득 - ABCD 코트변경 없음	2-2	우 서비스 - 서비스편 점수: 짝수	- C가 B에게 서브	(CD조가 해당 랠리 이기면)	C D A B
- CD조 득점하고 - C와 D 서비스 코트 변경 - C 다시 서브 (왼쪽에서) - A와 B는 위치변경 없음	3-2	좌 서비스 - 서비스편 점수: 홀수	- C가 A에게 서브	(AB조가 해당 랠리 이기면)	D C A B
- AB조 득점, 서브권 획득 - ABCD 코트변경 없음	3-3	좌 서비스 - 서비스편 점수: 홀수	- A가 C에게 서브	(AB조가 해당 랠리 이기면)	D C A B
- AB조 득점하고 - A와 B 서비스 코트 변경 - A 다시 서브 (오른쪽) - C와 D는 위치변경 없음	4-3	우 서비스 - 서비스편 점수: 짝수	- A가 D에게 서브	(CD조가 해당 랠리 이기면)	D C B A

8) 반칙 (Fault : 폴트)

다음 상황에서는 '폴트'가 된다.

① 만약 서비스가 바르지 못한 경우 (규정 9 : 정확한 서비스 규정)

② 만약 서비스를 하는 중 셔틀이 다음과 같을 때
- 네트 위에 걸려서 그 자세로 멈춰 있는 경우
- 네트 위로 넘어갈 때, 네트에 걸리는 경우
- 리시버의 파트너가 셔틀에 맞았을 경우

③ 랠리 중에 셔틀이 다음과 같을 때
- 코트의 경계선 밖으로 셔틀이 떨어지는 경우
- 셔틀이 네트를 통과하거나, 네트 아래로 통과할 때
- 네트를 넘어가지 않은 경우
- 천장과 옆의 벽에 닿았을 경우
- 사람(선수)이나 선수의 옷에 접촉했을 경우
- 코트 바깥 부분의 물건들이나 사람에 접촉한 경우
  (만약 빌딩의 구조로 인해서 그 지역 배드민턴협회에서 그 나라 협회에 요청을 필요로 하면, 그 나라 협회의 권한으로 셔틀이 방해되어 접촉하는 경우에 대해 규칙을 따로 정할 수 있다.)
- 라켓에 걸려서 멈추어져 있는데 스트록을 하는 그 상태에서 내던지는 경우
- 한 선수가 셔틀을 두 번 친 경우, 그러나 한 번의 스트록에서 라켓의 헤드와 스트링 부분에 연달아 맞으면 '폴트'가 아니다.
- 선수가 치고 바로 그 선수의 파트너가 연속적으로 셔틀을 칠 때
- 선수의 라켓에 맞았는데도 상대방 코트로 안 넘어가는 경우

④ 랠리 중에 선수가 다음과 같을 때
- 네트나 네트를 보조해주는 용구나, 사람, 그리고 옷에 접촉한 경우
- 네트 위로 상대방 코트로 라켓이나 선수가 넘어가는 경우. 하지만 공격자의 코트에서 있는 셔틀이 최초의 스트록일 경우에는 '폴트'로 보지 않는다.
- 네트 아래로 라켓이나 사람이 넘어가서 상대 선수를 방해하거나 당혹시키는 경우.
- 상대 선수를 방해, 다시 말하면 네트를 넘어가고 있는 상대의 정당한 스트록을 방해하는 경우

- 선수가 의도적으로 고함을 지르거나 불필요한 몸짓으로 상대 선수를 당혹하게 할 때.
- 선수가 지속적으로 규정 16을 어기는 경우.

9) 렛(Lets, 경기중단 및 무효)

① '렛'은 주심(Umpire)에 의해서, 또는 주심이 없는 경우에는 선수에 의해서 경기를 정지하기 위해 선언된다.

② 다음과 같은 상황에서는 '렛'으로 본다.
- 리시버가 준비되기 전에 서버가 서비스를 한 경우
- 서비스 중에, 리시버와 서버 둘 다 폴트를 범한 경우
- 서비스가 리턴 된 후에 셔틀이 네트에 걸려서 네트 위에 멈춰져 있는 경우·네트를 넘어가서 네트에 걸리는 경우
- 랠리 중에 셔틀의 베이스와 깃털이 완전히 떨어져 나가는 경우
- 주심의 의견하에, 선수가 방해를 받았거나, 코치에 의해 방해를 받았을 경우 '렛'을 선언할 수 있다.
- 선심(Line Judge)이 보지 못했거나, 주심이 판단할 수 없는 경우
- 예측할 수 없는 우발적인 사항이 일어난 경우

③ '렛'이 불러지면, 마지막 서비스 이후 경기는 무효로 간주하고, 서비스를 한 선수가 다시 서비스를 하게 된다.

10) 경기의 연속적인 진행 규칙

① 각 게임 중 한쪽 편이 11점(초등부 : 9점)에 먼저 도달할 경우 60초 이내 인터벌
② 1게임과 2게임 사이, 2게임과 3게임 사이에 120초 이내의 인터벌이 허용된다.

11) 어드바이스(지도) 및 코트에서의 이탈

① 셔틀이 경기 진행 중이 아닌 경우에만 선수는 경기 중 지도를 받을 수 있다.
② 경기 종료 시까지 경기자는 심판의 동의 없이 코트를 떠날 수 없다.

3. 프로그램 작성법과 시드 방법

1) 배드민턴 시드 작성

A. 드로우 작성법

경기자 4, 8, 16, 32, 64, 128 혹은 그 이상 2의 누승인 경우는 다음 표와 같이 조립하고 페어마다 점차 감해 가는 것이다.

경기자 수가 2의 누승이 아닐 경우는 1회전에서 바이(Bye)를 만든다. 바이를 만드는 목적은 2회전에서 2의 누승을 만들기 위한 것이다. 그와 같이 하여 차츰차츰 2명의 파이널리스트가 될 수 있도록 진행하여 가는 것이다.

예를 들어 27명의 플레이어가 있다고 하면 처음의 32명의 드로우·시드 중 5명의 바이가 만들어진다(-2의 누승 중 27을 넘는 수인 32에서 27을 **빼낸 것, 즉 5명**이 바이가 된다). 그리고 5명의 플레이어는 당장 2회전으로 나아가고 27명 가운데에서 5명을 **빼낸 나머지 22명**이 1회전을 하며, 1회전이 끝나면 승자 11명이 2회전으로 나아가서 바이의 5명과 합계 16명이 2회전을 행한다. 이하 8, 4, 2, 1이 된다. 이것을 도식으로 표현하면,

32명 − 27명 = 5명 · · · · · · · · · · · · 바이로 2회전에
27명 − 5명 = 22명 · · · · · · · · · · · 1회전을 행한다.
22명 − 2명 = 11명 · · · · · · · · · · · 1회전의 승자로 2회전에
5명(바이) + 11명(1회전 승자) = 16명 · · · · · · · · · · · · 2회전을 행한다.
16명 · · · · · · · · · · 2회전을 끝내고 나면 16명 ÷ 2명 = 8명이 된다. 이하 준준, 준결승, 결승의 순서가 된다.

이상이 드로우 작성법이지만, 또 하나 라운드·로빙 방식이라고 하여 총체적인 시합 수를 계산할 때에는 참가 수에 1을 빼낸 것을 곱하고, 이것을 2로 나누면 모든 시합 수가 나온다.

예, 참가수 7 × (7 − 1) ÷ 2 = 21

B. 시드 방법

우리나라 정구협회 토너먼트 운행규칙은 미국정구협회의 것을 채용하고 있다. 따라서 각각에 시드된 위치는 추첨에 의하여 결정된다. 예를 들면, 제1시드와 제2시드를 최상단에 두느냐 최하단에 두느냐 정하는 양식이다. 미국의 경우 외국 선수가 많기 때문에 시드의 순위가 어렵다. 윔블던의 시드 방식은 다음과 같다.

숫자는 시드 순으로 순번대로 말하면 1과 8, 4와 5, 6과 3, 7과 2라는 시드 순이며, 합하면 9가 되는 조립이다.

외국 선수와 국내 선수를 나누어서 시드 순위를 매길 필요가 없는 우리 나라에서는 이 방법이 제일 알기가 쉽고 간편하다. 굳이 추첨을 하여 혼란을 일으키면 곤란하고 외국 선수가 많이 들어간 토너먼트에서는 그럴 필요가 있을는지 모르지만, 우리나라에서도 종래는 윔블던 방식을 채용하고 있었는데 미국 규칙은 도리어 혼란스럽지 않을까 생각된다.

C. 바이를 두는 곳

바이는 처음 양단에 두며, 점점 중심으로 향하여 간다. 최초의 바이는 최상부에 둔다. 이와 같이, 교대로 해 간다.

이와 같이 하여 27명의 경기자인 경우, 바이에 필요한 사람은 31번, 2번, 29번, 4번 및 27번에 둔다. 이것이 공인 토너먼트에서 사용하는 공식 방법이다.

지금 이것을 27명의 참가자를 기준하여 드로우를 작성하여 본다.

2) 일반 스포츠 시드 작성법

① 토너먼트(Tournament)

1회마다 승자를 정하고 최후에 1조에 의하여 승패를 결정하는 방법으로 2의 배수(2n)에서 참가팀 수를 빼고 나머지를 부전승(by)으로 하여 그 수를 산출하여 대전표를 작성하는 방법이다.

(a) 2의 배수 = 2, 4, 8, 16, 32, 64, 128 ……
(b) 부전승의 산출 = 2의 배수 − 참가팀 수

예) 참가팀의 수가 6조일 때
8-6=2(by)

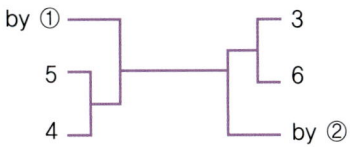

참가팀의 수가 13조일 때 16-13=3(by)

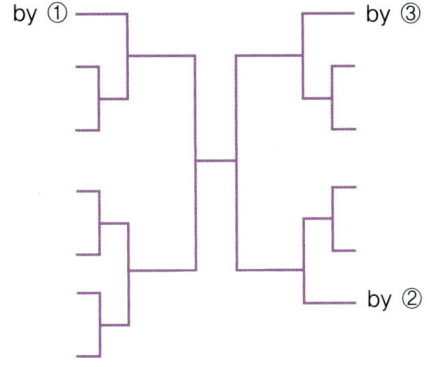

② 리그(League)전

 (a) 개인의 게임 수 = 참가팀 수 - 1 (참가팀 6, 6-1=5(게임 수))

 (b) 전 게임의 수 = 개인게임 수 $\times \dfrac{참가팀 수}{2}$ ($5 \times \dfrac{6}{2}$ = 15게임)

 (c) 대진 순서 산출 방법 (6게임)

```
1-6    1-5    1-4    1-3    1-2
2-5    6-4    5-3    4-2    3-6
3-4    2-3    6-2    5-6    4-5
```

* 참가팀이 홀수일 때는 짝수로 맞추어야 하고 허수인 짝수는 삭제한다.

(d) 일정표 작성

    1. 대진 번호에 의한 팀 배정 (추첨 및 참가 신청제출 순위)

    2. 일자 및 시간표 배정 (단체전과 개인전 또는 게임 수 참작)

    3. 코트 배정 (코트 수 파악)

(e) 순위 결정

	1	2	3	4	5	6	승	패	득	실	순위
1											
2											
3											
4											
5											
6											

PART 7

배드민턴 연구 문제

1. 역사 및 경기기술 연구 문제

1) 배드민턴 경기의 발생지와 발전과정을 설명하시오.

원래 배드민턴의 기원은 1820년경 인도의 봄베이 지방에서 발생하여 성행하던 푸나(poona)라는 경기가 오늘의 배드민턴 경기의 원형이라 볼 수 있으며, 1873년 인도에 주둔하고 있던 영국의 한 장교가 귀국한 후 글러스터시어(Gloucestershire) 주 배드민턴에 거주하는 뷰포드(Beauford)경에 전하여 여가 선용으로 놀이를 즐기는 것으로 시작하게 되었다.

2) 배드민턴이라는 명칭의 유래를 설명하시오.

영국 서부지방에 살고 있는 뷰포드 공작이 자기의 영지인 배드민턴 지방의 지명을 그대로 따서 이름을 지었다.

3) 최초로 국제 배드민턴 규칙(룰)이 제정된 것은 언제 어느 국가였습니까?

1893년 9월 영국 배드민턴 협회가 조직되어 배드민턴 규칙(LAW OF BADMINTON)을 공포하였다.

4) 우리나라에서 개최되는 국제 대회는?

코리아오픈 배드민턴(KOREA open Badminton) 대회는 1991년에 1회 대회가 서울에서 개최되었으며 총 상금수준이 상위에 랭크되어 전영국오픈대회와 일본오픈대회에 버금가는 국제적인 대회로 발전하여 세계 우수선수들이 참가하는 권위 있는 대회로서 I.B.F에서도 인정하는 모범적 대회로 성장하고 있다.

5) 배드민턴이 올림픽에 정식으로 채택된 대회는?

1992년 스페인 바르셀로나 올림픽 대회

6) 대한민국과 북한이 IBF(국제배드민턴연맹)에 가입한 시기는?

한국 : 1962년   북한 : 1974년(한국이 북한보다 12년 먼저 가입함.)

7) 이스턴 그립(Eastern Grip)의 방법은?

몸의 우측에서 타구할 때와 좌측에서 타구할 때 각각 라켓의 다른 면으로 칠 수 있는 그립으로서 배드민턴에서는 가장 일반적인 그립이다.

- **이스턴의 포핸드 그립(Forehand Grip)**

라켓의 타면을 바닥과 수직으로 놓고 손바닥을 벌려 핸들을 악수하는 것처럼 잡는다. 이때 엄지는 그립의 넓은 면에 대고 새끼손가락은 핸들의 끝 부분을 잡는다. 그립은 가볍게 하고 셔틀을 치는 순간에만 힘을 주도록 잡고 친 후에는 다시 힘을 뺀다.

- **이스턴의 백핸드 그립(Backhand Grip)**

포핸드 그립보다 핸들은 약간 좌측으로 잡는다. 엄지손가락은 핸들 측면의 넓은 부분에 살짝 댄다.

8) 백핸드 리시브가 수비에서 중요한 이유는 무엇입니까?

배드민턴은 공격과 수비가 빠르게 교체되는 경기이다. 아무리 강한 스매시나 푸시 또는 순발적인 커트와 같은 공격력이 있다 해도 결국 수비력이 없으면 상대를 제압하는 것은 어려운 것이다.

다시 말해 배드민턴에서 공격과 수비는 칼과 방패의 관계로 양쪽 모두가 완벽해야만 승리할 수 있는 기회가 주어지기 때문이다. 특히 수비 범위에 있어서 백핸드 리시브는 포핸드 리시브보다 수비 범위가 넓고 또한 상대로부터 빠르게 날아오는 셔틀을 처리하는 데에도 손목 스냅을 무리 없이 쉽고, 빠르게 이용할 수 있는 장점이 있기 때문이다.

※ 백핸드의 수비 범위는 포핸드보다 몸의 폭만큼 수비 범위가 넓으며 오른발을 뒤로 빼거나 몸을 빼면 그 수비 범위는 더욱 넓어지게 된다.

9) 배드민턴 그립에서 이스턴 그립이 웨스턴 그립에 비해 유리한 점은 무엇인가?

웨스턴 그립은 손목을 꺾을 수 있는 폭이 이스턴만큼 넓지 않으므로 타구의 코스가 좁아지고, 커트 동작이 작아진다는 단점이 있다. 편한 웨스턴 그립은 라켓 면이 상대의 정면을 향해 타구하기 때문에 코스나 구종을 상대에게 쉽게 노출시키게 되는 반면 이스턴 그립은 타구하기 바로 직전에 라켓 면이 상대방에 보이기 때문에 상대의 예측을 막을 수 있게 되는 장점이 있다. 또한 이스턴 그립에 비해 웨스턴 그립은 백핸드를 처리하는 데 불편한 점이 있다.

10) 스매시를 할 때 효과적인 방법은?

자기능력으로 할 수 있는 최고의 높이에서 네트 가까이에 거의 직각으로 떨어지도록 타구하는 것이 효과적이다.

11) 드롭 샷의 3가지 방법은?

- 스피드 있게 낙하시킨다.
- 속도를 줄여 네트 가까이에 힘없이 떨어지게 한다.
- 대각선으로 라켓을 사각으로 비틀어 셔틀을 깎아친다.

12) 헤어핀을 효과적으로 하기 위한 방법

네트를 넘어온 셔틀을 처리할 때는 네트 상단 테이프에서 받는 것이 가장 좋고 라켓에 셔틀을 대는 순간은 눈높이 정도가 알맞은 높이이다.

13) 사이드 암 스트록이란?

사이드 암 스트록(side arm stroke)은 어깨와 허리 사이의 높이에 날아오는 셔틀콕을 치는 것으로 드라이브 등 공격적인 스트록으로 사용된다. 오버헤드 스트록과 같은 위력적인 타구는 아니지만 상대방이 쉽게 공격할 수 없는 타구이다.

   사이드 암 스트록에서는 손목의 활용이 중요하며 코트 전체를 이용한 다양한 각도를 상대방 코트 깊숙이 보낼 수 있는 스트록이 위력적이다.

14) 스윙동작에 의한 스트록의 종류는?

① 오버 헤드 스트록(over head stroke)
② 사이드 핸드 스트록(side hand stroke and side arm stroke)
③ 언더 핸드 스트록(under hand stroke)
④ 라운드 헤드 스트록(round the head stroke)

15) 서브할 때 갖추어야 할 기본조건은?

① 자기가 보내고 싶은 곳에 셔틀이 리턴되어야 할 것.
② 상대가 예측하지 못하도록 페인트 모션을 써서 기습적으로 넣을 것.
③ 쇼트 서브는 상대가 푸시하지 못하도록 낮고 짧게 넣어야 할 것.
④ 쇼트, 롱, 드라이브 서브 등으로 상대가 예측하지 못하도록 다양한 종류로 서브할 것.
※ 규칙에 위배되지 않는 범위 내에서 자기의 체질과 능력에 맞는 서브를 개발하여 숙달시킴으로써 리시버가 당황하도록 연구 노력해야 한다.

16) 리시브의 위치는 어떻게 선정하는 것이 효과적입니까?

① 선수가 푸시나 헤어핀을 잘하는 네트플레이형과 스매시를 잘하는 선수의 위치는 약간 차이가 있다.
② 앞쪽은 약간 비워도 뛰어가 잘 칠 수 있는 앞쪽이 강한 선수와 백쪽은 강하나 앞쪽이 약한 선수의 위치는 조금씩 차이가 있다.

③ 백쪽의 서브에 약할 때는 백쪽으로 조금 이동하여 위치를 선정하고 네트 앞 짧은 서브에 약할 때는 다소 앞쪽으로 위치를 선정해야 한다.

※ 복식 경기에서는 두 사람 다같이 긴장을 풀고 어디에 쳐도 재빨리 움직여서 확실하게 스트록이 될 수 있도록 준비하는 것이 원만한 방법이다.

복식 경기는 서비스 라인보다 20cm 이상 뒤로 물러서지 않는 것이 좋으며 쇼트 서비스 라인에 가까울수록 좋다. 일류 복식 선수들은 라인을 밟고 친다고 할 수 있을 정도로 앞으로 전진할 수 있는 자세를 취하고 있다.

결국 어느 방향으로 셔틀이 오든 원 스텝으로 처리할 수 있는 자세 확립이 위치를 선정하는 중요한 요인이 될 수 있다.

17) 리시브 할 때 효과적인 게임 운영을 위해 셔틀을 처리하는 방법은?

① 안전제일주의로 셔틀을 처리하는 방법
② 다소 위험 부담이 있지만 강공을 택하는 방법
③ 상대의 급소를 찌를 수 있는 방법

18) 리시브의 중요성을 득점과 연결하여 설명하시오.

상대방의 서브를 받아 리턴하는 것을 리시브라고 하는데 이것 또한 서브 못지 않게 대단히 중요하다. 특히 선제 속공을 특징으로 하고 있는 현대의 배드민턴은 서브나 리시브가 승패의 30%의 승부율을 상회하기 때문에 더욱 중요하다.

리시브는 수비의 형태이지만 상대의 서브에 허점이 생기면 곧바로 공격하여 득점으로 연결시키며 상대의 서브가 정교하며 공격할 수 없을 때는 코스를 잘 선택하여 리턴함으로써 두 번째 랠리를 공격으로 전환시켜 득점할 수 있는 기회를 포착할 수 있기 때문에 서브 못지않은 리시브의 중요성이 강조되고 있다.

19) 풋워크의 스텝의 종류

① 러닝 스텝 – 앞으로 자연스럽게 두 발을 순서대로 뛰어가는 스텝

② 피벗 스텝 – 한쪽 발을 축으로 몸의 움직임을 좌우로 바꾸는 방법으로 제자리에서 좌우로 빠르게 방향을 전환할 때 중요하게 쓰이는 스텝이다.
③ 홉 스텝 – 한쪽 발을 연속으로 가볍게 뛰는 방법, 즉 한 발로 연속 투스텝으로 뛰는 방법
④ 슬라이딩 스텝 – 미끄러지듯이 두 발을 동시에 옮기는 방법으로 사이드 스텝과 같은 형태의 스텝이다.

20) 리액션(reaction) 스텝이란?

리액션 스텝이란 어떤 방향으로 이동하려고 할 때 순간적으로 힘을 축적하기 위해 그 반대쪽 방향의 발에 약간의 체중을 실어 작은 스텝을 먼저 밟는 것을 말한다.

21) 전진 스텝의 리시브를 할 때 무릎은 몇도 각도로 굽히는 것이 좋은가?

앞으로 오는 타구를 받을 때 마지막 스텝은 최대한 크게 내딛고 무릎을 굽히어 리시브하게 되는데 이때 상체를 그대로 유지한 채 타구의 높이에 대응하기 위해서는 무릎의 각도는 90°를 유지해야 한다. 무릎의 각도가 너무 좁으면 (90° 이하) 몸이 앞으로 기울어져 중심을 잃게 되어 다음 동작으로의 전환이 늦어지게 된다.

22) 홈 포지션에서의 준비자세는 어느 정도의 구부린 자세가 효과적입니까?

어깨 넓이 정도로 발을 벌린 상태에서 위로 점프하여 착지한 자세 정도의 구부림이 가장 자연스러우며 다음 동작으로 전환하기에 편리한 자세이다.

23) 셔틀이 오는 위치를 파악하고 상대의 타구를 예측하여 몸을 미리 움직이는 것은 좋은 습관입니까. 나쁜 습관입니까?

셔틀의 위치나 상대의 타구를 미리 예측하는 것은 좋으나 섣불리 미리 움직이지 말고 시각이나 청각으로 판단하여 행동해야 한다.

24) 페인트 모션(이중동작)으로 스트록(타구)하는 이유는 무엇입니까?

상대가 자기의 타구를 예측하지 못하도록 하여 상대를 혼란에 빠뜨리도록 하기 위한 타구 방법으로 상대를 속이기 위한 동작이다.

25) 상대의 예측을 흐리기 위해서 어떠한 타법을 구사해야 합니까?

한 가지 자세에서 여러 가지 타법을 구사해야 한다. 즉 클리어의 동작에서 스매시, 드롭 샷 등 다양한 기술을 구사하는 것이다.

26) 훈련 연습 계획은 실제의 경기 상황과 동일하게 계획해야 하는 이유는 무엇입니까?

모든 훈련은 실제 경기에서 승리하기 위한 수단이므로 경기에서 발생하는 그릇된 요인을 파악하여 해결할 수 있는 연습 계획이 가장 효과적인 방법이라 할 수 있다.

27) 상대가 강한 스매시로 많은 득점을 했을 때 어떻게 대처해야 합니까?

상대의 장점을 사용하지 못하도록 해야 한다. 즉 쇼트 서비스를 하고 네트에서 빨리 움직여 상대로 하여금 위로 올리도록 유도해야 한다.

28) 경기를 리드하고 있을 때의 전술은 무엇입니까?

자기의 작전을 그대로 유지하여 거세게 몰아붙여야 한다. 절대 기세를 누그러뜨려서는 안 된다.

29) 경기를 리드당하고 있을 때는 전술은?

머리를 완전하게 회전시켜 그 요인을 빨리 파악하여 만회할 수 있는 대책을 강구해야 하며 상대의 리듬을 깰 수 있도록 지연작전을 구사해야 한다.

30) 몸의 중심을 낮추어서 풋워크를 해야 하는 이유는 무엇입니까?
신체의 중심이동을 빠르게 하여 신속하게 셔틀을 처리하기 위해서 몸의 중심을 낮춘다.

31) 네트(Net) 앞에서의 셔틀처리가 미숙한 이유는?
네트 앞에서 셔틀을 치고 난 후 홈 포지션으로 움직임을 신속하게 하기 위하여 셔틀을 침과 동시에 움직이게 되는데 이때 몸의 중심이 흔들려 정확도가 떨어지는 결과를 가져오게 되어 실패를 범하게 된다.

　이때는 몸의 자세를 바르게 하여 타구가 완전히 이루어질 때까지 자세를 유지하여 타구해야만 정확도가 유지되어 실수를 줄이게 된다.

32) 공격할 때 스윙동작을 짧고 빠르게 해야 하는 이유는?
공격에서의 큰 스윙은 자신의 타구 방향을 상대에게 노출시키며, 타구 후 자신의 움직임마저 둔하게 하여 다음 동작을 원활히 수행하는 데 지장을 초래하기 때문이다.

33) 강한 스트록에 의한 공격보다 더욱 효과가 큰 공격 방법은?
공격의 파워가 약간 떨어지더라도 상대가 예측하기 어려운 코스로 동일한 동작에서 공격이나 스트록을 한다면 보다 효과적인 결과를 얻을 수 있다.

34) 복식 경기에서 파트너를 선택할 때 필요한 조건은?
- 오른손잡이와 왼손잡이가 이상적이다.
- 한 사람이 수비형일 때 파트너는 공격형이 이상적이다
- 장신과 단신으로 조화를 이룬다.

※ 두 사람이 맡은 코트의 영역을 어떻게 지킬 수 있느냐 하는 콤비네이션에 의한 협응력이 가장 중요하다.

35) 쇼트 서비스를 할 때 상대 선수의 어느 방향으로 서비스하는 게 효과적입니까?

- 우측 서비스를 넣을 때 오른손잡이 기준으로 우측 겨드랑이 방향으로
- 좌측 서비스를 넣을 때 오른손잡이 기준으로 좌측 겨드랑이 방향으로

36) 복식 경기에서 자기 파트너와 콤비플레이를 잘 할 수 있는 조건은?

복식 경기에서 두 사람 중 한 사람의 기량이 부족할 경우 집중 공격의 표적이 되기 때문에 평소 파트너의 취약점이나 강점을 파악하여 서로의 약점을 보완해 주어야 한다. 결국 콤비플레이의 묘를 살리기 위해서는 서로를 이해할 수 있는 열린 마음으로 성격과 기술을 분석하여 그 결과를 토대로 각자의 능력을 최대로 발휘하면서 파트너의 취약점을 서로 보완해 가며 경기를 운영해야 한다.

37) 적을 알고 나를 알면 백전백승이라 했습니다. 배드민턴에서도 상대의 전력을 철저히 분석하여 파악할 필요성이 있는데 여기서 상대의 전력이란 무엇을 말합니까?

- 상대 선수의 장·단점 파악
- 상대 선수의 성격 파악
- 상대 선수의 게임 스타일(공격형·수비형)
- 예선전의 경기전력
- 과거 자기와의 경기전력 등

38) 복식 경기에서 서비스의 중요성을 설명하시오.

복식 경기에서 서비스는 전체 경기 득점의 30%를 차지할 만큼 중요하다. 서비스가 실수 없이 매끄럽게 잘 들어갈 때 경기 흐름의 주도권을 잡을 수 있으며, 특히 자기 파트너가 어느 정도 예측할 수 있도록 서비스 코스를 잘 설정하는 것이야말로 바로 득점할 수 있는 찬스를 만들어 낼 수 있다.

39) 복식 경기에서 공격의 중요성은?

공격은 최선의 방어라고 했다. 수비력이 뛰어난 선수라도 공격력이 없으면 득점하기 어렵다. 강하고 끈질긴 공격력이 승패를 좌우한다는 것을 명심하여야 한다.

40) 배드민턴 경기에서 자기 극복을 위한 정신력이란?

신속한 판단력과 위기관리 능력을 위해서는 자신감 · 침착성 · 고통을 이길 수 있는 인내력이 자기극복을 위한 정신력 요인이라 할 수 있다.

41) 경기 전 경기장에서 미리 적응 훈련을 해야 하는 이유는?

- 체육관의 천장의 높낮이 적응(천장 9m 이상 12m까지)
- 체육관 조명이 밝은 것과 어두운 것
- 시합장 주위의 환경
- 기후와 기상조건 파악
- 코트 매트의 유무 확인 등
  선수가 어떠한 정신적 육체적인 압박에도 견딜 수 있는 스트레스에 대한 저항력을 강화시켜 주어야 한다.

42) 경기 초반에 많은 실점을 하게 되는 원인은 무엇입니까?

준비운동의 부족이나 과다 현상에서 올 수도 있고 코트 상황에 대한 파악능력 부족과 상대를 전혀 파악하지 못한 것에서 원인을 찾을 수 있다.

43) 복식 경기에서 전술적으로 가장 중요한 것은 무엇입니까?

두 선수의 협응력, 즉 콤비네이션이다. 다시 말해 어떠한 포메이션이든 자기가 맡은 코트의 영역을 무리 없이 소화할 수 있는 시스템플레이가 승패를 좌우하는 중요한 요인이다.

Part 7 배드민턴 연구 문제

44) 코트(court)의 규격

① Back Boundary Line(백 바운더리 라인)의 길이는?

6m 10cm

② Side Line(사이드 라인)의 길이는?

13m 40cm

③ 코트의 중앙선에서 쇼트 서비스 라인까지의 길이는?

1m 98cm

45) 셔틀콕의 스피드(속도)를 테스트 하기 위한 라인은 어디에 설치합니까?

단식코트 우측 사이드 라인 선상에 표시하여 백 바운다리 라인에서 53cm 되는 지점과 99cm 되는 지점에 표시하여 테스트를 한다(경기규정 3.2 그림 참조).

46) 포스트(Posts) 및 네트(Net)의 규칙

① 포스트의 높이는 얼마입니까?

1m 55cm

② 네트 중앙의 높이는 얼마입니까?

1m 52cm 4mm(1.524m)

③ 포스트는 코트의 어느 위치에 세워져야 합니까?

코트의 중앙지점 복식 사이드 라인 선상에 세워져야 한다.

④ 단식 경기일 때 포스트는 어느 위치에 세워야 합니까?

단식 혹은 복식 경기에 관계없이 복식코트의 사이드 라인 위에 세워져야 한다.

⑤ 네트의 색상과 그물눈은 몇 cm 입니까?

거무스레한 색의 부드러운 끈으로 1.5~2.0cm의 그물눈의 폭으로 만들어져야 한다.

47) 라켓(Racket)에 대한 규정

① 라켓 형태를 변경하여 사용할 수 있는지?

그립이 닳거나 떨림을 줄이거나, 무게를 분산시키기 위해서 손잡이를 안정시키는 이외의 라켓 형태를 변경하는 것은 허용되지 않는다.

② 라켓의 무게는 보편적으로 몇 g이며 제한된 규정은 있습니까?

라켓 무게는 제한된 규정이 없으며 요즈음은 90~120g 정도의 가벼운 라켓을 사용한다.

③ 배드민턴 커트(Strings)를 팽팽하게 맬 때와 느슨하게 매는 차이점은 무엇입니까?

수비형의 선수는 약간 느슨하게 매어 셔틀콕의 접촉을 손에 더 많이 느끼게 하며 공격적인 선수는 강한 탄력이 셔틀콕에 적용될 수 있도록 팽팽하게 매는 것이 보편적인 관례다.

48) 토스(Toss)의 의미와 실시하는 방법을 설명하시오.

토스란 경기 개시의 방안으로 동전(코인)을 던져 서비스권이나 코트 선택권을 정하기도 하고, 동전이 준비되지 않았을 때는 라켓이나 셔틀콕을 가지고 서비스권이나 코트 선택권을 정하기도 한다. 그러나 국제 경기에서는 동전(코인)을 사용하는 것이 원칙이다.

2. 서비스(Service) 연구 문제

※ 아래 물음에 답하시오.

① 서브를 넣을 때 고의적으로 지연을 유발할 때는 심판은 어떤 판정을 해야 합니까?

행위가 경미할 때는 경고를 주고 정도가 심하면 폴트를 준다.

② 풋 폴트(foot fault)를 설명하시오.

예 1) 풋 폴트

서버와 리시버는 대각선 위치에 서 있어야 하며 코트의 경계선을 밟지 않아야 한다.

예 2) 풋 폴트

서버와 리시버의 양다리는 서비스가 넘어갈 때까지 서비스를 시작하는 자세로 고정되어 있어야 한다.

예 3) 풋 폴트

서브권자가 서비스를 하기 전에 상대가 미리 움직일 때는 반칙이며 풋 폴트라 한다.

③ 오버 웨이스트(Over Waist)를 설명하시오.

셔틀이 라켓과 접촉하는 순간에, 셔틀의 전체가 서버의 허리보다 밑에 있어야 한다. 여기서 말하는 허리는 가상의 라인이며, 대략 서버의 마지막 갈비뼈 부분이라고 생각하면 된다.

④ 셔틀 베이스(Shuttle Base)를 설명하시오.

서버의 라켓은 셔틀의 베이스를 치는 것으로부터 시작한다.

⑤ 이중모션(Double Motion)이란?

서버의 라켓 움직임은 서비스 시작부터 (규정 9.2) 서비스가 넘어갈 때까지 (규정 9.3) 앞으로 향하는 움직임이 계속되어야 한다.

> 9.2 선수들이 서비스 준비가 되어 있을 때, 서버의 라켓 헤드가 최초로 앞으로 나가는 방향이 서비스의 시작이다.
>
> 9.3 서비스가 시작되었으면 (규정 9.2) 서버의 라켓이 셔틀을 쳐서 넘어가거나, 서비스를 시도했을 때 셔틀을 못 맞히는 경우가 있다.

⑥ 오버핸드(Overhand)란?

서버가 셔틀을 치는 그 순간에 라켓의 샤프트는 아래쪽 방향을 향하고 있어야 한다.

⑦ 선수가 서비스 위치를 잡은 후 서버의 라켓 헤드 이동 후 중간에서 중단했다가 재시기 할 때는 폴트입니까? 렛입니까?

폴트이다. 그 이유는 양 선수가 준비된 상태에서 재시기는 허용되지 않게 때문이다.

⑧ 서비스할 때 셔틀이 서버의 라켓에 맞거나 헛쳤을 경우는 폴트입니까? 렛입니까?

폴트이다. 그 이유는 라켓스윙을 시작하여 라켓에 맞거나 헛쳤을 경우에도 서비스를 정당하게 행한 것으로 간주하기 때문이다.

⑨ 리시버가 준비되지 않은 상태에서 서버가 서비스 한 것이 리시버가 받지 않은 상태에서 인(In)일 경우에도 폴트입니까? 렛입니까?

렛이다. 그 이유는 모든 서비스 행위는 양쪽 선수가 준비된 상태에서 실시하는 것이 원칙이다. 다만 무의식적이라도 리시버가 서비스를 받아넘기려고 시도하였다면 준비된 것으로 간주한다.

⑩ 복식 경기에 있어서 상대는 볼 수 있는 위치에 있어야 하며 그러지 못할 때는 심판이 시정해 주어야 한다.(O)

Part 7 배드민턴 연구 문제

⑪ **단식 경기에 있어서 서버와 리시버의 위치를 설명하시오.**

자기의 점수가 짝수일 때는 오른쪽 서비스 코트에서 홀수 점수일 때는 왼쪽 서비스 코트에서 서브를 주고받아야 한다.

⑫ **복식 경기에서 경기 시작 때 서비스 권을 얻은 서버의 위치를 설명하시오.**

경기 시작과 서비스 권을 얻은 매번 오른쪽 위치해 있는 선수가 서비스를 해야 한다.

⑬ **복식 경기에서 리시버가 서비스를 받을 때 리시버의 파트너가 셔틀을 건드리거나 헛쳤을 경우에는 폴트입니까? 렛입니까?**

폴트이며 서비스 한 쪽이 점수를 얻게 된다.

⑭ **복식 경기에서 첫 서비스 권은 몇 사람에게 주어집니까?**

랠리포인트제에서는 세컨서비스제가 없어졌기 때문에 첫 서비스권은 없다.

⑮ **서비스 코트에서 에러(Service Court Errors)가 발생하는 원인은 무엇입니까?**

- 서브 순서가 바뀌었을 때
- 틀린 서비스 코트에서 서브했을 때

⑯ **서비스 코트 에러가 일어난 뒤 서비스가 행하여지기 전에 에러가 발견되었을 때 에러를 범한 측에서 그 랠리에 이겼다면 득점으로 인정됩니까? 렛입니까?**

그 랠리의 득점은 인정되고 위치를 정정한다.

⑰ **서비스 코트에서 에러가 발생했을 때 정정할 수 있는 시기는 언제입니까?**

다음 서비스가 행하여지기 전에 정정해야 하며 서비스를 행한 후에는 정정되지 않는다.

⑱ **서비스 코트의 에러가 정정되지 않았을 때 새 서비스 코트로 바꾸어야 합니까? 바꾸지 않고 그 코트에서 서비스합니까?**

바꾸지 않고 그대로 진행해야 한다.

3. 반칙(Fault) 연구 문제

※ 아래 문제에 답하시오.

① 경기 중 셔틀이 천장을 건드리면 폴트입니까? 렛입니까?

폴트이다. 셔틀이 천장뿐만이 아니라 옆벽에나 선수의 옷에 걸렸을 때도 폴트로 간주한다.

② 오버 네트(Over Net)를 설명하시오.

경기 중 셔틀이 네트를 넘어 오기 전에 쳤을 경우를 말한다. 그러나 셔틀이 네트를 넘었다면 오버 네트로 간주하지 않는다.

③ 셔틀이 인플레이 중에 네트를 건드리거나 부착물을 건드릴 때는 폴트입니까? 렛입니까?

폴트이다.

④ 상대 선수에게 고의로 소리를 지르거나 몸 동작을 해서 상대방에게 위압감을 주었을 때 폴트입니까? 렛입니까?

폴트이다. 어떠한 행동이든 고의적으로 상대를 방해하면 폴트이다.

⑤ 인터피어(Interfere)란 무엇입니까?

경기 중 라켓이나 사람이 네트 밑으로 상대편 코트를 침범해 상대 선수를 방해했을 경우를 말하며 이것은 폴트이다.

⑥ 상대 선수의 정당한 스트록을 방해하였을 경우 폴트입니까? 렛입니까?

폴트이다.

4. 렛(Lets) 연구 문제

※ 아래 문제에 답하시오.

① 렛(Lets)이란 무엇을 뜻합니까?

심판이 경기를 중단시키기 위하여 부르며 만약 심판이 없을 경우에는 선수가 부른다. 렛이 발생되었을 때는 점수는 가산되지 않는다.

② 예기치 못한 우발적인 사고 시, 즉 경기 중 다른 셔틀이 코트에 들어 왔다든지 다른 물체가 코트에 들어 왔을 경우는 폴트입니까? 렛입니까?   렛이다.

③ 셔틀이 네트를 넘어가다가 네트 위 흰 천 상단에 걸린다면 폴트입니까? 렛입니까?

렛이다. 다만 서비스 때는 인정되지 않고 폴트로 처리한다.

④ 서비스 때 리시버와 서버가 동시에 반칙을 범하면 렛이다. (○)

⑤ 경기 중 셔틀이 나누어졌을 때는 폴트인가? 렛인가?   렛이다.

⑥ 경기 중 라인저지가 보지 못했고 심판(엄파이어)이 보지 못했을 경우 폴트입니까? 렛입니까?   렛이다.

⑦ 리시버가 준비하기 전에 서버가 서비스하면 폴트인가? 렛인가?   렛이다.

5. 심판 테스트 문제

1) 아래 문제를 읽고 정답이면 ○표 틀린 답이면 × 표를 하시오.

① 서브를 넣을 때 셔틀이 네트 위에 걸렸을 때는 "LET(렛)"이라 콜하고 다시 서브하게 한다.
 (×) – 서브가 아닐 때는 Let(렛)으로 처리한다.

② 레프리는 경기 규칙 및 해석의 질의뿐만 아니라 경기중의 심판 판정에 관한 권한도 갖는다.
 (×) – 경기 중 판정에 관한 권한은 심판만이 가진다.

③ 주심은 Service Judge가 보지 못한 서버의 반칙을 잡을 수 있다. (○)

④ 경기 중 선심의 판정에 주심의 권한으로 번복할 수 있다. (○)

⑤ 선수가 서브를 하는 동안 셔틀을 헛쳤으면 다시 서브할 수 있다. (×)

⑥ 서브할 때 코트에 문제가 있었지만 다음 서브가 이루어지기 전에 발견되지 않았을 때, 잘못된 부분은 정정되지 않는다. (○)

⑦ 혼합복식 경기에서 반드시 여자선수가 첫 서브와 리시브를 해야 한다. (×)

⑧ 주심은 고함을 지르거나 상대 여자선수에게 위협적인 행동을 하는 선수에게 경고와 폴트를 선언할 수 있다. (○)

⑨ 경기 중 셔틀콕이 분리되어 깃털 부분은 코트 안에 코르크 부분은 코트 바깥에 떨어졌다. 이때는 아웃으로 판정한다. (×)

⑩ 주심은 어떠한 이유에서라도 경기를 중단할 수 없다. (×)

⑪ Change End를 할 시기에 부주의로 하지 못하여 9:8이 되었을 때 발견하면 코트를 바꾸고 스코어는 그대로 속행한다. (○)

⑫ 주심은 양 랠리가 끝난 후 양 선수가 준비된 상태를 확인한 후 스코어를 콜해야 한다. (×)

⑬ 경기 중 다른 코트에서 셔틀이 날아 왔다. 그러나 주심은 이를 보지 못하고 선수가 지적하여 경기를 중단하였다. 이때 주심은 렛을 선언하고 재경기를 실시할 수 있다. (×)

⑭ 서브의 순서가 바뀌었다. 이때 다음 서비스 전에 에러를 발견하지 못하고 그대로 진행되었고, 그 후 발견되어 심판이 이것을 폴트로 선언하였다. (×)

⑮ 복식용 코트에서 네트포스트(Net Post)는 복식 경기는 물론 단식 경기에서도 복식 코트의 사이드라인 위에 세워져야 한다. (○)

2) 다음 사항은 폴트인가 렛인가?

① 셔틀이 인플레이 상태에서 선수의 옷이 네트 포스트에 닿았을 때는? (폴트)

② 선수가 라켓을 놓쳐 상대방 코트에 떨어졌을 경우는? (폴트)

③ 경기 중 선수가 친 셔틀콕이 자기 쪽 네트 중간에 매달려 있는 경우? (폴트)

④ 셔틀콕이 코트를 둘러싸고 있는 관중이나 어떤 물체에 닿았을 경우는? (폴트)

⑤ 상대 선수가 셔틀콕을 내리칠 찬스에서 되받아 치는 기회를 잡기 위해 라켓을 고의적으로 네트 아주 가까이에 들어올려 대는 동작은? (폴트)

⑥ 의도적으로 상대를 교란시키기 위해서 고함을 지르거나 이상한 제스쳐를 취할 경우는? (폴트)

⑦ 경기 중 선수가 친 셔틀이 완전히 분리되어 상대 코트에 넘어오는 경우는? (렛)

⑧ 셔틀이 포스트를 맞고 셔틀을 친 선수의 네트 쪽에 떨어졌을 경우? (폴트)

3) 아래 물음에 대한 정답은?

① 네트 높이는? (a)

　ⓐ 사이드 라인에서는 1.55m이며 중앙에서는 1.524m이다.
　ⓑ 사이드 라인에서는 1.524m이며 중앙에서는 1.50m이다.
　ⓒ 사이드 라인에서는 1.542m이며 중앙에서는 1.50m이다.
　ⓓ 중앙에서는 1.524m이며 경기장 사정에 의해 레프리가 조정할 수 있다.

② 경기 중 심판은 언제 선수가 물을 마실 수 있도록 허락하는가? (a)

　ⓐ 수시로 심판이 판단하여 허용한다.　　ⓑ 매 게임이 끝났을 때 허락한다.
　ⓒ 레프리의 허락을 받고 결정한다.　　ⓓ 10분 간격으로 허용한다.

③ 심판은 언제 선수에게 옷을 갈아입을 수 있도록 허락하는가? (c)

　ⓐ 5분간 휴식 시간에 허락한다.　　ⓑ 언제든지 허락한다.
　ⓒ 매 게임이 끝났을 때 허락한다.　　ⓓ 레프리의 허락을 받고 결정한다.

④ 한 선수가 셔틀콕을 바꾸자고 하지만 다른 선수는 반대한다. 심판은 어떤 조치를 취해야 하는가? (c)

ⓐ 바로 바꾸어준다.
ⓑ 한 선수가 반대하기 때문에 안 된다.
ⓒ 심판이 판단하여 결정한다.
ⓓ 레프리에게 문의 한 후 바꾸어준다.

⑤ 주심은 지나치게 경기를 지연하거나 계속해서 반칙을 범하는 선수에게 어떠한 조치를 취해야 하는가? (b)

ⓐ 기권시킨다.
ⓑ 경고 후 폴트를 선언한다.
ⓒ 팀 매니저를 불러 주의를 준다.
ⓓ 레프리와 상의한 후 결정한다.

⑥ Line Judge가 "Unsighted" 시그널을 하였다. 심판은 어떻게 해야 하는가? (b)

ⓐ Line Judge가 못 보았기 때문에 렛을 선언한다.
ⓑ 주심이 판단하여 결정할 수 있으며 주심도 보지 못하였으면 렛이다.
ⓒ 레프리에게 물어본 후 판정한다.
ⓓ 옆에 위치한 Line Judge에게 물어 본 후 판정한다.

⑦ 경기 중 스코어가 1:1이 되었을 때 양 선수가 합의하여 휴식시간 없이 경기를 계속할 것에 동의하였다면 심판은 어떠한 조치를 취해야 하는가? (a)

ⓐ 양 선수의 합의에 따라 경기를 속행시킨다.
ⓑ 규칙에 따라 5분간 휴식을 갖도록 한다.
ⓒ 양 선수의 코치를 불러 물어본 후 결정한다.
ⓓ 레프리와 상의한 후 결정한다.

⑧ 양 선수가 셔틀이 너무 잘 나간다고 서로 합의하여 Speed를 조절하였다. 이때 심판은 어떻게 해야 하는가? (c)

ⓐ 그대로 진행시킨다.

ⓑ 레프리와 상의한 후 셔틀의 교환여부를 결정한다.

ⓒ 경고 후 새 셔틀로 교환하여 진행시킨다.

ⓓ 주의를 주고 그대로 진행시킨다.

⑨ 서버가 서비스를 하고 리시버는 셔틀콕을 치려고 하지만 놓쳐버리고 나서 심판에게 준비가 안 되었다고 주장한다. 심판은 어떻게 해야 하는가? (b)

ⓐ 다시 서브하게 된다.

ⓑ 정당한 리시브 동작으로 인정하여 판정한다.

ⓒ 상대 선수의 동의를 얻어 다시 서브하게 한다.

ⓓ 서비스 저지에게 물어본 후 결정한다.

⑩ 한 선수가 창문 커튼 틈새로 햇빛이 들어와서 경기를 할 수 없다고 주심에게 햇빛을 막아달라고 요구한다. 이때 주심은? (b)

ⓐ 선수의 요청은 무시하고 경기를 진행시킨다.

ⓑ 레프리에게 선수의 요청을 전달하고 경기는 진행시킨다.

ⓒ 경기를 중단하고 선수의 요청대로 커튼을 친 후 경기를 진행시킨다.

ⓓ 경기는 중단하고 주심이 경기 진행석으로 가서 선수의 요구를 전한 후 경기를 진행한다.

⑪ 한 선수가 Line Judge의 잘못된 판정에 심하게 항의한다. 이때 주심은? (d)

ⓐ 선수의 항의를 받아들여 Line Judge의 판정을 번복한다.

ⓑ 선수의 항의를 타당하다고 생각되어 렛을 선언하고 다시 경기를 진행시킨다.

ⓒ 레프리에게 물어보고 결정을 내린다.

ⓓ 선수에게 주의와 경고를 주고 계속될 땐 폴트를 선언한다.

⑫ 단식 경기 중 셔틀콕이 복식 사이드 라인 위에 세워져 있는 포스트를 맞고 단식 코트 안에 떨어졌다. 이때 주심의 판정은? (b)

ⓐ 단식 사이드라인 바깥에 있는 포스트에 맞았기 때문에 "Out"으로 판정한다.

ⓑ 단식 코트 안에 떨어졌기 때문에 "In"으로 판정한다.

Part 7 배드민턴 연구 문제

ⓒ 렛을 선언하고 다시 경기를 진행시킨다.

ⓓ 레프리에게 물어보고 결정한다.

⑬ 셔틀이 라인 근처에 떨어졌을 때 두 Line Judge가 서로 다른 판정을 하였다. 이때 주심의 판정은? (a)

ⓐ 두 Line Judge가 서로 다른 판정을 하였기 때문에 렛을 선언한다.

ⓑ 레프리를 불러 레프리의 결정에 따라 판정한다.

ⓒ 두 Line Judge의 판정이 다를 때는 "In"으로 판정한다.

ⓓ 두 Line Judge의 판정이 다를 때는 "Out"으로 판정한다.

⑭ 복식 경기 중 한 선수가 라켓이 부러져 코트 바깥에 있는 라켓을 그 파트너가 가져다 주었다. 이때 주심은? (c)

ⓐ 경기 중 코트를 떠났게 때문에 폴트를 선언한다.

ⓑ 돌발적인 상황이므로 렛을 선언하고 다시 경기를 진행한다.

ⓒ 경기 중 코트 주변에 놓아둔 라켓가방에서의 라켓 교환은 가능하다.

ⓓ 당사자가 아닌 파트너가 코트 바깥으로 나갔기 때문에 폴트이다.

⑮ 경기 중 한 선수가 라켓이 부러져 라켓 샤프트로 쳐서 그 랠리에 이겼다. 이때 주심의 판정은? (b)

ⓐ 렛을 선언하고 다시 경기를 진행시킨다.   ⓑ 정당한 스트록으로 득점을 인정한다.

ⓒ 레프리에게 물어보고 결정한다.   ⓓ Service Judge와 논의하여 결정한다.

⑯ 선수가 서브를 넣는 도중 상대방 선수가 손을 들고 아직 준비가 되지 않았다고 시그널을 하면서 네트를 넘어오는 셔틀을 라켓으로 잡았다. 이때 주심의 판정은? (c)

ⓐ 렛을 선언하여 다시 서브를 하게 한다.

ⓑ 레프리에게 물어보고 결정한다.

ⓒ 서버의 득점을 인정한다.

ⓓ Service Judge와 의논하여 결정한다.

⑰ 경기 중 서비스 저지가 서버의 폴트를 지적하였다. 그러자 서버는 왜 폴트냐고 서비스 저지에게 항의한다. 이때 주심은? (b)

　ⓐ 선수를 불러 경고를 준다.
　ⓑ Service fault라고 콜한 후 선수를 불러 설명하고 경기를 진행시킨다.
　ⓒ Service fault라고 콜한 후 서비스 저지에게 설명해 주라고 한다.
　ⓓ 서비스 저지에게 설명해 줄 것을 지시하고 선수에게는 경고를 준다.

⑱ 랠리 중 한 선수의 신발 창이 분리되어 떨어져 나갔다. 이때 주심의 결정은? (c)

　ⓐ 즉시 경기를 중단하고 레프리에게 부탁하여 신발을 바꿔 신도록 한다.
　ⓑ 랠리가 끝난 후 그 팀의 코치에게 신발을 가져오도록 한다.
　ⓒ 랠리가 끝난 후 레프리에게 부탁하여 신발을 바꿔 신도록 한다.
　ⓓ 즉시 경기를 중단하고 선수가 나가서 신발을 바꿔 신도록 한다.

⑲ 4명의 라인 저지가 임명된 경기에서 서비스한 셔틀이 센터라인 근처에 떨어졌다. 리시브 측 선수는 "Out"이라고 라인 저지가 "In"이라고 하였다. 이때 주심은? (d)

　ⓐ 선수의 판정대로 Out을 선언한다.
　ⓑ 라인 저지의 판정대로 In을 선언한다.
　ⓒ 렛을 선언하고 다시 서브하게 한다.
　ⓓ 주심의 권한이므로 주심이 판정한다.

⑳ THOMAS CUP 대회(단체전)에서 한국의 AHN HAE CHANG 선수와 중국의 LUO YIGANG 선수가 한국의 서브로 첫 단식 경기를 갖는다. 이때 주심의 경기 개시 전 Call을 쓰시오.

Ladies and Gentlemen. on my right Korea represented by AHN HAE CHANG and on my left China represented by LUO YIGANG Korea to Serve.
love all. play

6. 경기력 진단 연구 문제

※ 아래 문제에 답하시오.

① **신장과 배드민턴 경기력과의 관계?**   스매시나 드롭 샷과 같이 높이의 우위가 승패에 중요한 역할을 하기 때문에 신장이 큰 사람이 경기효과면에서 유리하다.

② **앉은키보다 하지장이 긴 선수가 경기력에 유리한 점은?**
빠른 움직임으로 수비와 공격의 활동범위 확보가 넓어지기 때문이다.

③ **스매시와 같은 공격적 기술을 사용할 때 가장 필요로 하는 체력 요소는?**   근 파워

④ **배드민턴 기술 발휘에 필요한 체력 요인은?**

민첩성 ➡ 공격과 수비 시 방향전환
유산소지구력 ➡ 경기시간이 길기 때문
유연성 ➡ 부상방지 및 기술의 완성
평형성 ➡ 신체의 중심이동 시 균형유지
근파워 ➡ 공격적 기술사용

⑤ **배드민턴의 체격진단 요소는?**   • 길이요인 검사   • 무게요인 검사   • 둘레요인 검사

⑥ **랠리 포인트제에서 스코어링 시스템을 설명하시오.**
3게임 중 2게임 선취자가 승리. 스코어가 20:20 동점일 경우 2점을 연속해서 득점해야 하며 29:29인 경우 30점에 먼저 도달한 자가 승리한다(185쪽 득점편 참조).

배드민턴 용어

롱 하이 서브(Long high serve) : 높고 긴 서브로 '하이 디프 서브(high deep serve)'와 같은 용어이다.

에러(error) : 실패.

에이스(ace) : 결정타. 완전히 득점을 올릴 수 있는 타구.

엔드(end) : 사이드라고도 한다. 코트를 네트로 갈라놓은 한쪽을 말한다.

엔드 라인(end line) : 코트 끝 쪽 라인.

오버 더 네트(over the net) : 오버 네트. 경기자의 신체 일부나 라켓이 네트를 넘어서 상대 코트 안에 들어간 상태를 말하며 반칙이다.

오버 더 웨이스트(over the waist) : 서브할 때 셔틀콕을 허리보다 높은 지점에서 치는 것으로 반칙이다.

오버핸드(overhand) : 서브할 때, 셔틀콕을 치는 순간에 라켓 헤드의 일부가 손의 위치보다 높은 위치에서 타구하는 방법이다. 스매시, 클리어, 드롭 샷, 커트 등이 이 형태로 치는 방법이다.

오펜스(offence) : 상대에게 공격을 가하는 상태로서 공격 시에는 셔틀콕이 아래로 향하는데, 이를 위해서는 스매시, 드롭 샷, 로우 서브, 드라이브, 공격성 클리어 등의 샷을 구사해야 한다. 머리 위에서 행하는 샷은 스피드, 예리한 각도, 정확한 방향 등의 요건을 갖추어야 한다. 그 외에 속임수나 좋은 위치 선정 등도 중요한 역할을 한다. 결정타를 가하지 못하더라도 상대 수비자가 올리는 샷을 할 수밖에 없다면 그 공격은 성공적인 것이다.

온 가드 스탠스(on guard stance) : 대기하는 자세. 양발의 폭을 어깨 정도의 너비로 벌리거나 앞뒤로 벌려 무릎의 힘을 빼고 구부려, 허리를 낮추고 라켓을 잡은 자세이다.

온 라인(on line) : 셔틀콕이 경계선 위에 떨어지는 것으로 유효타이다.

올 리시브(all receive) : 상대 공격에 대한 수비 대형으로서 두 선수 모두 코트 후방에 위치한 경우를 말한다.

올 코트(all court) : 복식 경기에서 한 팀 내 두 명의 선수가 코트 전체를 고르게 활용하는 전천후 게임 운영 방식을 뜻한다. 이런 유형의 경기 방식은 경기 내내 스피드가 있으며 공격적이므로 긴박감이 있다. 그러나 상대 선수를 끊임없이 압박해야 하므로 라켓 조절 능력, 반사 신경, 예측 능력 등이 우수해야 할 뿐만 아니라 체력도 겸비해야 한다.

올 코트 플레이어(all-court player) : 코트의 전방, 중간 그리고 후방에서 힘에 의존하여 과감하게 공격하거나 기회를 조성하는 등의 모든 유형의 경기 운영에 능한 선수.

와이드(wide) : 셔틀콕이 사이드 바운더리 라인 밖으로 나가는 것.

우드 샷(wood shot) : 셔틀콕이 중앙에 맞지 않고 프레임, 스로트, 샤프트, 혹은 핸드에 맞아서 반구된 샷을 말한다. 이전에는 반칙이었으나 1963년부터 적법한 것으로 인정되었다.

우먼즈 더블즈(women's doubles) : 여자 복식.

우먼즈 싱글즈(women's singles) : 여자 단식.

원 아웃(one out) : 복식 경기에서 2명 가운데 1명의 실수로 실점하는 경우.

웨스턴 그립(western grip) : 라켓을 잡는 방법의 한 가지. 라켓의 타구 면을 코트의 바닥과 나란히 되게 해서 바로 그 위에서 그립을 잡는 형태. 라켓의 한쪽 면만 이용하므로 포핸드 스트록은 할 수 있으나 백핸드로 치는 동작은 아주 불리한 잡기 방법인데, 초보자들이 많이 택하는 방법이다.

웨지 어택(wedge attack) : 공격팀이 전후 공격 대형을 취한 상태에서 전위 선수는 상대편의 대각선 반구를 방어하기 위해 자기 편의 후위 선수와는 다른 쪽 측면에 위치한다. 공격은 오직 한 명의 수비수에게만 집중된다.

위프(whip) : 코트 중간 또는 코트 전방의 네트 최상단 근처에서 코트 후방으로 빠르게 상승하도록 치는 타법으로 상대 선수를 급하게 코트 후방으로 몰아내어 정확한 자세로 공격을 하지 못하게 하고 셔틀콕을 올리게 하는 목적이 있다.

유니버셜 그립(universal grip) : 엄지를 라켓 손잡이의 사선 모서리에 얹어서 라켓을 잡는 방법으로 백핸드 그립과 유사하다. 세계적인 선수들이 이 방법을 사용한다.

이닝(inning) : 단복식 경기를 막론하고 한 팀이 서브권을 가지고 있는 기간을 지칭한다.

이스턴 그립(eastern grip) : 라켓의 타구 면을 코트의 지면에 대해 수직으로 세운 다음 바로 그 위에서 악수하듯이 잡는 형태. 백핸드일 때는 엄지손가락을 뒤쪽에 대고 잡는다. 힘을 넣기가 쉬워 강타를 칠 수 있으며 보통 포핸드나 백핸드 때 바꿔 잡지 않아서 배드민턴에 적합한 그립이다.

익스텐션(extension) : 팔꿈치나 손목을 펴는 동작. 이 동작 때문에 팔과 손보다 라켓 머리의 속도가 크게 되어 파워가 증가한다.

인(in) : 인 서브 또는 인 사이드라고도 함. 서비스를 하는 쪽의 플레이어 또는 팀을 말한다. 셔틀콕이 코트 내에 잘 들어갔을 때에도 인이나 라이트 인이라는 용어를 쓴다.

인 서비스(in service) : 서브를 하는 쪽.

인 사이드(in side) : 서브권을 가지고 있는 선수나 팀. 서브권을 잃지 않는 한 계속 인 사이드가 되는 것이 배드민턴의 특징. 반대 용어는 '아웃 사이드'.

인터벌(interval) : 한 경기 중에 제1게임과 제2게임, 제2게임과 제3게임 사이의 휴식 시간을 말한다. 1~2게임 사이에는 90초, 2~3게임 사이에는 5분간 휴식을 취하는데, 이 시간 중 코치의 지도가 허용된다.

인터페어(interfere) : 상대의 플레이를 방해하는 일. 예를 들어, 상대가 네트 바로 근처에서 셔틀콕을 아래쪽으로 치는 것 같은 경우에, 셔틀콕이 튀어서 되돌아올지도 모르는 상태에서 네트 가까운 곳에서 라켓을 위로 올리는 듯한 동작을 인터페어라고 간주한다. 그러나 상대의 플레이를 방해하지 않고 셔틀콕이 얼굴에 맞는 것을 방지하기 위해서 라켓을 올리는 것은 반칙이 되지 않는다.

인플레이(in play) : 셔틀콕이 서버의 라켓을 떠나서 코트에 닿거나 반칙이 발생하거나 렛이 발생할 때까지 경기 중임을 지칭한다.

임팩트(impact) : 라켓을 흔들어서 셔틀콕을 맞추는 것으로 오른손잡이의 경우 오른쪽 어깨 앞과 왼발이 교차하는 지점에서 셔틀콕을 가격해야 한다.

전략(strategy) : 다양하고도 구체적인 전술을 사용하며 실행하는 공격의 일반적인 계획.

전술(tactics) : 점수를 내기 위하여 어떤 종류의 샷을 어떤 위치에 보내고 어떠한 속임수를 사용하며 어느 위치에 있어야 하는가를 결정하는 등의 여러 가지 계획을 말한다.

점프(various jump) : 배드민턴에서 스매시의 성패는 얼마나 빨리, 높은 곳에서, 앞에서 셔틀콕을 가격하는 냐에 달려 있는데, 이를 위해서는 점프가 필요한 경우가 많다. 점프에는 한 발로 점프하여 같은 발로나 다른 발로 착지하는 방법이 있으며, 한 발로 점프하여 두 발로 착지하거나 두 발로 점프하여 두 발, 혹은 한 발로 착지하는 다섯 가지 유형으로 분류된다.

점프 스매시(jump smash) : 더욱 강력하고 예리한 각도로 스매시하기 위하여 두 발을 마루에서 띄운 상태에서 스매시하는 진보된 기술.

존(zone) : 주로 수비에 쓰이는 용어. 그러나 배드민턴은 공격하면서 수비하고, 수비하면서 공격하는 스포츠인 만큼 오직 수비에만 적용된다고 볼 수는 없다.

주심(umpire) : 여러 명의 심판 가운데 주장이 되어, 규칙에 의거, 경기 내용을 판정하고 경기 진행의 권한과 책임을 가진 사람.

채널 어택(channel attack) : 전위 공격자가 후위 선수의 바로 앞에 위치하여 전후 공격대형을 취한다. 공격은 오직 한 명의 수비수에게만 집중한다.

체인지 엔드(change end) : 1게임마다 코트를 교체하는 것을 체인지 엔드라고 한다. 또 게임 카운트가 1대 1로 되어서 3게임째를 행하는 경우에는 제3게임의 도중에 또 한 번 엔드를 교체한다. 그 시기가 15점 게임에서는 8점, 11점 게임에서는 6점을 어느 쪽인가가 선취했을 때에 행한다.

체크 스매시(check smash) : 경기자가 스매시 자세를 취한 후 라켓 머리의 속도를 갑자기 줄여서 셔틀콕을 코트 전방에 부드럽게 떨어뜨리는 것. 이것은 수비수를 속여서 셔틀콕이 늦게 도달하도록 할 때에 행한다.

쵸핑(chopping) : 손의 속도와 유연성을 높이기 위해 행하는 운동.

캐리(carry) : 'sling', 혹은 'throw'와 동일한 용어이며, 스트록을 하는 중에 셔틀콕이 라켓에 걸리거나 오래 머무는 결과를 나타내는 반칙의 일종.

커트(cut) : 샷의 한 가지로 머리 위로 날아오는 셔틀콕의 코르크 부분을 라켓 타면을 비스듬한 각도로 해서 '끊듯이' 치는 방법.

코트(court) : 배드민턴 종목이 행해지는 경기장. 보통 복식 경기장과 단식 경기장을 같이 설계하는데, 복식 경기장의 규격은 6.1m(폭)X13.4m(길이)이며, 단식 경기장의 폭이 사이드 앨리 때문에 92cm 좁은 5,18m이다. 코트 중간에 네트를 설치하는데 높이는 1.52m~1.55m이며, 쇼트 서비스 라인은 네트에서 1.98m 떨어진 곳에 4cm 두께로 긋는다. 복식 서비스 구역을 위한 복식의 롱 서비스 라인은 백 바운더리 라인의 외각에서 0.76m 떨어진 곳에 4cm 두께로 긋는다. 좌우 서비스 코트를 구별하기 위해서 센터 라인을 쇼트 서비스 라인부터 백 바운더리 라인까지 긋는다. 천장은 마루에서 최소 9m 이상이 되어야 한다. 코트의 규격 및 배열은 182쪽의 그림과 같다.

콕킹 더 핸드(cocking the hand) : 셔틀콕을 치기 전에 라켓 머리를 뒤로 하기 위해서 손목을 젖히는 동작을 지칭하는데, 일부 선수나 코치들은 'cocking the wrist'라고도 한다.

크로스 네트 샷(cross net shot) : 셔틀콕이 네트를 비스듬히 넘어서 상대의 사이드 라인 가까이에 낙하하는 듯한 플라이트.

크로스 코트(cross court) : 셔틀콕이 한쪽 코트에서 반대 코트로 넘어갈 때 중앙선을 가로질러 대각선으로 셔틀콕이 움직이는 궤도를 묘사하는 것.

크로스 코트 샷(cross court shot) : '크로스 코트'라고도 한다. 셔틀콕이 코트를 가로질러서 대각선 방향으로 보내는 샷. 스매시, 클리어, 드롭 샷, 커트, 드리븐 샷이나 헤어핀 샷 등 모든 스트록에 적용되는 용어이다.

클리어(clear) : 상대 코트의 백 바운더리 라인 가까이 보내는 샷으로 셔틀콕의 비행 궤적에 따라서 공격적 혹은 수비적 클리어가 될 수 있다.

키네세틱 어웨어니스(kinaesthetic awareness) : 몸의 움직임과 공간적인 위치를 인식하는 근육 감각. 예를 들면, 경기자가 드롭 샷을 뒤로 점프하여 스매시한 후 착지하거나 제자리로 돌아올 때 정교하게 균형을 잡도록 하는 데 관련 있는 감각.

킬(kill) : 코트 중간이나 코트 전방에서 주로 행해지는 강력한 결정타로 'put-away'라고 한다. 스매시, 슬래시, 브러시, 댑과 같은 타구가 킬할 때 구사하는 스트록이며 상대가 절대 반구할 수 없도록 빠르고 강하게 아래로 치는 스트록을 지칭한다.

탭 액션(tap action) : 라켓을 잡은 손의 팔꿈치를 약간 구부리고 손목은 완전히 젖혀서 셔틀콕을 칠 준비를 한다. 어떤 것을 가볍게 두드리는 것과 유사하게 손을 바르고 가볍게 움직이는데, 셔틀콕을 맞출 때에는 라켓 머리의 속도를 줄여서 셔틀콕을 맞추고 재빨리 라켓을 몸 쪽으로 회수한다.

터치 더 보디(touch the body) : 셔틀콕이 경기자의 몸이나 복장에 닿는 것으로 반칙이다.

터치 더 네트(touch the net) : 경기 중에 라켓이나 신체의 일부 혹은 의복의 일부가 네트에 닿는 것으로 반칙이다.

텀블러(tumbler) : 코트 전방에서 셔틀콕을 비스듬히 치는 타법으로, 이것은 스피너와는 달리 셔틀콕이 수평축을 중심으로 회전하게 한다. 언더 핸드로 하는 드롭 샷이나 네트 가까이에서 헤어핀으로 반구할 때 구사하는 것이 바람직하다.

토스(toss) : 추첨 행위. 경기에 들어가기 전에 서비스권, 코트의 우선권과 선택권을 결정하기 위한 행위. 동전을 던지거나 가위 바위 보, 셔틀콕의 밑부분(shuttlebase)이 어느 곳으로 향했는가로서 어느 팀에 먼저 선택할 기회를 준다. 그러면 반대팀은 나머지 항에 대해서 선택할 수 있는 권리가 주어진다.

토스 서브(toss serve) : 셔틀콕을 맞추기 전에 가볍게 위로 던져서 내려올 때의 탄성을 이용하여 넣는 서브. 롱 하이 서브에 주로 쓰인다.

톱 앤드 백 시스템(top and back system) : '업 앤드 백 형(up and back system)'이라고도 한다. 복식경기 대형의 한 가지로 한 사람은 앞에, 또 한 사람은 뒤에 위치하여 주로 공격할 때에 사용하는 대형을 일컫는다.

트랜지션 무브(transition move) : 경기장에서 선수의 위치를 바꿀 때 실시하는 타법으로 예를 들면, 작전상 상대편의 전위 공격수를 코트 후방으로 보낼 때, 또는 자기 팀이 이미 좋은 위치에서 벗어났다면 가장 유리한 위치를 선정하기 위해 사용하는 타법을 뜻한다.

티 포인트(T point) : 쇼트 서비스 라인과 중앙선의 교차점으로 복식 경기의 서브는 주로 이 지점을 목표로 넣는 것이 좋다. 복식 경기 대형에서 전위의 위치를 기술할 때 이 지점을 기준으로 한다.

파워 스매시(power smash) : 셔틀콕을 최대의 힘으로 치는 것으로, 타격할 때 라켓 면이 셔틀콕과 수직을 이룬다.

파이널 게임(final game) : 한 경기에서 승패를 가름하는 마지막 게임. 즉, 게임 득실이 1-1일 경우에 행하는 게임으로, 제3게임이라고 한다.

파트너(partner) : 복식 경기에서 같은 팀을 이루는 어떤 선수의 짝을 가리킨다.

팔로우 스루(follow through) : 임팩트에서 피니시까지 일련의 단계를 의미하는데, 셔틀콕을 맞춘 후에도 부드럽고 연속적인 스윙을 실시함으로써 타구된 물체의 스피드나 방향을 더욱 정교하고 위력 있게 하는 것이 팔로우 스루이다. 따라서 팔로우 스루는 스윙의 필수적인 요소이며, 이것이 불완전하면 스윙 자체가 무너지고 만다.

패스트 드롭(fast drop) : 스매시와 유사하게 머리 위에서 치는 타법으로서 셔틀콕을 코트 전방에 빠르게 떨어뜨리고자 할 때 사용하는 타법이다.

패시브 디펜스(passive defense) : 수비수가 수비만을 목적으로 하는 수비. 즉, 그들은 셔틀콕을 계속해서 후방으로 받아넘겨 상대방에게 공격 기회를 허용한다.

패싱 샷(passing shot) : 상대의 머리 위로 넘어가는 타구와 구별하여, 상대의 옆으로 빠르게 지나가는 타구를 말한다.

패스(pass) : 상대가 서 있는 곳의 옆으로 셔틀콕을 보내서 라켓을 닿지 않도록 하는 것.

퍼스트 서버(first server) : 복식 경기의 하프 이닝에서 처음 서브를 넣는 선수로서, 서브권이 넘어왔을 때 그 팀의 득점에 따라 오른쪽 코트에 위치하는 선수가 이에 해당한다.

페룰(ferrule) : 라켓의 그립과 샤프트를 견고하게 연결시켜 주는 접착부.

페싯트(facet) : 라켓의 손잡이가 8각의 면으로 되어 있는데, 그 한 면을 말함.

페어(pair) : 복식 경기에서 두 명이 짝이 된 한 팀을 말한다.

페어 워크(pair work) : 복식 경기에서 한 팀. 두 명의 선수가 서로 협력하여 경기하는 것.

페이스(face) : 라켓의 줄이 매어져 있어서 셔틀콕을 치는 면.

페인트(feint) : 상대를 속이기 위하여 쓰는 동작이나 작전. 상대의 허점을 찌르거나 자기의 의도를 딴 데로 돌리게 하기 위해서 랠리 중 사용하는 것은 적법하지만 서브할 때에는 보크(balk)라는 규칙 위반이 된다.

포메이션(formation) : 복식 경기에서 공격 및 수비할 때의 선수의 배치 및 동작의 형태를 지칭하는 용어로써 시스템(system)이라고도 한다.

포스트(post) : 배드민턴 경기에서 네트를 설치하는 지주를 의미하며, 복식 경기용 코트의 사이드 바운더리 라인 위에 설치한다.

포어 코트(forecout) : 코트의 앞부분으로 '프론트 코트(front court)'라고도 한다. 대략 코트의 1/3 정도에 해당하며, 네트에서부터 쇼트 서비스 라인까지의 거리(1.98m) 내의 코트를 지칭한다.

포핸드 그립(forehand grip) : 라켓 손잡이의 넓은 쪽에 손바닥을 대고 손가락으로는 반대편 넓은 면을 가볍게 쥔다. 셔틀콕을 칠 때에는 손바닥으로 친다는 마음으로 스윙을 하고 라켓을 너무 세게 움켜쥐면 정확하게 셔틀콕을 보낼 수 없으며, 다른 그립으로 바꾸기가 쉽지 않다.

포핸드 스트록(forehand stroke) : 잘 쓰는 팔쪽으로 오는 셔틀콕을 타구하는 행위. 백핸드 스트록과 반대가 된다. 백핸드 스트록에 비해서 힘차고 제구력도 있다. 셔틀콕을 칠 때에는 포핸드 스트록을 구사하여 수비하는 선수의 백핸드 쪽을 노리는 것이 효과적이다.

포워드 디펜스(forward defense) : 수비수가 코트 전방에 위치하여 행하는 수비

포워드 어택(forward attack) : 수비수가 낮은 서브를 공격하기 위해 전상방(前上方)으로 튀어나오는 것.

포인트(point) : 득점의 최소 단위. 공격이 성공하든가 상대가 반칙을 하면 1점이 가산된다.

포지션(position) : 코트에서 경기자가 서는 위치. 단식 경기에서는 양쪽 측선의 중간인 중간선과 네트와 백

바운더리 라인의 중간 교차점이 기본적인 위치(center of base position)로서 대부분의 셔틀콕을 처리할 수 있는 위치가 된다. 따라서 경기 중에는 상대편을 이 위치에서 밀어내기 위해서 구석에 셔틀콕을 보내야 한다.

폴트(fault) : 배드민턴 경기에서 일어나는 모든 반칙을 총칭하는 용어이다. 배드민턴에서 규칙 위반은 점수와 바로 연결되어서 득점하게 된다. 폴트에는 크게 서브나 리시브할 때의 실수나 위반이 있고 네트를 넘기지 못하거나 코트의 경계를 벗어나는 것으로 분류할 수 있다. 예를 들면, 다음과 같은 것 등이 폴트이다. 셔틀콕이 라켓 위에 얹혀진 상태에서 타구했을 때(홀딩), 경기 중에 네트를 건드리거나(터치 네트), 네트 너머로 셔틀콕을 쳤을 때(오버 네트), 동일한 경기자가 경기 중 라켓으로 셔틀콕을 두 번 또는 두 번 이상 쳤을 때(드리블), 서브에서 셔틀콕을 칠 때 라켓 헤드가 손보다 높이 있을 경우(오버 핸드). 서브할 때 셔틀콕을 허리선보다 높은 지점에서 타구할 때(오버 웨이스트). 셔틀콕이 몸이나 복장에 닿았을 때(터치 바디). 서브하면서 서버나 리시브하면서 리시버의 발이 선에 닿았을 때, 또는 선을 밟거나 넘어섰을 때(라인 크로스). 또는 양발이 코트 안의 지면에 닿아 있지 않았을 때(풋 폴트).

폽 업(pop up) : 네트 가까이에 떠올라서 '공격하기에 알맞은 타구'를 말한다.

푸나(poona) : 인도 봄베이 주에 있는 지명으로 1800년대에 성행하던 '푸나 게임'의 발상지이다. 푸나 게임은 후에 영국에 소개되어 오늘날의 배드민턴 경기로 발전했다는 설이 일반적이다.

푸시 샷(push shot) : 푸시 샷은 명칭에서 알 수 있듯이 스트록이 아니고 밀기에 불과하다. 푸시 샷은 라켓 머리를 세우고 라켓 면은 정면으로 향한 채 네트 높이나 그보다 약간 높은 위치에서 셔틀콕을 맞춘다. 셔틀콕의 방향은 아래로 향한다. 푸시 샷은 단식 경기에서는 거의 볼 수 없으며 복식 경기에서 매우 효과적으로 사용된다. 즉 상대의 낮고 짧은 서브에 대해 반구할 때 자주 구사한다. 이때 중간 정도의 속도로 상대 코트의 사이드 앨리 중간에 밀어 넣으면 상대 전위를 지나치게 되므로 상대 후위가 앞으로 달려나와 걷어올리게 할 뿐만 아니라 상대팀의 전위와 후위 간에 푸시 샷을 처리함에 있어서 혼란을 초래하기 때문이다.

푸시 액션(push action) : 푸시 샷을 구사하기 위한 자세를 칭한다. 팔꿈치를 약간 구부리고 손목을 완전히 코킹한 상태로 백 스윙을 짧게 한다. 셔틀콕을 가격하는 순간에는 손목을 코킹한 상태에서 고정시키고 끊어치듯 맞추고 팔로우 스루는 짧게 한다. 포핸드 푸시는 손바닥으로 미는 듯한 자세로 하고 백핸드 푸시의 경우에는 로우 서브와 같이 엄지손가락으로 밀듯이 한다.

풀 게임(full game) : 세 번째 게임에서 승부가 결정되는 경기.

풋 워크(foot work) : 발놀림의 유형을 말한다. 여기에는 셔틀콕을 치기 위해 이동하는 것과 베이스 포지션으로 복귀하는 움직임이 포함된다.

풋 폴트(foot fault) : 서비스할 때 서버나 리시버의 양발 가운데 일부가 코트 면에 정지하고 있지 않은 것.

프라잉 팬 그립(frying-pan grip) : 네트 플레이를 할 때 광범위하게 사용되는 방법으로서 특히 상대의 서브를 푸시로 받을 때 유용하다. 서브가 리시버의 몸 쪽으로 올 때 파워 있게 반구하기보다는 빨리 받아치는 것이 좋은데, 이때 이 그립을 사용한다. 이 그립은 마루에 라켓을 놓고 손바닥이 마루를 향하게 잡는데, 그 모양과 느낌이 프라이팬을 잡은 모양과 유사한 데에서 명칭이 유래되었다. 흔히 웨스턴 그립이라고 한다.

프레임(frame) : 라켓의 거트를 얽어 매는 겉 테두리. 곧 라켓 헤드의 테두리 부분.

프레임 샷(frame shot) : '우드 샷'이라고도 한다. 셔틀콕이 라켓의 타면 이외의 곳에 맞는 샷.

프로네이션(pronantion) : 손목과 전완을 안쪽으로 돌리는 동작으로 회내라고 하며 이로 인해 손바닥이 아래로 향하게 된다. 이 동작은 머리 위에서 포핸드로 행하는 모든 스트록 시에 행하게 되는데, 이 동작으로 말미암아 셔틀콕에 힘이 실리게 된다.

프론트 디펜스(front defense) : 수비수들이 신체의 좌우로 오는 셔틀콕을 수비하기 위해 공격수들에 대하여 직각으로 선 수비 자세.

프론트 앤드 백 포메이션(front and back formation) : 한 선수는 코트 후방을 담당하는 후위로서, 다른 선수는 코트 전방을 담당하는 전위로서의 역할을 수행하기 위하여 앞 뒤에 서는 대형. 주로 공격 상황일 때에 이 대형을 취한다.

프린시플 오브 어택(principle of attack) : 모든 스트록에 대해 이론적 근거를 제공하는 기본 원리. 즉, 경기자는 현재 취할 수 있는 샷 가운데 다음 플레이에 가장 유리한 상황을 만들 수 있는 샷을 선택해야만 경기의 흐름이 유리해진다.

플라이트(flight) : 셔틀콕이 날아가는 상태. 정식 용어는 '버드 플라이트(bird flight)'이지만 줄여서 플라이트로 많이 쓰인다.

플랫(flat) : 셔틀콕이 날아가는 궤적이 수평인 것을 지칭한다.

플랫 히트(flat hit) : 셔틀콕 베이스의 중앙에 라켓 면이 수직으로 닿도록 가격하는 것을 지칭한다.

플레이스먼트(placement) : 상대 코트의 어느 지점 또는 몸의 빈틈을 노려서 자기(팀)에게 유리하게 셔틀콕을 보내는 일. 좋은 플레이스먼트는 상대가 효과적인 반구를 하기 어려운 곳으로 샷을 보내는 것이다.

플레잉 코트(playing court) : 서브가 이루어질 때까지는 양쪽 선수 모두가 지정된 서비스 코트 안에 있을 필요가 있으나 그 다음에는 코트 안의 어느 방향이든 어떤 방법으로 이동하더라도 상관없다.

플렉션(flexion) : 손목을 전완 방향으로 구부리는 동작. 이 동작으로 인해 라켓 머리의 스피드가 증가하여 스매시 할 때에 파워를 향상시키게 된다.

플릭(flick) : 플릭 서브나 위프를 치고자 할 때, 손목의 움직임을 최소로 하면서도 라켓 머리의 속도를 내기 위하여 손을 빠르게 움이는 동작을 지칭한다. 이렇게 하면 상대의 약하고 부드러운 샷을 빠르게 전환시켜서 셔틀콕을 높고 깊게 보낼 수 있다. 플릭 동작은 복식 경기에서 백핸드로 서브할 때 많이 사용한다.

플릭 서브(flick serve) : 빠른 손목 동작으로 행하는 서브.

피봇(pivot) : 발을 사용하는 방법의 한 가지. 한쪽 발의 뒤꿈치를 들고, 앞꿈치를 축으로 하여 몸의 방향을 제자리에서 바꾸는 일.

하이 디펜스(high defense) : 수비수의 라켓 머리가 손보다 높은 위치에서 셔틀콕을 치는 수비 형태.

하이 디프 서브(high deep serve) : 셔틀콕을 상대방 코트의 백 바운더리 라인 가까이 높고 멀리 쳐 보내는 서브로 단식에서 많이 사용한다.

하이 디프 클리어(high deep clear) : 셔틀콕을 높고 멀리 가도록 백코트까지 떨어지게 쳐 보내는 방법.

하이 백핸드 스트록(high backhand stroke) : 어깨보다 높은 위치에서 치는 백핸드 스트록.

하이 클리어(high clear) : 셔틀콕을 상대 코트의 후방에 수직으로 떨어뜨리기 위해 아주 높고 멀리 보낼 때 사용하는 타법.

하프 스매시(half smash) : 예리한 각도로 아래로 향하도록 머리 위에서 내려치는 샷인데, 힘은 거의 들이지 않고 셔틀콕을 가격한다. 이렇게 하는 이유는 스매시를 예상하고 있는 상대를 속여서 코트 전방에 셔틀콕을 떨어뜨리기 위함이다.

하프 코트 샷(half court shot) : 코트 중간에 보내는 샷으로 특별히 앞뒤로 서서 공격대형을 갖춘 팀에 구사하면 효과적이다.

핸드 아웃(hand-out) : 복식 경기에서 먼저 서브를 넣은 선수가 서브권을 상실하였을 때 계속 경기를 진행할 수 있도록 셔틀콕을 세컨드 서버나 상대팀에게 넘겨 주는 것을 지칭하는 용어이다. '사이드 아웃(side-out)'과 동일어이다.

핸드 인(hand-in) : 서브를 넣는 선수가 계속해서 서브권을 유지하는 것.

핸들(handle) : 라켓의 손잡이 부분을 핸들이라고 한다.

핸디캡(handicap) : 경기 시 양쪽 팀이 실력 면에서 비슷하게 구성되지 않았을 때, 약한 팀에게 부여하는 가산점수를 의미한다.

헤드 룸(head room) : 코트 위쪽의 빈 공간을 말하는데, 경기에 지장을 받지 않으려면 적어도 7.6미터 높이까지는 장애물이 없어야 한다.

헤어핀 드롭(hairpin drop) : 셔틀콕이 네트 가까이 낮은 곳에 있을 때 사용하는 타법. 셔틀콕을 위로 가격하여 네트 위로 살짝 넘겨서 상대 코트에 수직으로 떨어지도록 친다. 이때 셔틀콕의 궤도가 '머리핀'과 같은 모양이기 때문에 이 용어가 유래되었다.

헤어핀 샷(hairpin shot) : 셔틀콕이 네트를 스칠 듯 겨우 넘어가 상대 코트의 네트 가까이에서 곧바로 떨어지도록 하는 샷이다. 헤어핀 샷은 드롭 샷의 일종으로서 네트 높이보다 아래에서 맞추되 상대 코트에는 되도록 네트 가까이 떨어지도록 해야 한다. 그래야만 상대편이 걷어 올리게 되어서 헤어핀 샷을 구사한 선수가 유리하게 경기를 이끌어갈 수 있게 된다.

홀딩(holding) : 셔틀콕이 라켓의 타면에 얹혀진 상태에서 치는 것. 반칙의 일종이다.

홀딩 더 셔틀콕(holding the shuttle) : 상대에게 반구하기 전에 셔틀콕을 치는 것처럼 속여서 상대가 움직이는 것을 보면서 라켓을 약간 뒤로 빼었다가 셔틀콕을 늦게 가격한다.

홈 포지션(home position) : 상대의 공격이나 셔틀콕이 날아오는데 따라서 어느 방향으로든 신속하게 대응할 수 있는 코트상의 위치. 대개는 코트의 중앙부인데 개인에 따라 차이가 난다. 베이스 포지션 및 홈 베이스와 같은 용어이다.

홉 스텝(hop step) : 같은 쪽의 한쪽 발로 연속해서 가볍게 뛰는 발놀림.

히트 플레이어(hit player) : 주된 기능이 결정타를 시도하는 선수로서 과감하거나 힘에 넘치는 경기를 운영하는 선수. 이 선수가 전위로서 경기하느냐 혹은 후위로서 경기하느냐에 따라서 경기 운영의 패턴이 달라진다.

참고문헌

강상조, 정용각(2001). 배드민턴 경기력 향상 연구보고서. 대한배드민턴 협회.

김경환(2007). 배드민턴 스매시 동작 시 상지의 근전도 분석. 부산외국어대학 석사학위 논문.

김복선(2007). 경쟁불안이 배드민턴 선수의 경기력에 미치는 영향.
  부산외국어대학 석사학위 논문.

김지현(2007). 경기기술 사용 빈도에 따른 승패요인에 관한 분석. 부산외국어대학 석사학위 논문.

문교부(1976). 배드민턴. 서울신문사 출판국.

배드민턴 경기규정집(2007). 대한배드민턴 협회.

오성기(1988). 배드민턴 개론. 예문사.

오성기(1995). 코우칭 배드민턴. 부산외대 출판부.

오성기(2003). 배드민턴 학습과 방법. 부산외대 출판부.

이경남(1999). 배드민턴 선수와 사회체육동호인의 스포츠 참여 동기분석.
  부산외국어대학 석사학위 논문.

이경옥(2005). 제28회 아테네 올림픽 남자배드민턴 단식 경기 기술분석.
  부산외국어대학 석사학위 논문.

이원복(2004). 배드민턴 선수의 운동상해 유형분석. 부산외국어대학 석사학위 논문.

이재호(2006). 배드민턴 선수와 동호인의 유능감. 성취목표성향과 참여동기의 관계.
  부산외국어대학 석사학위 논문.

정은화(2007). 배드민턴 여자 복식 서비스와 리턴에 관한 분석. 부산외국어대학 석사학위 논문.

조주희(2006). 배드민턴 경기력에 여자 선수의 인체특성이 미치는 영향.
  부산외국어대학 석사학위 논문.

최일현, 한성귀(2000). 배드민턴 교본. 삼호미디어.

伊藤基記(1982). 實戰. Badminton. 不味堂.

阿部, 阿部(1994). わたしのバドミントン. ブック.

월간 배드민턴(2008). 스포츠 미디어.

월간 배드민턴(2014). 스포츠 미디어.

부산외국어대학교 방송국 사진 촬영 협조.

Badminton MAGAZINE(2008). 국민생활 체육전국연합회 발행.

Derek, Talbot(1988). Badminton to the Top.

Pat Davis(1978). Badminton is fun Kaye & Ward. London.

Kazayoshi Abe(1994). Tomoko Abe. Badminton Book.

2015 배드민턴 경기규정
(Laws of Badminton)

– 2010년 6월 개정(BWF) –

대한배드민턴협회
BADMINTON KOREA ASSOCIATION

배드민턴 경기규정
(Law of Badminton)

– 2010년 6월 개정(BWF) –

용어의 정의

Player (선수) ➜ 배드민턴 경기를 하는 모든 사람
Match (경기) ➜ 한 명 또는 두 명이 조를 나누어 양편에서 하는 기본적인 배드민턴 경기
Singles (단식) ➜ 양편에 각 한 사람씩 하는 경기
Doubles (복식) ➜ 양편에 각 두 사람씩 하는 경기
Serving Side (서비스 사이드) ➜ 서비스를 할 수 있는 권한이 있는 사이드(편)
Receiving Side (리시브 사이드) ➜ 서비스하는 반대편의 사이드(편)
Rally (랠리) ➜ 서비스를 시작으로 한 번 이상 연속적으로 셔틀이 떨어질 때까지 하는 스트록
Stroke (스트록) ➜ 셔틀콕을 치고자 하는 의도를 가진 선수의 라켓 움직임

1. 코트와 코트 장비 (Court and Court Equipment)

1.1 코트는 그림 A에 보이는 것처럼 40mm폭의 라인으로 그려진 직사각형 모양이다.

1.2 라인은 쉽게 구별할 수 있게 흰색과 노란색을 사용하는 것이 좋다.

1.3 모든 라인은 그것들이 명확하게 정의하는 부분에 포함되어야 한다.

1.4 포스트는 코트의 바닥에서부터 높이 1.55m이고 1.10항에 제시된 바와 같이 네트를 팽팽하게 양옆에서 수직으로 버티는 역할을 한다.

1.5 포스트는 단식이나 복식 경기가 이루어지더라도 그림 A에서 보이는 복식의 사이드라인 상에 세워야 한다. 포스트 혹은 그 외의 보조 장비들은 사이드라인을 넘어와서는 안 된다.

1.6 네트의 그물은 진한 색상에 15mm보다 작지 않고 20mm보다 크지 않은 세밀한 코드로 만들어져야 한다.

1.7 네트의 세로 폭은 760mm 그리고 가로 폭은 최소 6.1m가 이상적이다.

1.8 네트 상단에는 75mm폭의 흰색 테이프로, 테이프 안으로 코드나 케이블을 집어넣은 것으로 한다. 이 테이프는 코드나 케이블 바로 위에 놓여져야 한다.

1.9 코드나 케이블은 포스트 상단에서부터 단단하게 당겨져 고정되어야 한다.

1.10 네트의 높이는 코트의 중앙 표면에서 1.524m이고, 복식 사이드라인으로부터의 표면상에서는 1.55m이다.

1.11 네트의 끝부분에서부터 포스트 사이에는 간격이 없어야 한다. 만약 필요로 하면 네트의 끝부분이 포스트에 묶여야 한다.

〔Diagram A〕

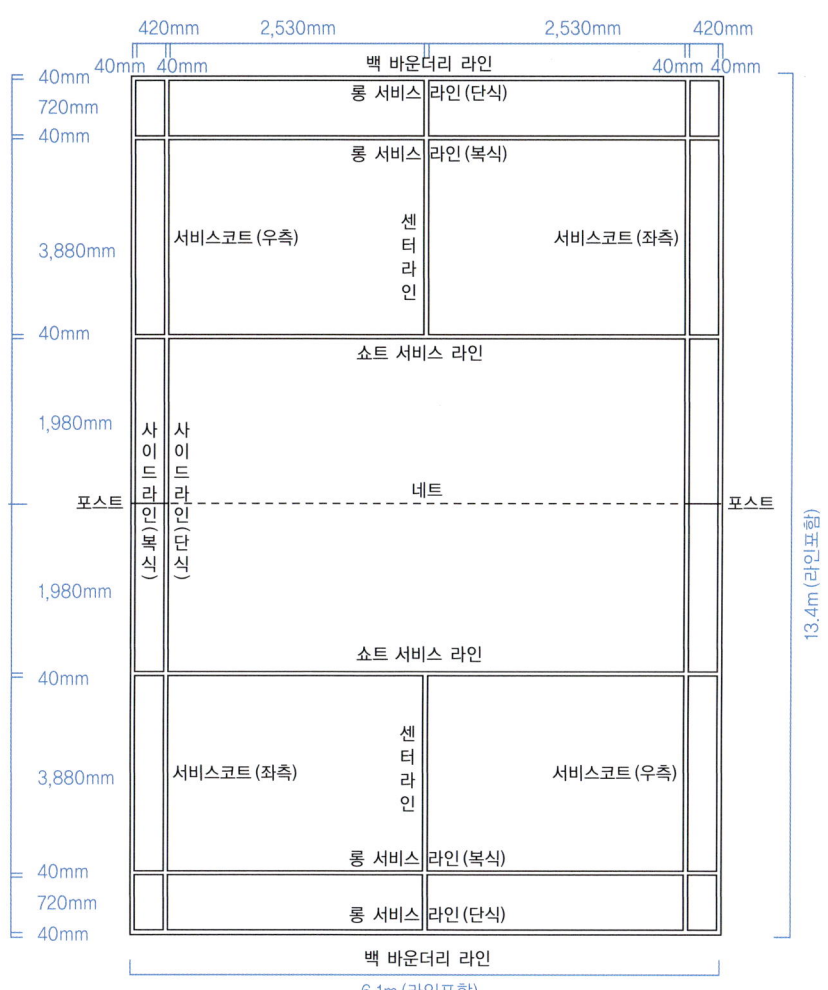

※ 라인 폭 : 4cm, 코트 대각선 길이 : 14.723m　　※ 네트 높이 : 양 끝 부분 – 1.55m, 중앙 – 1.524m
※ 포스트(지주대) 높이 : 1.55m　　※ 코트와 코트사이 : 최소 2m
※ 천정높이 : 적정높이 – 12m 이상, 최소 9m 이상

2. 셔틀(Shuttle)

2.1 셔틀은 천연 그리고(혹은) 합성 재료로 만들어져야 한다. 셔틀이 어떠한 재질로 만들어지더라도, 천연 깃털을 얇은 층의 가죽으로 덮인 코르크에 꽂아서 만든 셔틀과 비행 특성이 비슷해야 한다.

2.2 깃털 셔틀 :

    2.2.1 셔틀은 베이스에 16개의 깃털이 고정된 것으로 한다.

    2.2.2 셔틀의 깃털은 베이스의 상단부터 하단까지 62mm에서 72mm의 일정한 길이이어야 한다.

    2.2.3 깃털의 상단은 58mm에서 68mm 사이의 직경을 그리는 원의 형태로 이루어진다.

    2.2.4 깃털은 실이나 다른 적절한 재료로 단단히 고정해야 한다.

    2.2.5 베이스는 25mm로부터 28mm로 바닥은 둥글어야 한다.

    2.2.6 셔틀의 무게는 4.74g에서 5.50g이다.

2.3 깃털이 아닌 셔틀 :

    2.3.1 합성제품 또는 인조 제품을 자연 깃털 대신 사용할 수 있다.

    2.3.2 베이스는 2.2.5항에 설명되어 있다.

    2.3.3 길이와 무게는 2.2.2, 2.2.3, 그리고 2.2.6에 설명이 되어있다. 하지만, 자연 깃털과 비교했을 때, 재료의 비중이나 특성의 차이에 의해 생기는 변화가 오차 범위 10%까지 허용된다.

2.4 전반적인 셔틀의 디자인, 스피드, 비행에 변화가 없다면 각 협회는 기후나 고도에 의해 대기의 상태가 표준 셔틀과 맞지 않을 경우, 규정을 변경하여 사용할 수 있다.

3. 셔틀콕 스피드 시험(Testing a Shuttle for Speed)

3.1 셔틀을 시험하기 위해서, 선수는 백 바운더리라인에서 언더핸드 풀 스트록으로 행한다. 셔틀을 상향각도로 사이드라인과 평행이 되도록 스트록한다.

3.2 정확한 스피드를 가지고 있는 셔틀을 사용했을 경우 〔그림 B〕에 나타나듯이 반대편 백바운더리라인 내측 530mm 이상 990mm 아래의 범위에 착지된다.

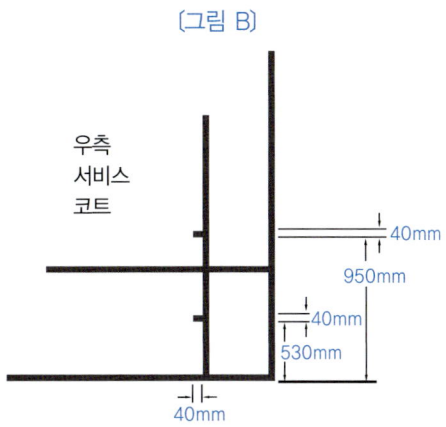

〔그림 B〕

4. 라켓(Racket)

4.1 라켓 프레임의 평균적 전체길이는 680mm이고, 평균적 넓이는 230mm이다. 규정 4.1.1부터 4.1.5까지 각 부분별로 설명이 되고, 〔그림 C〕와 같다.

    4.1.1 핸들은 선수가 라켓을 잡기 위한 부분이다.

    4.1.2 스트링은 선수가 셔틀을 치기 위한 라켓의 한 부분이다.

    4.1.3 헤드는 스트링 부분을 커버하는 경계부분이다.

    4.1.4 샤프트는 핸들과 헤드를 이어주는 부분이다. (4.1.5 참조)

    4.1.5 스로트(throat)는 샤프트와 헤드를 연결하는 부분이다(있을 경우).

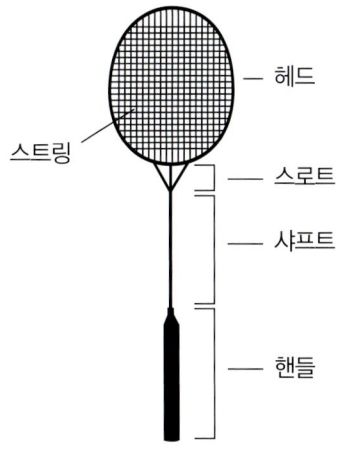

〔그림 C〕 프레임

4.2 스트링 부분(stringed area) :

- **4.2.1** 스트링 부분은 평평해야 하고 스트링이 교차되는 부분이 엇갈려 짜깁기 되거나 묶여서 교차된 스트링의 형태를 유지해야 한다. 일반적으로 스트링 된 형태는 균등해야 하고 특히 중앙이 다른 부분에 비해 덜 촘촘히 매여져서는 안 된다.
- **4.2.2** 스트링은 길이가 280mm, 넓이가 220mm를 넘으면 안 된다. 하지만 해당 부분이 throat 부분이 아니라면 아래 조건에서 스트링이 확장될 수 있다.
  - **4.2.2.1** 확장된 스트링 부분의 넓이는 35mm를 넘으면 안 된다.
  - **4.2.2.2** 그리고 스트링 전체 길이가 330mm를 넘으면 안 된다.

4.3 라켓:

- **4.3.1** 라켓의 긁힘이나 진동을 방지, 균형조정, 라켓핸들을 보호하는 차원에서의 합당한 사이즈와 목적 이외의 부속물을 붙여서는 안 된다.
- **4.3.2** 선수는 라켓 형태에 변형을 주거나 혹은 어떠한 유사한 장치를 달아서도 안 된다.

5. 용구의 검정 (Equipment Compliance)

세계배드민턴연맹은 배드민턴 경기에서 사용하는 모든 라켓, 셔틀, 용구, 또 모든 견본 제품들이 규정에 적합한지 승인 또는 비승인 조치를 해야 한다. 이러한 규정은 연맹이 할 의무가 있고, 또는 성실한 선수, 기술위원회, 용구 제조자 그리고 가맹단체가 제안 또는 신청할 경우 행할 수도 있다.

6. 토스 (Toss)

6.1 경기를 시작하기 전에 토스가 이루어지는데, 토스에서 이기는 편이 6.1.1 그리고 6.1.2항 중에서 선택권을 가지게 된다.

- **6.1.1** 서브나 리시브를 선택한다.
- **6.1.2** 코트의 한쪽 아니면 다른 쪽을 선택해서 시작한다.

6.2 토스에서 진 사이드는 남겨진 선택사항 하나를 선택한다.

7. 득점(스코어링 시스템)

7.1 별도의 규정이 없으면 3게임(2게임 선취 시 승리)을 원칙으로 한다.

7.2 21점을 선취한 편이 해당 게임을 이긴다. 단, 7.4항~7.5항 예외.

7.3 해당 랠리에서 이긴 편이 득점한다. 상대편에서 폴트를 범하거나, 셔틀이 상대방 코트 바닥에 떨어졌을 때 랠리에서 이기게 된다.

7.4 스코어가 20:20 동점인 경우에는 2점차로 먼저 앞선 편이 승리한다.

7.5 스코어가 29:29 동점인 경우, 한 점 즉, 30점에 먼저 도달한 편이 이긴다.

7.6 해당 게임에서 이긴 편이, 다음 게임에서 첫 서비스를 한다.

8. 코트 변경 (Change Ends)

8.1 선수는 아래의 경우에 코트(사이드)를 교대한다.

    8.1.1 제1게임의 종료 후

    8.1.2 만약 제3게임이 이루어지는 상황이 되면, 3게임 시작 전에, 그리고

    8.1.3 제3게임 중, 11점을 선취한 후

8.2 규정 8.1에 나타난 것처럼 코트 변경을 못했을 경우, 그 실수가 확인된 시점부터 그리고 셔틀의 움직임이 없을 때 정정한다. 이미 진행되어 획득한 점수는 그대로 이어간다.

9. 서비스 (Service)

9.1 정확한 서비스는 다음과 같다:

    9.1.1 서버와 리시버가 서브에 대한 준비가 되었을 때, 서버나 리시버는 서브를 시작하는데 부당하게 지연을 유발해서는 안 된다. 서버의 라켓 헤드가 후방 움직임을 마쳤을 때, 규정 9.2의 서브의 시작을 하는데 있어서 어떠한 지연도 부당한 지연으로 간주된다.

    9.1.2 서버와 리시버는 대각선 위치에 서 있어야 하며 코트의 경계선을 밟지 않아야 한다.

    9.1.3 서버와 리시버의 양다리는 서비스를 시작하는 자세가 (규정 9.2), 서비스가 넘어갈 때까지 고정되어 있어야 한다. (규정 9.3)

    9.1.4 서버의 라켓은 셔틀의 베이스를 치는 것으로부터 시작한다.

    9.1.5 셔틀이 라켓과 접촉하는 순간에. 셔틀의 전체가 서버의 허리보다 밑에 있어야 한

다. 여기서 말하는 허리는 몸 전체에서 가상의 라인으로 생각하면 되고, 대략 서버의 마지막 갈비뼈부분의 위치라고 생각하면 된다.

9.1.6 서버가 셔틀을 치는 그 순간에 라켓의 샤프트는 아래쪽 방향을 향하고 있어야 한다.

9.1.7 서버의 라켓 움직임은 서비스 시작부터 (규정 9.2) 서비스가 넘어갈 때까지(규정 9.3) 앞으로 향하는 움직임이 계속되어야 한다.

9.1.8 셔틀이 날아가는 방향은 서버의 라켓에서부터 네트를 넘어 날아가고, 리시버의 서비스 코트로 (경계선상 혹은 그 내측) 들어와야 한다.

9.1.9 서비스를 할 때, 서버는 셔틀을 못 맞히면 안 된다. (이 경우 폴트)

9.2 선수들이 서비스 준비가 되어있을 때, 서버의 라켓 헤드가 최초로 앞으로 나가는 방향이 서비스의 시작이다.

9.3 서비스가 시작되었으면 (규정 9.2), 서버의 라켓이 셔틀을 쳐서 넘어가거나, 서비스를 시도 했을 때 셔틀을 못 맞히는 경우가 있다.

9.4 서버는 리시버가 준비하기 전에 서비스를 하면 안 된다. 하지만, 그 상황에서 리시버가 서비스를 받아넘기려했으면 그것은 리시버가 준비한 것으로 판단한다.

9.5 복식 경기에서 서비스가 시작되는 상황에서 (규정 9.2, 9.3) 서버와 리시버의 파트너는 해당선수 측 코트의 어디에나 위치해도 되지만 서버와 리시버의 시야를 차단하면 안 된다.

10. 단식 경기(Singles)

10.1 서비스와 리시브 코트

10.1.1 경기자는, 그 게임에서 서버가 점수를 얻지 못했거나, 혹은 짝수의 점수를 얻었을 때, 각각 우측 서비스 코트로부터 서비스하고, 우측에서 리시브한다.

10.1.2 경기자는, 그 게임에서 홀수의 점수를 얻었을 때, 각각 좌측 서비스 코트로부터 서비스하고, 좌측에서 리시브한다.

10.2 랠리에서는 서버와 리시버가 번갈아 가면서 셔틀이 멈출 때까지 셔틀을 주고받는다. (규정 15)

10.3 득점과 서비스

10.3.1 만약 서버가 랠리에서 이기게 되면 (규정 7.3), 서버는 득점을 하게 된다. 그리고 다음 랠리에서 서비스는 반대편에서 실행한다.

10.3.2 만약 리시버가 랠리에서 이기게 되면 (규정 7.3), 리시버는 득점을 하게 된다. 그

리고 리시버가 새로운 서버가 되는 것이다.

11. 복식 경기(Doubles)

11.1 서비스와 리시브 코트

    11.1.1 서브한 편이 점수를 얻지 못했거나, 혹은 짝수의 점수를 획득한 경우, 우측 서비스 코트로부터 서비스한다.

    11.1.2 그 게임에서 서브한 편이 홀수의 점수를 획득한 경우, 왼쪽 서비스 코트로부터 서비스한다.

    11.1.3 마지막 서비스를 했던 리시브사이드 편의 선수는 마지막 서비스했던 쪽 코트에서 리시브한다. 리시버 편의 파트너는 반대로 움직인다.

    11.1.4 서비스를 넣으려는 선수의 대각선 방향에 있는 반대편 선수가 리시버가 된다.

    11.1.5 서비스 코트에서 해당선수가 서브를 하고 점수를 획득해야만 (좌우측) 위치를 바꾼다.

    11.1.6 규정 12에서 나온 사항을 제외하고는, 서비스를 시행할 때는 서비스 사이드의 점수와 일치한 자리에서 서브를 해야 한다.

11.2 경기의 순서와 코트의 포지션 규정 15에 나와 있듯이, 서비스 리턴 후, 셔틀은 서비스사이드에 있는 선두들과 리시브사이드에 있는 선수들이 번갈아가면서 랠리를 하고, 셔틀이 바닥에 떨어질 때까지 진행한다.

11.3 득점과 서비스

    11.3.1 서비스사이드가 랠리에서 이겼을 경우 (규정 7.3), 서비스사이드가 점수를 얻게 되고, 다시 서브를 하게 된다.

    11.3.2 리시브사이드가 랠리에서 이겼을 경우 (규정 7.3), 리시브사이드가 점수를 얻게 되고, 새롭게 서비스사이드가 되는 것이다.

11.4 서비스의 순서

    그 어떤 경기에서, 정확한 서비스는 일관적으로 이루어져야 한다.

    11.4.1 개임을 시작한 가장 최초의 서버는 오른쪽 서비스 코트에서

    11.4.2 최초의 리시버에게 보낸다. 서비스가 왼쪽에서 보내졌을 때는

    11.4.3 최초의 리시버의 파트너에게 보낸다.

    11.4.4 다시 최초의 리시버에게

11.4.5 최초의 서버에게 그리고 지속적으로

11.5 그 어떤 선수도 서비스와 리시브의 순서가 바뀌면 안 되고, 리시브를 두 번 연속으로 하면 안 되지만 규정 12는 예외가 된다.

11.6 이긴 편의 선수들 중 아무나 그 다음 경기에서 서비스를 해야 하고, 진 팀 선수들 중 아무나 그 다음 경기에서 리시브를 해야 한다.

12. 서비스 코트 에러 (Service Court Errors)

12.1 서비스 코트 에러는 선수가 아래의 경우에 적용된다.

    12.1.1 서비스와 리시브의 순서가 잘못 된 경우; 또는

    12.1.2 서비스와 리시브를 잘못된 서비스 코트에서 하는 경우.

12.2 만약 서비스 코트 에러가 발견되면, 그 에러는 정정되고 현 점수는 그대로 유지된다.

13. 폴트 (Fault)

다음 상황에서는 '폴트'가 된다.

13.1 만약 서비스가 바르지 못한 경우 (규정 9.1)

13.2 만약 서비스를 하는 중 셔틀이 다음과 같을 때:

    13.2.1 네트위에 걸려서 그 자세로 멈춰 있는 경우;

    13.2.2 네트위로 넘어갈 때, 네트에 걸리는 경우; 혹은

    13.2.3 리시버의 파트너가 셔틀에 맞았을 경우.

13.3 랠리 중에 셔틀이 다음과 같을 때:

    13.3.1 코트의 경계선 밖으로 셔틀이 떨어지는 경우;

    13.3.2 셔틀이 네트를 통과하거나, 네트 아래로 통과할 때;

    13.3.3 네트를 넘어가지 않은 경우;

    13.3.4 천장과 옆의 벽에 닿았을 경우;

    13.3.5 사람(선수)나 선수의 옷에 접촉했을 경우;

    13.3.6 코트 바깥부분의 물건들이나 사람에 접촉한 경우;

        (만약 빌딩의 구조로 인해서 그 지역 배드민턴협회에서 그 나라 협회에 요청을 필요로 하면, 그 나라 협회의 권한으로 셔틀이 방해되어 접촉하는 경우에 대해 규칙

을 따라 처리할 수 있다.)

- **13.3.7** 라켓에 걸려서 멈추어져 있는데 스트록을 하는 그 상태에서 내던지는 경우
- **13.3.8** 선수로 인해서 셔틀을 두 번 친 경우, 그러나 한 번의 스트록에서 라켓의 헤드와 스트링부분에 연달아 맞으면 '폴트'가 아니다.
- **13.3.9** 선수가 치고 바로 그 선수의 파트너가 연속적으로 셔틀을 칠 때
- **13.3.10** 선수의 라켓에 맞았는데도 상대방 코트로 안 넘어가는 경우

13.4 랠리 중에 선수가 다음과 같을 때:

- **13.4.1** 네트나 네트를 보조해 주는 용구에, 사람, 그리고 옷이 접촉한 경우
- **13.4.2** 네트 위로 상대방 코트로 라켓이나 선수가 넘어가는 경우. 하지만 공격자의 코트에서 있는 셔틀이 최초의 스트록일 경우에는 '폴트'로 보지 않는다.
- **13.4.3** 네트 아래로 라켓이나 사람이 넘어가서 상대 선수를 방해하거나 당혹시키는 경우.
- **13.4.4** 상대 선수를 방해, 다시 말하면 네트를 넘어가고 있는 상대의 정당한 스트록을 방해하는 경우.
- **13.4.5** 선수가 의도적으로 고함을 지르거나 불필요한 몸짓으로 상대 선수를 당혹하게 할 때.

13.5 선수가 지속적으로 규정 16을 어기는 경우.

14. 렛(Lets)

14.1 '렛'은 심판에 의해서, 또는 심판이 없는 경우에는 선수에 의해서 경기를 정지하기 위해 선언된다.

14.2 다음과 같은 상황에서는 '렛'으로 본다:

- **14.2.1** 서버가 리시버가 준비되기 전에 서비스를 한 경우.
- **14.2.2** 서비스 중에, 리시버와 서버 둘 다 폴트를 범한 경우.
- **14.2.3** 서비스가 리턴된 후에 셔틀이;
  - **14.2.3.1** 네트에 걸려서 네트 위에 멈춰져 있는 경우
  - **14.2.3.2** 네트를 넘어가고서 네트에 걸리는 경우
- **14.2.4** 랠리 중에 셔틀의 베이스와 깃털이 완전히 떨어져 나가는 경우
- **14.2.5** 심판의 의견 하에, 선수가 방해를 받았거나, 코치에 의해 방해를 받았을 경우 '렛'을 선언할 수 있다.

14.2.6 라인저지가 못 보았거나, 심판이 판정할 수 없는 경우

14.2.7 예측할 수 없는 우발적인 사항이 일어난 경우

14.3 '렛'이 불러지면, 마지막 서비스는 적용하지 않고, 서비스를 한 선수가 다시 한 번 서비스를 하게 된다.

15. 경기 중이 아닌 셔틀(Shuttle not in play)

다음의 경우 셔틀은 경기 중이 아닌 셔틀로 본다.

15.1 네트나 포스트를 맞아 셔틀을 친 선수의 코트로 떨어지기 시작했을 때

15.2 코트의 표면에 맞았을 때, 또는

15.3 폴트와 렛이 취해졌을 때

16. 경기의 진행, 규정 위반 & 벌칙 (Continuous Play, Misconduct & Penalties)

16.1 경기는 규정 16.2, 16.3의 경우를 제외하고는 최초의 서비스부터 경기가 끝날 때까지 지속적으로 행해져야 한다.

16.2 휴식시간(Interval)

16.2.1 매 경기에서 11점에 도달했을 경우 60초의 쉬는 시간을 허용한다.

16.2.2 첫 번째 경기(1set)와 두 번째 경기(2set)의 사이에 그리고 두 번째 경기(2set)와 마지막 경기(3set)의 사이에 120초의 휴식시간을 준다(중계방송 코트에서는 레프리가 경기 전에 규정 16.2에 나오는 휴식시간을 의무적으로 하거나 시간을 조정할 수 있다.)

16.3 경기의 중단

16.3.1 선수들의 책임외의 상황에서 필요할 때, 심판은 자신의 판단으로 필요하다고 생각되는 동안 경기를 중단해도 된다.

16.3.2 긴박하고 특별한 상황에서는 레프리가 심판에게 경기를 중단하라고 지시할 수 있다.

16.3.3 경기가 중단되는 경우, 점수는 그대로 유지가 되며, 재시작을 할 때 그 점수에서 시작을 한다.

16.4 경기의 지연

16.4.1 그 어떠한 상황에서도, 선수의 체력을 회복하거나 호흡을 안정시키기 위해서, 또는 조언을 얻기 위해서 경기를 지연해서는 안 된다.

16.4.2 심판만이 경기의 지연에 대한 유일한 판단자이다.

16.5 조언(지도) 그리고 코트 이탈

16.5.1 경기 중이 아닌 셔틀인 상황에서만 (규정 15) 선수는 조언과 지도를 받을 수 있다.

16.5.2 선수들은 심판의 허락 없이 코트 밖으로 나갈 수는 없다. 규정 16.2에 나타나는 상황을 제외하고는

16.6 선수들은 다음과 같은 행위를 하면 안 된다:

16.6.1 경기를 고의로 지연하거나 중단하는 행위

16.6.2 셔틀의 스피드와 비행의 변화를 주기 위해서 셔틀을 손상(망가뜨리는)하는 행위

16.6.3 공격적인 매너

16.6.4 배드민턴 규정에 특별히 규정되지 않은 위법 행위

16.7 위반행위 관리

16.7.1 심판은 규정 16.4.1, 16.5.2, 16.6에 대한 위반을 다음과 같이 처리한다.

16.7.1.1 위반한 측에 주의(warning)를 준다.

16.7.1.2 만약 전에 주의를 받았으면, 위반한 측에 폴트를 준다. 한 측에서 같은 폴트를 두 번 받으면 지속적인 위반 행위로 간주한다.

16.7.2 명백한 위법이나 지속적으로 규정을 위반하는 경우 혹은 제16.2항을 위반하는 경우, 위반한 편에 폴트를 주며, 그 즉시 위반한 측을 해당 경기의 자격을 박탈할 수 있는 권한을 가진 레프리에게 보고한다.

17. 경기임원과 항의 (Officials and Appeals)

17.1 레프리는 매치(match)로 구성된 토너먼트 혹은 이벤트대회(championships)를 전체적으로 관리하는 사람이다.

17.2 심판은 지정된 시합에서의 경기, 코트, 그리고 주위를 관리하는 사람이다. 심판은 레프리에게 보고를 해야 한다.

17.3 서비스저지는 서버가 서비스폴트를 했을 경우, 그 서비스폴트를 선언해야 한다(규정 9.1.2~9.1.8).

17.4 라인저지는 셔틀이 떨어지는 지점이 '인'인지 '아웃'인지 판정하여 표시해 주어야 한다.

17.5 임원들의 결정은 그 책임범위 대상의 모든 포인트에 관한 최종결론이 된다. 하지만 만약 심판의 판단하에 라인저지가 확실하게 실수를 했다고 판단되면 심판이 결정된 콜을 정정할 수 있다.

17.6 심판은 :

17.6.1 배드민턴 규정을 적용하여 운영하고 '폴트' 그리고 '렛' 상황 시에는 정확하게 콜을 해야 한다.

17.6.2 점수와 관련된 항의가 있을 때는 서비스가 시작되기 전에 그것에 대한 결정을 그 어떠한 경우에도 내려야 한다.

17.6.3 선수 그리고 관중들을 위해서 경기의 진행상황을 지속적으로 알 수 있게 정보를 전달해야 한다.

17.6.4 레프리와 상의를 해서 서비스저지와 라인저지를 임명 또는 해임할 수 있다.

17.6.5 지명이 되지 않은 다른 코트 기술 임원에게는, 의무를 조정하여 실행하게 한다.

17.6.6 지명된 임원이 보지 못했을 경우에는, 그 임원의 책무를 대신 수행하거나, '렛'을 선언한다.

17.6.7 규정 16에 관련된 모든 사실을 레프리에게 보고한다.

17.6.8 불만족스러운 항의에 대해서 레프리에게 규정을 통해서만 질문한다. 그러한 항의는 그 다음 서비스가 행하여지기 전에 이루어져야 하고, 만약 경기가 종료되었다면 항의하는 사이드가 코트를 떠나기 전에 이루어져야 한다.

기 술 임 원 의 권 한
(RECOMMENDATIONS TO TECHNICAL OFFICIALS)

- 2010년 6월 변경 -

1. 도입 (INTRODUCTION)

1.1 기술임원은 모든 국가에서 경기 통제를 표준화하기 위하여 BWF가 그 규칙에 따라 추천한다.

1.2 이러한 추천의 목적은 심판들이 비공식적인 행동을 배제하고 정당하고 공정하게 시합을 통제하는 방법을 권고하는 데 있으며, 서비스 저지나 라인저지의 임무 수행 지침을 주는 데 있다.

1.3 모든 기술임원은 경기가 선수를 위한 것임을 기억해야 한다.

2. 임원과 판단 (OFFICIALS AND THEIR DECISIONS)

2.1 심판은 레프리(Referee)로부터 그 권한을 위임받아 행동한다(Law 17.2).
(레프리가 없으면 책임 있는 임원)

2.2 서비스 저지는 일반적으로 레프리가 임명하지만, 레프리나 심판의 상호협의 하에 교체할 수 있다(Law 17.6.4).

2.3 라인 저지도 위의 경우와 같다(Law 17.6.4).

2.4 임원의 결정은 심판의 의견으로 라인저지가 명백하게 잘못된 콜을 했다고 정당하게 의심이 되는 경우, 심판이 라인저지의 결정을 번복할 경우(Law 17.5)를 제외한 임원이 책임질 수 있는 모든 상황에 대해 이루어질 수 있다. 만약, 심판이 라인저지가 교체되어야 한다고 판단하는 경우에 심판은 레프리를 불러야 한다(Law 17.6.4 권한 2.3).

2.5 다른 임원이 보지 못했다면 심판이 결정해야 한다. 결정을 내리지 못했을 때 '렛(Let)'을 선언해야 한다(Law 17.6.6).

2.6 심판은 코트 내 모든 사항에 대하여 책임을 져야 한다. 심판의 지배권은 코트에 투입되면 서부터 경기종료 후 코트를 떠날 때까지 존속한다(Law 17.2).

3. 심판의 권한(RECOMMENDATIONS TO UMPIRES)

3.1 경기 전에 심판은

    3.1.1   레프리로부터 점수판을 받는다.

    3.1.2   사용될 점수계기가 작동되는가를 확인한다.

    3.1.3   포스트가 복식 사이드라인 상에 있는지를 확인한다(Law 1.5).

    3.1.4   네트 높이를 점검하고 네트 끝과 포스트 사이에 틈이 없나 확인한다.

    3.1.5   셔틀이 장애물에 관계되는 법규에 해당되는지의 여부를 확인한다.

    3.1.6   서비스 저지나 그 라인저지가 자신들의 임무를 아는가 확인하고 정확한 위치를 잡았는가를 확인한다(Sections 5 and 6).

    3.1.7   검사된 셔틀(규칙 3)이 경기를 진행하기에 충분한지를 확인한다.
(심판은 관례상 권고 3.1.3, 3.1.4, 3.1.7의 경우 경기장에 임명된 서비스 저지에게 권한을 위임할 수 있다.)

    3.1.8   심판은 선수의 옷이 색상, 디자인, 문구, 광고와 관련된 명시된 규제에 적합한지와 어떠한 위반도 없는지를 확인한다. 복장 규제를 위반한 것에 대한 결정은 경기 전에 레프리 혹은 대신할 수 있는 임원에게 통보하거나 만약 이것이 불가능할 경우 경기가 끝난 직후에 해야 한다.

    3.1.9   토스(Toss)가 공정히 실행되어 이긴 쪽과 진 쪽이 선택을 정확히 실행했는가를 확인한다(Law6). 진영(ends)의 선택을 기록한다.

    3.1.10 복식의 경우에 오른쪽 서비스 코트에서 시작하는 선수들의 이름을 기록한다. 이는 각 경기의 시작 시에 기록한다(이것은 선수들이 정확한 서비스 코트에 있는지를 언제든지 확인하는 것을 가능하게 한다).

3.2 경기를 시작하기 위해 심판은 좌우를 가리키며 다음에 제시된 적절한 안내를 하고 경기를 개시한다(선수명은 W, X, Y, Z 이며 국가명은 A, B, C, D).

단식 경기(Singles)

Tournament:

"Ladies and Gentlemen, on my right 'X, A' and on my left 'Y. B'. 'X' to serve; love-all; play."

Team Championship:

"Ladies and Gentlemen, on my right 'A' represented by 'X' and on my left 'B' represented by 'Y'. 'A' to serve; love-all; play."

복식 경기(Doubles)

Tournament

"Ladies and Gentlemen; on my right 'W, A' and 'X, B'; and on my left, 'Y, C' and 'Z, D'. 'X' to serve to 'Y'; love-all; play."

If doubles partners represent the same country, announce the country name after announcing both players' names. e. g. 'W and X, A'

Team Championship:

"Ladies and Gentlemen; on my right 'A' represented by 'W' and 'X' and on my left 'B' represented by 'Y' and 'Z'. 'A' to serve; 'X' to 'Y'; love-all; play."

3.3 경기 중

    3.3.1 심판은

        3.3.1.1 배드민턴 규칙의 부록 4에 제시된 표준 용어를 사용해야한다.

        3.3.1.2 점수를 기록하고 불러야 한다. 항상 서버의 점수를 먼저 부른다.

        3.3.1.3 만약 서비스 저지가 임명되었다면, 서비스 중에 특히 리시버를 주시해야한다. 필요하다면 심판은 서비스 폴트를 부를 수 있다.

        3.3.1.4 만약 가능하다면 점수판(scoring device)의 상태를 확인한다.

        3.3.1.5 만약 레프리의 도움이 필요하다면 머리 위로 오른손을 든다.
단식에서 서비스를 잃었을 때 "서비스 오버(Service over)"라고 부르고 새 서버의 점수를 연이어 부른다.

    3.3.2 서브권을 잃으면 "서비스 오버(Service over)"라고 부르고 새 서버의 점수를 이어 부른다(Law 10.3.2, 11.3.2). 만약 필요하다면 동시에 정확한 서비스 코트와 새로운 서버를 향해 적절한 손으로 가리킨다.

    3.3.3 "Play"는 다음 상황에서 심판에 의해서 불러진다.

        - 매치게임 한 게임 후 코트를 바꾼 이후 경기 시작할 때

        - 경기 중단 후 다시 시작할 때

- 심판이 선수에게 다시 시작하라고 지시할 때

3.3.4 "반칙(Fault)"은 다음 경우를 제외하고 반칙(Fault)이 발생했을 때 심판에 의해 불려진다.

3.3.4.1 규칙 9.1 의 서버의 폴트는 규정 13.1에 따라 서비스 저지에 의해 불리고 "서비스 폴트 콜드" 불려진 것을 심판이 인식해야만 한다. 심판은 "폴트 리시브"라고 불려진 것에 의해 리시버의 폴트를 불러야 한다.

3.3.4.2 규칙 13.3.1에 따라 발생한 폴트는 라인저지의 콜과 시그널로도 충분하다(권한 6.2).

3.3.4.3 규칙 13.2.1, 13.2.2 또는 13.3.3에 따라 발생한 폴트는 선수나 관중이 해명을 요구했다면 '폴트'를 불러야 한다.

3.3.5 각 게임 중에 앞선 점수가 11점에 도달했을 때 "서비스 오버"를 부르고 11점을 얻은 랠리 후에 즉시 점수를 부른 후 관중의 박수갈채에 상관없이 "인터벌"을 선언한다. 이것으로 규칙 16.2.1에 따라 허용된 인터벌이 시작된다. 각 인터벌 동안 임명된 서비스 저지는 코트 청결(닦는 것)을 책임져야 한다.

3.3.6 게임 중에 인터벌에서 앞선 점수가 11점에 도달했을 때 40초가 경과하면 예고한다. "[Court......], 20 seconds". 반복해서 부른다.

첫 번째와 두 번째 게임, 세 번째 중의 규칙 16.2.1의 인터벌에서, 선수가 엔드를 바꾼 후에 각각의 사이드는 2명 이하에 사람이 들어올 수도 있다. 이 사람들은 심판이 '20 seconds' 콜을 할 때 코트를 떠나야 한다. 인터벌 후에 게임을 시작하기 위해 스코어를 반복하고 후에 "플레이"를 부른다. 만일 선수들이 규칙 16.2.1에 따라 인터벌을 요구하지 않는다면 인터벌 없이 게임은 진행되어야 한다.

3.3.7 확장된 게임(Extended game)

3.3.7.1 각 게임에서 한쪽 사이드가 20점에 도달하면 "게임 포인트"(Game point) 또는 "매치 포인트"라고 부른다.

3.3.7.2 각 경기에서 한쪽 사이드가 29점에 도달하면 되면 "게임 포인트" 또는 "매치 포인트"라고 부른다.

3.3.7.3 권한 3.3.7.1과 3.3.7.3에서 콜은 항상 리시버의 점수보다 서버의 점수를 먼저 부른다.

3.3.8 각 게임의 종료 시에 "게임"은 항상 최종적인 랠리가 끝난 뒤에 즉시 불러야 한

다. 이것은 규정 16.2.2에 따라 허용된 인터벌의 시작이다. 첫 번째 경기가 끝난 후에 "퍼스트 게임 원 바이(First game won by).....[name(s) of player(s), or team (in a team championship)]...[score]."라고 부른다.

두 번째 게임 끝난 후에 "세컨드 게임 원 바이 (Second game won by)....[name(s) of player(s), or team (in a team championship)]...[score]; one game all." 이라고 부른다.

각 게임이 끝에 임명된 서비스 저지는 만약 제공된다면 네트의 중앙 아래에 인터벌 보드를 위치시키고 인터벌 동안 코트를 닦는 것을 책임져야 한다.

만일 그 게임이 그 경기를 이기는 것이라면 다음에 콜로 대신한다.

"매치 원 바이" (Match won by .... [name(s) of player(s), or team (in a team championship)]...[scores]."

3.3.9 첫 번째와 두 번째 게임 사이와 두 번째와 세 번째 게임 사이(규칙 16.2.2)의 인터벌에서 100초가 경과한 후에 다음과 같이 콜한다.

"[Court...] 20 seconds". 반복해서 부른다.

두 게임 간에 인터벌(규칙16.22)에서 각 사이드는 두 명 이하의 사람이 코트에 들어올 수도 있다. 이 사람들은 선수가 엔드를 바꾼 후에 그 사이드에 들어와야 하며 심판이 "20 seconds"를 콜했을 때 코트를 떠나야 한다.

3.3.10 두 번째 게임을 시작하기 위해 다음과 같이 콜한다.

"세컨드 게임, 러브 올 플레이" (Second game, love all; play)

만약 세 번째 게임이 있다면 세 번째 게임을 시작하기 위해 다음과 같이 콜한다.

"파이널 게임; 러브 올 플레이" (Final game; love all; play)

3.3.11 세 번째 게임 또는 한 게임의 매치에서 앞선 점수가 11점에 도달했을 때 (규칙 8.1.3) 스코어를 콜하고 그 후 "interval; change ends(인터벌; 체인지 엔드)"를 부른다.

인터벌 후에 게임을 시작하기 위해 스코어를 반복한 후 "Play"를 부른다.

3.3.12 매치가 끝난 후 즉시 레프리에게 완성된 score-sheet를 제출한다.

3.4 선심의 콜(Line calls)

3.4.1 심판은 Shuttle이 라인 근처에 떨어졌을 때와 먼 쪽에 떨어졌을 때 항상 라인 저지를 쳐다봐야만 한다. 라인 저지는 아래 권한 3.4.2를 제외한 결정에 완전히 책

임져야 한다.

3.4.2 만약 심판의 의견으로 라인저지가 명확하게 잘못된 콜을 했다고 의심이 간다면 심판은 다음과 같이 콜해야 한다.

3.4.2.1 만약 Shuttle이 "인"에 떨어졌다면 "Correction, IN", 또는

3.4.2.2 만약 Shuttle이 "아웃"에 떨어졌다면 "Correction, OUT

3.4.3 라인저지가 없거나 만약 라인저지가 보지 못했다면 심판은 즉시 다음과 같이 콜해야 한다.

3.4.3.1 Shuttle이 라인 밖에 떨어졌을 때 점수를 부르기 전에 "OUT" 또는

3.4.3.2 Shuttle이 라인 안쪽에 떨어졌을 때 스코어 또는

3.4.3.3 심판도 보지 못했다면 "Let"

3.5 매치 동안 다음 상황은 세밀하게 다루고 관찰되어야 한다.

3.5.1 선수가 상대방 네트 밑으로 미끄러진다든지 라켓이 상대방 쪽으로 던져지는 경우(그 후 상대편이 방해를 받거나 게임을 정지시킨 선수)는 규정 13.4.2 또는 13.4.3에 따라 각각 폴트가 주어져야 한다.

3.5.2 코트 근처로 침입한 Shuttle은 자동적으로 'Let'으로 간주될 수 없다. 만약 심판이 다음과 같은 침입이라고 생각했다면 'Let'이 불려질 수 없다.

3.5.2.1 선수가 알아차리지 못하고 지나갔거나

3.5.2.2 선수를 방해하거나 경기를 정지시키지 않았을 때

3.5.3 선수가 셔틀을 치고자 할 때 그의 파트너가 큰 소리로 "노 샷(No shot)", 폴트(Fault) 등 주위를 산만하게 하여 상대방에게 혼란을 가져오게 할 때 이는 방해로 고려되어야 한다(규칙 13.4.5).

3.5.4 선수가 코트를 이탈하는 경우

3.5.4.1 심판의 허락 없이 선수들은 코트를 이탈할 수 없다(규정 16.5.2)

3.5.4.2 선수는 물을 마시는 것 등을 위해 코트를 벗어날 수 없고 단지 허가된 인터벌 동안만 허락될 수 있다(규정 16.2). 만약 플레이에 방해가 되지 않는다면 선수들이 수건을 지니는 것은 허락할 수도 있다. 만약 코트를 걸레질할 필요가 있다면 선수들은 걸레질을 하는 동안에 코트 내에 있어야 한다.

3.5.4.3 상대편 사이드가 코트에 남아 있기를 원한다면 코트를 떠나는 것은 심판

의 허가를 필요로 한다(규칙 16.5.2). 만약 필요하다면 규칙 16.7을 적용해야 한다. 그러나 랠리 동안 코트 사이드에서 라켓의 교환은 허용된다.

3.5.5 지연과 정지(Delays and suspension)

선수들이 고의로 플레이를 지연시키거나 정지시킬 수 없다는 것을 확인하라. 불필요하게 코트 주변을 걷는 것을 금지하고, 만약 필요하다면 규정 16.7를 적용할 수 있다.

3.5.6 코트 밖의 코칭(Coaching from off the court)

  3.5.6.1 셔틀이 플레이 되는 동안에 어떤 형태로든 코트 밖에서 코치하는 행위는 금지해야 한다(규정 16.5.1).

  3.5.6.2 다음을 확실히 한다.
  * 코치는 지정된 의자에 착석하고 허용된 휴식시간을 제외하고는 경기 동안에 코트 옆에 서 있으면 안 된다(규정 16.2).
  * 코치에 의해서 플레이를 방해하거나 혼란을 일으키지 않아야 한다.

  3.5.6.3 심판의 판단으로, 만약 플레이가 코치에 의해 방해되거나 상대방 선수가 불이익을 당한다면 'let' 을 선언한다(규정14.2.5). 즉시 레프리가 불려진다.

  3.5.6.4 레프리는 코치와 팀 임원에 관한 '행동 규약' 을 준수한다(경기규정 Part 3, Section 1B, Appendix 9).

3.5.7 셔틀 교환(Change of shuttle)

  3.5.7.1 경기 중 셔틀의 교환은 공정하여야 한다. 심판은 셔틀 교환이 필요한지를 결정한다.

  3.5.7.2 훼손으로 인해 스피드 혹은 비행에 문제가 발생한 셔틀은 폐기하고, 필요시 16.7항을 적용한다.

  3.5.7.3 레프리는 사용되는 셔틀의 스피드를 독자적으로 판단한다. 만약 양측 선수 모두 셔틀 스피드의 변경을 요구하면, 레프리를 즉시 불러야 한다. 필요하다면, 레프리는 스피드 확인을 위해 셔틀 테스트를 한다.

3.5.8 시합 중 상해나 부상 (Injury or sickness during a match)

  3.5.8.1 경기 중 부상이나 질병은 주의 깊고 유연하게 다루어져야 한다. 심판은 그 문제의 정도를 가능한 빨리 결정해야 한다. 레프리는 의료진 혹은

기타 인원이 코트에 들어올 필요가 있을지를 결정한다. 의료진은 그 선수 상태를 검사하고, 선수에게 부상이나 상해 정도를 알려준다. 과도하게 경기를 지연시키는 치료가 코트 내에서 행해져서는 안 된다. 만약 출혈이 있다면, 출혈이 멈출 때까지 혹은 상처가 적절히 보호될 때까지 그 게임은 지연시킨다.

3.5.8.2 레프리는 부상당한 선수가 다시 경기할 때까지 요구되는 시간을 심판에게 전한다. 그 심판은 경과된 시간을 모니터해야 한다.

3.5.8.3 심판은 반대쪽도 불리함이 없도록 해야 하며 규정 16.4, 16.5, 16.6.1 그리고 16.7을 적절히 적용해야 한다.

3.5.8.4 부상 등으로 경기가 계속될 수 없을 때 심판은 선수에게 기권하겠습니까 (Are you retiring?)라고 묻고 그 답이 긍정적일 때 다음과 같이 콜한다.
"[name of player/team, as appropriate] retired, match won by.....[name of player(s)/team, as appropriate]....[score]"

3.5.9 핸드폰 사용

만약 경기 중, 선수의 핸드폰이 코트나 코트 주변에서 울리면, 규정 16.6.4에 의거 규정 위반으로 간주되며, 규정 16.7에 따라 적당한 벌칙을 부과한다.

3.5.10 코트에서 선수의 행동 규범

3.5.10.1 부심판은 선수들이 코트 내에서 명예롭고 스포츠맨다운 매너로 행동하도록 주지한다.

3.5.10.2 선수 행동 규범 4.6조, 4.10~4.16조(경기규정 Part 3, Section 1B, Appendix 4) 위반은 규정 16.6.4에 의거 반칙으로 간주된다.

> [참고]
> 선수 행동 규범 4.6조, 4.10~4.16조(경기규정 Part 3, Section 1B, Appendix 4)
>
> **4.6** Trying to influence line judges(선심에게 영향을 끼치려 노력함)
> Trying to influence the decision of line judges by arm, hand, or racket gestures, or orally.
> 팔, 손, 혹은 라켓 제스처, 혹은 입으로 선심의 결정에 영향을 끼치도록 노력함.
>
> **4.10** Audible obscenity(비속어 사용)
> Using words commonly known and understood in any language to be profane or indecent and uttered clearly and loudly enough to be heard by the umpire or spectators.
> 어떠한 언어든 간에 비속하거나 상스러운 단어를 심판이나 관중들이 명확히 들을 수 있는 정도로 크게 사용한 경우

4.11 Visible obscenity(저속한 행위)
Making of gestures or signs with the hands and/or racket or shuttle that commonly have an obscene or offensive meaning.
손이나 라켓 혹은 셔틀을 이용하여 추하고 무례한 의미를 가진 제스처나 사인 등을 할 때

4.12 Abuse of shuttle(셔틀 손상)

4.12.1 Intentionally hitting a shuttle dangerously or recklessly within or out of the court, hitting a shuttle with negligent disregard for the consequences, or deliberately damaging a shuttle.
의도적으로 셔틀을 위험하고 부주의하게 코트 내 혹은 밖으로 치거나, 부주의하고 심각하거나 의도적으로 셔틀이 손상되도록 치는 행위

4.12.2 Deliberately tampering with the shuttle to affect its flight or speed.
셔틀콕의 플라이트나 속도에 영향을 끼치도록 의도적으로 셔틀을 주무르는 행위

4.13 Abuse of racket or equipment(라켓이나 용품 파괴)
Intentionally and violently destroying or damaging rackets or other equipment, or intentionally and violently hitting the net, court, umpire's chair or other fixtures during a match.
의도적으로 그리고 폭력적으로 라켓이나 용구를 손상시키거나 파괴하고 경기 중 의도적, 폭력적으로 네트, 코트, 심판대 혹은 다른 시설물을 치는 행위

4.14 Oral abuse(구두 비행)
Making a statement within the precincts of the tournament site, directed at an official, opponent, spectator or other person that implies dishonesty or is derogatory, insulting or otherwise abusive.
토너먼트 사이트에서 경기 임원, 상대방, 관중 혹은 다른 사람에게 명예나 인격을 실추시키거나 모욕하거나 혹은 이와 유사한 비행 행위

4.15 Physical abuse(신체적 비행)
Physically abusing an official, opponent, spectator or other person. Even the unauthorised touching of such persons may be regarded as physical abuse.
신체적으로 임원, 상대방, 관중 혹은 다른 사람에게 하는 비행. 심지어 이와 같은 사람에 대한 신체적 비행으로 간주할 만한 인정할 수 없는(권한 밖의) 터치 행위

4.16 Unsportsmanlike conduct(스포츠맨답지 않은 행위)
Conducting oneself in a manner that is clearly abusive or detrimental to the sport.
명확하게 스포츠에 대한 모욕적인 비행 행위

3.6 경기의 중단(Suspension of play)

만일 경기가 중단되면 "Play is suspended"라고 부르고 그 스코어를 기록하며 서버, 리시버, 서비스 코트와 앤드(End)를 기록한다. 다시 시작 시에는 "Are you ready?"라고 물어본 후 스코어를 부르고 "Play"라고 한다.

3.7 부정 행위(Misconduct)

3.7.1 부정 행위가 발생했을 때는 기록과 더불어 즉시 레프리에게 보고한다.

3.7.2 게임 사이의 부정 행위도 게임 도중의 사항과 같이 취급한다.

부정행위 발생 즉시 규정 3.7.3~3.7.5 중 합당한 '콜'을 선언한다. 다음 경기 시작 시에 다음과 같이 콜한다.

"…game; Love all"

단, 규정 16.7.1.2 혹은 16.7.2항의 부정 행위 적용 시, 심판은 다음과 같이 콜한다.

"…[name of player], falted."

그러므로, "service over"와 적당한 점수가 따른다.

"Play"라 콜한다.

만약 선수가 레프리에 의해 자격이 박탈되면, 다음과 같이 콜한다.

"…[name of player], disqualified for Misconduct(부정 행위에 의한 자격박탈)"

그러므로 규정 3.3.8을 선언한다.

3.7.3 규정 16.4, 16.5 혹은 16.6에 의해 반칙을 범한 선수에게 심판이 규정 16.7.1.1에 의한 경고를 줄 경우 심판은 반칙을 범한 선수를 "Come here"하며 부르고 다음과 같이 경고한다.

"…[name of player], warning for misconduct"

심판은 동시에 "yellow card"를 오른손에 쥐고 머리 위로 올린다.

3.7.4. 규정 16.4, 16.5 혹은 16.6에 의해 반칙을 범한 선수에게 다시 경고를 주어야 할 때(규정 16.7.1.2) 심판은 반칙을 범한 선수를 "Come here"하며 부르고 다음과 같이 경고한다.

"…[name of player], fault for misconduct"

심판은 동시에 "red card"를 오른손에 쥐고 머리 위로 올린다.

3.7.5 규정 16.4, 16.5 혹은 16.6에 의해 반칙을 범한 선수가 지속적인 명백한 벌칙을 범하거나 (규정 16.2), 반칙을 범한 사이드(규정 16.7.2)는 자격 박탈을 판단할 수 있는 레프리에게 즉시 보고해야 하고 반칙을 범한 선수를 "Come here"하며 부르고 다음과 같이 경고한다.

"… [name of player], fault for misconduct"

동시에 "red card"를 오른손에 쥐고 머리 위로 올리고, 레프리를 부른다.

3.7.6 레프리가 규칙을 위반한 사이드에 해당 선수의 자격 박탈을 결정하여 심판에게 "black card"를 준다. 심판은 반칙을 범한 선수를 "Come here"하며 부르고
"...[name of player], disqualification for misconduct"
동시에 심판은 "black card"를 오른손에 쥐고 머리 위로 올린다. 부정 행위로 자격을 박탈당한 선수는 전 토너먼트 혹은 전 선수권대회(championship)에서 자격을 박탈당한다.

4. 심판에 관한 일반사항 (GENERAL ADVICE OF UMPIRING)

다음은 일반적으로 참고해야 할 사항이다.

4.1 배드민턴 규칙을 알고 이해해야 한다.
4.2 신속히 콜하고, 실수하게 되면 그것을 인정하고 사과와 함께 정정한다.
4.3 모든 어나운스먼트와 스코어의 전달은 명확히 하고 선수와 관중이 들을 수 있도록 크게 한다.
4.4 규칙을 위반했든 안했든 단지 당신의 의심이 생길 경우 "폴트(Fault)"를 선언할 수 없으며 경기는 그대로 진행되어야 한다.(확신이 있을 경우에만 폴트를 선언한다)
4.5 결코 관중에게 묻거나 그들에 의해 영향을 받지 않도록 한다.
4.6 당신은 항상 코트의 임원들을 주시하여야 한다.
예를 들면, 라인저지나 관련된 임원들이 신중하고 명확히 일을 행할 수 있도록 항상 주지시켜야 한다.

5. 서비스 저지에 관한 지침 (INSTRUCTIONS TO SERVICE JUDGES)

5.1 서비스 저지는 주심의 맞은편 포스트 옆에 위치하며 낮은 의자에 앉아야 한다.
5.2 서비스 저지는 서버의 정확한 서비스가 행하여지는가를 심판하는 책임을 진다(규칙 9.1.2~9.1.8).
규칙에 위반되었을 때는 "폴트(Fault)"라고 크게 콜하고 위반된 항목의 공인된 시그널을 행한다.
5.3 다음은 공인된 핸드 시그널이다.

관련 규칙 9.1.7 :

서비스를 진행하는 동안(규정 9.2, 9.3) 서버 라켓의 움직임이 연속적으로 앞 방향으로 움직이지 않았을 경우.

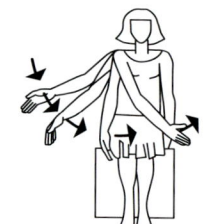

관련 규칙 9.1.2, 9.1.3 :

서비스가 진행되는 동안(규정 9.2, 9.3), 서비스가 행해지기까지 한쪽 혹은 양발이 서비스 코트에 접촉해 있지 않고 정지된 상태가 아님.

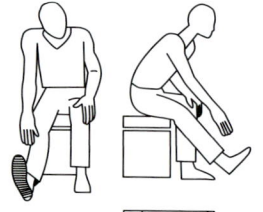

관련 규칙 9.1.4 :

서버 라켓의 최초의 접촉점이 셔틀의 기저부(Base)가 아닐 때의 폴트를 표현.

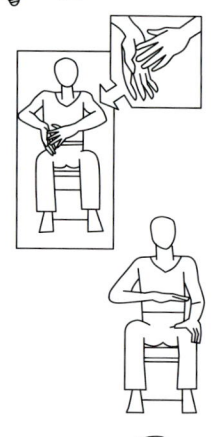

관련 규칙 9.1.5 :

서버의 라켓에 의해 셔틀이 쳐지는 순간, 셔틀콕 전체가 서버의 허리 아래에 있지 않은 경우.

규칙 9.1.6

셔틀을 치는 순간, 서버의 라켓 샤프트(자루) 방향이 아래쪽으로 향해 있지 않은 경우.

5.4 주심과 서비스 저지는 원활한 경기 운영을 위하여 상호간에 협의하여 업무를 변경 조정할 수 있다.

6. 라인 저지에 관한 지침(INSTRUCTIONS TO LINE JUDGES)

6.1 라인 저지는 라인의 끝과 옆의 연장된 지점에 위치하여야 하며 주심의 맞은편에 앉는다. (도표 참조)

6.2 심판의 생각이 라인저지가 분명하게 잘못된 콜을 했을 때 심판의 오버룰을 제외하고 라인 저지는 할당된 라인에 전적인 책임을 진다.

    6.2.1 셔틀이 아웃이 되면 즉시 "아웃(Out)"이라고 명확하게 콜하고 선수와 관중 그리

고 심판이 볼 수 있도록 두 팔을 펼쳐 시그널을 행한다.

6.2.2 셔틀이 "인"이면 콜은 하지 않고 오른손으로 그 선을 가리킨다.

6.3 만약 보지 못하였으면 양손으로 두 눈을 가리는 시그널을 심판에게 보낸다.

6.4 셔틀이 바닥에 떨어질 때까지 어떠한 시그널도 해서는 안 된다.

6.5 항상 콜은 분명하고 명확하여야 하며 예상하여 사전에 결정해서는 절대 안 된다. 왜냐하면 선수가 그 셔틀을 칠 수 있기 때문이다.

6.6 공인된 핸드 시그널은 다음과 같다.

* 셔틀콕이 아웃(OUT)인 경우의 모양

  셔틀이 아웃되면 선수와 관중에게 명확하게 하기 위하여 "아웃"이라고 크게 콜하고 즉시 두 팔을 수평으로 벌려 심판이 볼 수 있도록 신호하여야 한다.

* 셔틀콕이 인(IN)인 경우의 모양

  셔틀이 인(in)일 때에는 콜할 필요는 없지만 즉시 오른손으로 해당지점 라인을 가리킨다.

* 분명하게 보지 못한 경우

  보지 못한 경우, 심판에게 두 손으로 눈을 가리는 신호를 보낸다.

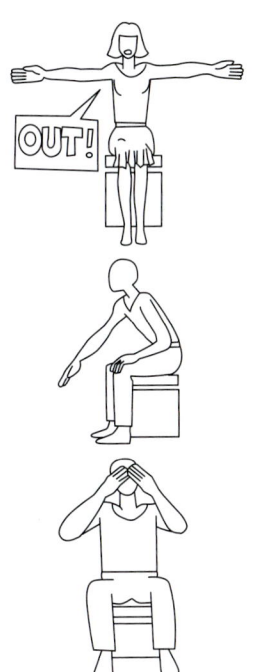

선심 위치(POSITION OF LINE JUDGES)

◆ 단식 경기   ◆ 복식 경기

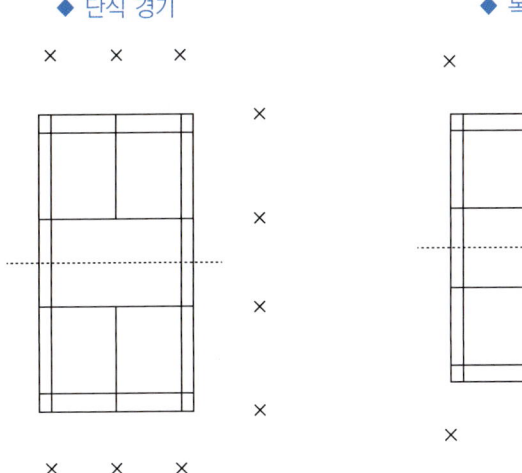
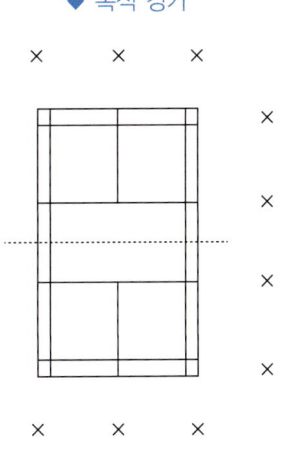

선심의 위치 : 코트로부터 2.5M~3.5M

스코어 시트(SCORE SHEET) 작성 지침

1. 경기 전 준비사항

코트에 투입되기 전 스코어 시트를 받아 선수의 이름, 소속 등을 기록하고 준비한다.

2. 코트에서의 사전준비

① S.R : 토스 후 서버와 리시버를 기록할 것.
② L.R : 토스 후 심판석에서 선수의 위치를 기록할 것.
③ 0 : 경기 시작 전 Serving Side에 0 표시를 할 것.
④ 시작 시간 : 경기 시작 시간을 정확히 기록할 것.

in Singles

Bush	S	0	1			2	3	4			5	6	
Gore		0		1	2	3			4	5	6		7

in double

Happy						2	3	4					
Sad	S	0	1								5	6	
Cool				1	2	3							7
Angry	R	0							4	5	6		

3. 경기 중

① Serving Side가 랠리에서 이겨 득점이 이루어지면 다음 빈칸에 점수를 기록한다.
② 복식에서 서비스 오버가 될 때 서비스와 리시버를 정확히 확인한 후 기록한다.
③ 스코어가 20-all 대각으로 선을 긋고 다음 칸으로부터 시작한다.

만약 다음과 같은 일이 발생되었다면 선수의 스코어 옆에 표시한다.

Situation	Note/Alphabet to be used
Warning (for misconduct)	W
Fault (for misconduct)	F
Referee called on court	R
Suspension	S
Injury	I
Disqualification by the Referee	Disqualified
Retired	retired
Service court error corrected	C

4. End of game

① 종료된 Game score를 기록하고 원으로 표시한다.

② score sheet 윗부분에 game score를 기록한다

③ 필요하다면 S.R 표기를 바꾼다.

5. End of match

① 마지막 Game score를 기록하고 표시한다.

② 경기 종료 시간을 기록한다.

③ 다음 Game의 Serving Side와 Receiving Side " 0 "을 표시한다.

④ 모든 Game score를 score sheet 윗부분의 빈칸에 기록한다.

6. 경기 종료 후

① 소요시간을 기록한다.

② 완성된 score sheet에 사인을 한 후

③ 레프리에게 사인을 받고 제출한다.

배드민턴 심판 표준 용어(VOCABULARY)

This Appendix lists the standard vocabulary that should be used by umpires to control a match(이 부록은 경기를 컨트롤하기 위하여 심판이 사용하는 표준 용어 리스트임).

1. Announcements and Introductions

1.1　'Ladies and Gentlemen :

　1.1.1　on my right ...... (player name), ...(country name), and on my left ......(player name);
　　　　........(country name); or

　1.1.2　on my right ...... (player names), ...(country name), and on my left......(player names),

　1.1.3　on my right ...... (country/team name), represented by ...... (player name), and on my left ...... (country/team name), represented by...... (player name)' ; or

　1.1.4　on my right ...... (country/team name), represented by ...... (player names), and on my left ...... (country/team name), represented by ...... (player names)

　1.2.1　...... (player name) to serve; or

　1.2.2　...... (country/team name) to serve.

　1.3.1　...... (player name) to serve to ...... (player name)

　1.3.2　...... (player name) to ...... (player name)'.

Events	singles	Doubles
Individual	111, 121	112, 131
Team	113, 122	114, 122, 132

2. Start of match and calling the score

2.1 'Love all'

2.2 'Play'

2.3 'Service over'

2.4 'Interval'

2.5 'Court...' (number) '20 seconds'

2.6 '...game point...' eg '20 game point 6' or '29 game point 28'

2.7 '...Match point all' eg '20 match point 8', or '29 match point 28l'

2.8 '...game point all' eg '29 game point all'

2.9 '...match point all' e.g. '29 match point all'

2.10 'Game'

2.11 'First game won by ......' (in team championship, use name of country/ team)' '...' (score)

2.12 'Second game'

2.13 'Second game won by ....' (in team championship, use name of country/team) '.....' (score)

2.14 'One game all'

2.15 'Final Game'

3. General Communication

3.1 'Come here for the toss'

3.2 'Who will serve?'

3.3 'Choose your end'

3.4 'Who will receive?'

3.5 'Are you ready?'

3.6 'Ready to play'

3.7 'Place your bag properly in the basket'

3.8 'Serve from ...'

3.9 'Receive in …'
3.10 'Right service court'
3.11 'Left service court'
3.12 'You missed the shuttle during service'
3.13 'The receiver is not ready'
3.14 'You attempted the return of service'
3.15 'You must not influence the line judge'
3.16 'You must not influence the service judge'
3.17 'Come here'
3.18 'Is the shuttle OK?'
3.19 'Test the shuttle'
3.20 'Change the shuttle'
3.21 'Do not change the shuttle'
3.22 'Play a let'
3.23 'Change ends'
3.24 'You did not change ends'
3.25 'You served from the wrong service court'
3.26 'You received from the wrong service court'
3.27 'You served out of turn'
3.28 'You received out of turn'
3.29 'You must not interfere with the shuttle'
3.30 'The shuttle passed through the net'
3.31 'The shuttle did not pass over the net'
3.32 'The shuttle touched you'
3.33 'You touched the net'
3.34 'A shuttle came on the court'
3.35 'You are standing in the wrong service court'
3.36 'You distracted your opponent'
3.37 'You coach distracted your opponent

3.38 'You hot the shuttle twice'

3.39 'You slung the shuttle'

3.40 'You invaded your opponent's court'

3.41 'You obstructed your opponent'

3.42 'Are you retiring?'

3.43 'Fault-receiver'

3.44 'Service fault called'

3.45 'Service delayed, play must be continuous'

3.46 'You must not delay the game'

3.47 'You left the court without permission'

3.48 'Play is suspended'

3.49 '…(name of player) warning for misconduct'

3.50 '…(name of player) fault for misconduct'

3.51 '…(name of player) disqualified for misconduct'

3.52 'Fault'

3.53 'Let'

3.54 'Out'

3.55 'Line judge-signal'

3.56 'Service judge-signal'

3.57 'Correction IN'

3.58 'Correction OUT'

3.59 'Wipe the court'

3.60 'Coach leave the court'

3.61 'Switch off your mobile phone'

4. End of Match

4.1 'Match won by …(name of player/ team) … (scores)'

4.2 '….(name of player/team) retired'

4.3 '….(name of player/team) disqualified'

5. Scoring

0 – Love
1 – One
2 – Two
3 – Three
4 – Four
5 – Five
6 – Six
7 – Seven
8 – Eight
9 – Nine
10 – Ten

11 – Eleven
12 – Twelve
13 – Thirteen
14 – Fourteen
15 – Fifteen
16 – Sixteen
17 – Seventeen
18 – Eighteen
19 – Nineteen
20 – Twenty

21 – Twenty one
22 – Twenty two
23 – Twenty three
24 – Twenty four
25 – Twenty five
26 – Twenty six
27 – Twenty seven
28 – Twenty eight
29 – Twenty nine
30 – Thirty

인천아시안게임 남자 단체 시상식

인천아시안게임 여자 단체 시상식

부산외국어대학교 여자부 창단식

부산외국어대학교 선수단

동양대학교 선수단

저자소개

오 성 기
공주사범대학 체육교육학과 졸업
부산동아대학교 대학원 졸업(체육학 석사)
부산외국어대학교 사회체육학과 교수
부산외국어대학교 명예교수
전 대한배드민턴협회 회장
한국대학배드민턴 연맹 회장

김 학 석
중앙대학교법학과 졸업
대한배드민턴협회 부회장 겸 전무이사
아시아배드민턴연맹 재무담당관
아시아배드민턴연맹 부회장 겸 심판위원장
대한배드민턴협회 실무부회장
서울특별시배드민턴협회 회장
경기도배드민턴협회 회장

최 병 학
한국체육대학교 졸업
경희대학교 교육대학원
경기대학교 박사
전 경희대학교 겸임교수
현 동양대학교 교수
한국대학배드민턴연맹 전무이사

정 은 화
부산외국어대학교 졸업
부산외국어대학교 교육대학원 체육학 석사
부산외국어대학교 일반대학원 체육학 박사
부산외국어대학교 배드민턴부 감독
부산외국어대학교 시간강사
한국대학배드민턴 연맹 감사
부산배드민턴협회 심판이사
배드민턴 전 국가대표 선수